Stephan Lessenich

Die Neuerfindung des Sozialen

X T E X T E
zu Kultur und Gesellschaft

Das vermeintliche »Ende der Geschichte« hat sich längst vielmehr als ein Ende der Gewissheiten entpuppt. Mehr denn je stellt sich nicht nur die Frage nach der jeweiligen »Generation X«. Jenseits solcher populären Figuren ist auch die Wissenschaft gefordert, ihren Beitrag zu einer anspruchsvollen Zeitdiagnose zu leisten.

Die Reihe X-TEXTE widmet sich dieser Aufgabe und bietet ein Forum für ein Denken »für und wider die Zeit«. Die hier versammelten Essays dechiffrieren unsere Gegenwart jenseits vereinfachender Formeln und Orakel. Sie verbinden sensible Beobachtungen mit scharfer Analyse und präsentieren beides in einer angenehm lesbaren Form.

Stephan Lessenich ist Professor für Vergleichende Gesellschafts- und Kulturanalyse am Institut für Soziologie der Friedrich-Schiller-Universität Jena.

Seine jüngsten Veröffentlichungen zum Thema des Bandes: »Deutschland – eine gespaltene Gesellschaft«, Frankfurt/New York 2006 (Herausgeber gemeinsam mit Frank Nullmeier); »Den Sozialstaat neu denken«, Hamburg 2005 (gemeinsam mit Andrea Nahles, Jürgen Peters u.a.); »Wohlfahrtsstaatliche Grundbegriffe. Historische und aktuelle Diskurse«, Frankfurt/New York 2003 (Herausgeber) sowie »Dynamischer Immobilismus. Kontinuität und Wandel im deutschen Sozialmodell«, Frankfurt/New York 2003.

Stephan Lessenich

Die Neuerfindung des Sozialen

Der Sozialstaat im flexiblen Kapitalismus

[transcript] X T E X T E

Stephan Lessenich im Gespräch:

http://www.transcript-verlag.de/ts746/ts746.php

Bibliografische Information der Deutschen Nationalbibliothek
Die Deutsche Nationalbibliothek verzeichnet diese Publikation in der Deutschen Nationalbibliografie; detaillierte bibliografische Daten sind im Internet über http://dnb.d-nb.de abrufbar.

transcript Verlag | Hermannstraße 26 | D-33602 Bielefeld | live@transcript-verlag.de

3., unveränderte Auflage 2013

Umschlaggestaltung: Kordula Röckenhaus, Bielefeld
Korrektorat: Jennifer Niediek, Bielefeld & Johannes Richter, Bielefeld
Satz: Alexander Masch, Bielefeld
Druck: Majuskel Medienproduktion GmbH, Wetzlar
ISBN 978-3-89942-746-2

Gedruckt auf alterungsbeständigem Papier mit chlorfrei gebleichtem Zellstoff.

Besuchen Sie uns im Internet: *http://www.transcript-verlag.de*

Bitte fordern Sie unser Gesamtverzeichnis und andere Broschüren an unter: *info@transcript-verlag.de*

Inhalt

Herauszufinden warum alles so gekommen ist wie's gekommen ist
hat dir nichts gebracht
denn es hilft dir offensichtlich leider auch nicht
durch die Nacht.

Verstehen ist nicht dasselbe wie überstehen –
aber auch schön.

Die Sterne

1. »What's going on?« Der Sozialstaat im Wandel

»Zunächst muß nach einer hundertjährigen, in sich logischen Fortentwicklung und Entfaltung mit der Einsicht ernst gemacht werden, daß die Sozialpolitik nicht mehr ein dem gesellschaftlichen Zustand hinzugefügtes remediens *darstellt, sondern ein* constituens *des Alltags aller und des Begreifens der Gesellschaft selbst ist; das Spiel mit dem ›Wegdenken‹ ist nicht mehr möglich.«*

Hans Achinger, Sozialpolitik als Gesellschaftspolitik *(1971: 138)*

Die Bedeutung der Sozialpolitik

Der Sozialstaat ist aus dem gesellschaftlichen Leben unserer Zeit nicht mehr wegzudenken. Was Hans Achinger, Nestor der deutschen Sozialpolitikforschung der Nachkriegszeit, auf dem Höhepunkt der wirtschaftswundergetriebenen Expansion des westdeutschen Sozialstaats ebenso realitätstüchtig wie hellsichtig formulierte, gilt heute – fast vier Krisenjahrzehnte später – nicht weniger, sondern umso mehr. Die für Achinger »fast rätselhafte Lebenskraft der sozialen Apparaturen und Intentionen« (Achinger 1971: 138), die bis zur Mitte des 20. Jahrhunderts zwei Weltkriege, zwei Inflationen und die Entstehung zweier deutscher Staatsgebilde überlebt hatten, setzte sich nicht nur in Zeiten ökonomischer Prosperität und (wenn auch »kalten«) politischen Friedens unbeirrt fort. Sie verlor auch danach, über wirtschaftliche Krisen und weitere staatsrechtliche Transformationen hinweg, nicht an Dynamik – ganz im Gegenteil: Die gesellschaftsgestaltende Wirkung der Sozialpolitik, ihrer »Arbeitsordnungen und Lebenssicherungen« (Achinger 1971: 129), ist bis heute ungebrochen. Der Sozialstaat ist zu einer sozialen Tatsache geworden.

»In allen Phasen der Entwicklung«, so Achinger in seinem bahnbrechenden, erstmals 1958 erschienenen historisch-systematischen Abriss sozialpolitischer Intervention »von der Arbeiterfrage zum Wohlfahrtsstaat«, »wird die Sozialpolitik durch gesellschaftliche Veränderungen gewandelt und in allen Phasen bewirkt sie selbst Veränderungen« (1958: 72): einen permanenten – teils gewollten, teils ungewollten – Gestaltwandel der Gesellschaft. Staatliche (bzw. staatlich organisierte) Sozialpolitik reagiert auf »soziale Probleme« – und schafft damit »soziale Ordnung«. Sie tritt an die Stelle gesellschaftlicher Selbstorganisation des Lebens und des Lebensunterhalts – und veranlasst zugleich neue Formen gesellschaftlicher Selbststeuerung und individueller Existenzsicherung. Sie stiftet soziale Beziehungen der Abhängigkeit und Unterstützung – und ist doch auch ein Motor von Individualisierung und persönlicher Autonomie. Sie bezieht im Verlauf ihrer Geschichte immer weitere Personenkreise und immer neue Sachverhalte in den Wirkungsbereich ihrer Einrichtungen und Programme ein – und weist zugleich zahlreiche Formen und Mechanismen des selektiven, situativen wie kategorialen, sozialen Ausschlusses auf.

Sozialpolitik ist, das wird hier schon deutlich, historisch wie analytisch ein höchst ambivalentes Unterfangen: Sie ermöglicht und begrenzt, befähigt und bevormundet, sorgt und vernachlässigt. Sie eröffnet Freiheiten und schränkt Optionen ein, sie schafft mehr Gleichheit und neue Ungleichheiten, produziert mehr Sicherheit und – eben dadurch – immer neue Unsicherheiten. Sie verwandelt unüberschaubare Gefährdungen in kalkulierbare Risiken – und diese im Zweifel wieder zurück in Gefahren. Sie ist – wie ein weiterer Klassiker der Sozialpolitikforschung (Heimann 1929) schon früh erkannte – konservativ und revolutionär zugleich, Stütze und Stachel im Fleisch der kapitalistischen Produktionsweise und der durch sie geprägten Gesellschaftsordnung. Sozialpolitik tut, entgegen einem hartnäckigen Vorurteil auch der sozialwissenschaftlichen Beschäftigung mit dem Gegenstand – der wohl- wie der übelmeinenden –, nicht nur »Gutes«. Sie ist keineswegs allein eine öffentlich-säkularisierte Variante der christlichen Caritas, nicht nur ein Ort und Hort der Hilfe, Solidarität und Wohltätigkeit, sondern eben (immer) auch ein Instrument sozialer Steuerung, Kontrolle und Disziplinierung.

Schon Achinger ging es bei seiner Beschäftigung mit dem Gegenstand wesentlich auch darum, »Vorstellungen beiseitezusetzen, die einer wissenschaftlichen Betrachtung der Sozialpolitik hinderlich sind« (1958: 11). Dazu gehörte für ihn zuallererst, »die gängigen Vorstellungen über Gut und Böse im Raum der Sozialpolitik in Zweifel zu ziehen« (ebd.). Jede gründliche Untersuchung der Ursachen und Wirkungen des »sozialpolitischen Tuns« zeige, wie sehr die sozialstaatliche Entwicklung eine Geschichte der »Täuschungen« (ebd.) – der politischen Akteure selbst wie auch ihrer wissenschaftlichen Beobachter – über die normativen Beweggründe und Implikationen sozialpolitischen Handelns sei. Eine soziologische Sozialpolitikanalyse steht damit grundsätzlich vor der doppelten Herausforderung, die gesellschaftlichen Wertbezüge »sozialpolitischen Tuns« offenzulegen, ohne einfach die entsprechenden Selbstdeutungen der sozialpolitischen Praxis zu übernehmen (vgl. Kaufmann 1977). Die vor mittlerweile 50 Jahren formulierte Maßgabe Achingers für eine kritische historische Soziologie der Sozialpolitik ist insoweit nach wie vor aktuell:

> »Wir müssen bei einer Betrachtung der Sozialpolitik, die von übergreifenden gesellschaftlichen Tatbeständen ausgeht und den Gesamtablauf der gesellschaftlichen Entwicklung im Auge behält, durchaus mit der Möglichkeit rechnen, daß die übliche Einteilung der agierenden Personen in Feinde und Förderer der Sache kein untrügliches Mittel zur wertenden Erfassung des Ablaufs ist. [...] Auch ist es eine weitverbreitete Täuschung, daß die Sozialpolitik in einer Welt, die nach dem Prinzip des *self-interest* organisiert sei, allein für ethische Prinzipien des Gesellschaftslebens kämpfe. Bei solcher Täuschung wird nicht nur vergessen, aus welchen ethischen Prinzipien auch die liberalen Theorien des 19. Jahrhunderts gespeist sind; noch gefährlicher ist, wenn solche Selbstgefälligkeit darüber hinwegsieht, daß es im Laufe der Geschichte sich wandelnde Gesellschaftsideale gibt, Normvorstellungen allgemeiner Art, aus denen das Urteil darüber, ob es Sozialpolitik geben solle und welche Maßstäbe ihr zukommen, überhaupt erst abgeleitet werden kann.« (Achinger 1958: 11-12)

Die gesellschaftliche Bedeutung der Sozialpolitik liegt also in ihrer funktionalen und legitimatorischen Verbindung mit den historisch sich wandelnden »Gesellschaftsidealen« – und die Aufgabe soziologischer Analyse ist es, den über diese Verbindung vermittelten Wandel der Sozialpolitik zu beschreiben, zu deuten und zu verstehen. Eben dieser Aufgabe ist das vorliegende Buch gewidmet.

Der Wandel des Sozialstaats

Die erkenntnistreibende Kraft der folgenden Ausführungen ist mithin eine zeitdiagnostische Fragestellung von größter gesellschaftlicher und gesellschaftspolitischer Tragweite: Was ist los mit dem Sozialstaat? *What's going on?* Unverkennbar – und mittlerweile auch weitestgehend unumstritten – ist, dass das »wohlfahrtsstaatliche Arrangement« (Kaufmann 1997) der westlich-spätindustriellen Gesellschaften eine Phase nachhaltiger Umbrüche durchlebt. Kaum eine Stimme in der wissenschaftlichen und auch politischen Debatte würde heute mehr bestreiten, dass der Sozialstaat »in der Krise« ist, dass er sich merklich zu wandeln beginnt – und dass er sich angesichts veränderter Rahmenbedingungen auch nachhaltig wandeln muss. Die Frage allerdings, wie Krise, Wandel und Zukunft des Sozialstaats inhaltlich zu bestimmen seien, ist – wenig überraschend – politisch wie wissenschaftlich höchst umstritten.

In der »kritischen Sozialwissenschaft«, deren Tradition und Absicht sich auch diese Studie verbunden und verpflichtet fühlt, dominieren derzeit zwei Sichtweisen auf den Gegenstand die Szenerie, die gleichermaßen unzulänglich erscheinen, um das Wesen und die Bedeutung des Phänomens zu erfassen. Zum einen begleitet uns seit geraumer Zeit – hierzulande mindestens seit der »Ära Kohl« – ein von (in der Regel) wohlmeinenden Akteuren in kritischer Absicht befeuerter »Abbau«-Diskurs, der mit verbalen Dramatisierungen und aufrüttelnder Endzeitmetaphorik nicht geizt (vgl. Lessenich 1996). Da wird der Sozialstaat nun schon seit Jahrzehnten »demontiert« und »zerschlagen«, »gekappt« und »zerstört«, da wird an seine Wurzeln »die Axt gelegt« und er (dann auch gerne schwer symbolisch, in Pappsärgen mit entsprechender Aufschrift) »zu Grabe getragen«. Erscheint eine entsprechende Argumentationsstrategie im politischen Alltagskonflikt um die Verteidigung von (zumeist in diffamatorischer Absicht) so genannten »sozialen Besitzständen« durchaus nachvollziehbar, so ist sie von zweifelhaftem Nutzen, sobald sie im Gewand einer wissenschaftlichen Analyse auftritt (vgl. beispielhaft Butterwegge 2005). Schon angesichts der Oberflächenempirie hoher und anhaltend steigender (oder jedenfalls nicht sinkender) Sozialausgaben und Sozialleistungsquoten, der Einführung immer neuer Sozialprogramme (von der Pflegeversicherung bis zum Elterngeld) und der offenkundigen Relevanz sozialstaatlicher Transfer- und Dienstleistungen für die alltägliche Lebensführung praktisch der gesamten Bevölkerung kann – allen selektiven Kürzungen, Rückbauten und Verschlechterungen zum Trotz – keine plausible Rede davon sein, dass »der Sozialstaat« als solcher zur Disposition stünde. Bedienen sich die »Abbau«-Choräle zudem noch wohlfeiler, phantastisch-rhetorischer Warnungen vor einem Rückfall wahlweise ins »Mittelalter«, in den (vermeintlich »amerikanischen«) »Suppenküchenstaat« oder in (hierzulande als Zerrbild natürlich besonders beliebt) präfinale »Weimarer Verhältnisse«, dann wirkt dies nicht nur äußerst befremdlich, sondern führt analytisch auch völlig in die Irre, indem die Spezifik – und damit die tatsächliche Dramatik – der vor unseren Augen sich vollziehenden sozialpolitischen Umbrüche verkannt und verdunkelt wird.

Ein zweiter Debattenstrang – zum Teil mit dem erstgenannten eng verbunden (vgl. z.B. Butterwegge et al. 2007) – bemüht sich seit einigen Jahren, diese Spezifik des Wandels als »neoliberal« zu charakterisieren. Allzu häufig wird dieser Begriff allerdings weniger analytisch denn vielmehr als bloßes Etikett benutzt, um (im Sinne Achingers) »das Böse« in der Sozialpolitik sprachlich dingfest zu machen. Das Verdikt des »Neoliberalismus« verkommt dann leicht zu einer ritualhaft in Anspruch genommenen Chiffre für »sozialstaatsfeindliche« Umtriebe aller Art, und nicht selten operieren entsprechende Diskurse, wenn sie die Vordenker und (bis auf Maggie Thatcher) Hintermänner des »neoliberalen Projekts« zu enttarnen trachten, am Rande des Verschwörungstheoretischen. Elaboriertere Ansätze charakterisieren die »neoliberale« Transformation als Prozess der Ökonomisierung und Vermarktlichung des Sozialen, im Zuge dessen der Wohlfahrtsstaat zum »Wettbewerbsstaat« (Hirsch 1995; Jessop 2002) mutiert, der nicht mehr die politökonomische Globalsteuerung im Interesse von nationaler Prosperität und sozialem Ausgleich bezweckt, sondern alleine noch die Attraktivität seines Territoriums und der auf ihm ansässigen Produktionsfaktoren für global operierende Investoren im Sinn hat. So stichhaltig diese Analyse im Kern auch ist, so unvollständig bleibt sie und so unangemessen, ja irreführend erscheint der diskursstrategische Rückgriff auf den Terminus »Neoliberalismus«. Und dies nicht deshalb, weil – wie die Gralshüter der neoklassischen Ökonomik zu betonen nicht müde werden – im anti-neoliberalen Affekt das ursprünglich und »eigentlich« neoliberale Denken des deutschen Ordoliberalismus der Zwischen- und Nachkriegszeit mut- und böswillig fehlgedeutet und diskreditiert würde. Vielmehr erscheinen Vorsicht und Distanz gegenüber der gängigen Begriffsverwendung deswegen geboten, weil die kritische Rede vom »Neoliberalismus« bereits selbst die Suggestion stützt, es handele sich hierbei um ein »liberales« Programm. Nichts weniger jedoch, so wird in diesem Buch zu argumentieren sein, ist tatsächlich der Fall. Der von der herrschenden Marktpropaganda zur Schau getragene Antietatismus und die im politischen Privatisierungseifer zu Tage tretende Feier des selbstbestimmten Individuums können und sollten jedenfalls nicht darüber hinwegtäuschen, dass im gegenwärtigen Wandel der Sozialpolitik von einem »Rückzug« des Staates einerseits, von der Förderung individueller »Autonomie« andererseits realistischerweise keine Rede sein kann. Statt sich zurückzuziehen, ändert der Staat die Logik und Gestalt seiner Interventionen; und statt damit die individuellen Chancen autonomer Lebensführung zu erhöhen, ergibt sich im Effekt eine neue Form der Vergesellschaftung von Subjektivität, der Unterwerfung der Subjekte unter »die Herrschaft des sozialen Gesichtspunktes« (Simmel 1908: 517). Anstatt diese Transformation als »neoliberal« zu verklären bzw. zu verunklaren, soll im Folgenden – zunächst um der logischen Entgegensetzung willen und in einstweiliger Ermangelung eines treffenderen Begriffs – die Philosophie des gegenwärtig sich vollziehenden sozialpolitischen Wandels als »neosozial« bezeichnet werden (vgl. Lessenich 2003c).

Was aber meint die hier zu führende (Gegen-)Rede vom »neosozialen« Umbau des Sozialstaats? Die zentrale Argumentationslinie, die es in diesem Buch zu elaborieren, theoretisch zu fundieren, empirisch zu illustrieren und auf diesem Wege zu differenzieren gilt, sei vorab kurz zusammenfassend skizziert.

»Sozialpolitik« im heutigen Verständnis – die öffentlich regulierte, administrierte und/oder organisierte Verantwortlichkeit für das Wohlergehen weiter Teile (und tendenziell der Gesamtheit) der Bevölkerung – stellt in ihrer historischen Genese eine gesellschaftliche Reaktion auf die fundamentale Verunsicherung der menschlichen Existenz im Industriezeitalter dar. Was heute nicht mehr nur in fachwissenschaftlichen Kreisen als »Prekarität« diskutiert wird (vgl. z.B. Dörre 2005), war – in raumzeitlich spezifischer Ausprägung – genau jenes »soziale Problem«, das im Europa des mittleren 19. Jahrhunderts in seiner massenhaften Verbreitung am Beginn der Entwicklung zum modernen Sozialstaat stand. Effekt einer gesellschaftlichen Bewegung zur »sozialen Einbettung« der keineswegs bloß segensreichen Dynamik der kapitalistischen Wirtschaftsweise (vgl. Polanyi 1944) zum einen, der mit aufklärerischem Fortschrittsglauben einhergehenden »Entdeckung der Gestaltbarkeit von Gesellschaft« (Evers & Nowotny 1987) zum anderen, wurde Sozialpolitik zum elementaren Moment der Stabilisierung und Integration industriegesellschaftlicher Verhältnisse. Ökonomische und soziale Notwendigkeit, materielle und technische Möglichkeit sowie politische und ideologische Bereitschaft zu sozialpolitischer Intervention verstärkten sich dabei wechselseitig in und zu einem *circulus virtuosus* der Institutionalisierung gesellschaftsgestalterischen Eingriffs.

»Die Bedrohung, die tiefgreifende Unsicherheit der Einzelexistenz, die fast einer Zerstörung gleichkommende Umstürzung des Familienwesens, diese Grundveränderung der Daten, die das Leben des einzelnen bestimmen, begegnete Möglichkeiten der Neubildung und der Neuverteilung wenigstens der materiellen Sicherheiten, wie sie früher undenkbar gewesen wären.« (Achinger 1958: 68-69)

In einer radikal unstetigen, unsicheren und verunsicherten Lebenswelt schaffte Sozialpolitik »neue Formen von Dauer« (ebd.: 42).

Zunächst – nicht nur, aber insbesondere auch im deutschen Fall – selektiv an der »Arbeiterfrage« ausgerichtet, bevölkerten die sozialstaatliche »Liste der Vergessenen« (Achinger 1971: 144) vorläufig all jene Gesellschaftsgruppen und Sozialkategorien, die außerhalb des Arbeits- bzw. genauer des Erwerbslebens, der lohnabhängigen Beschäftigung, standen: die Alten und die Kinder, die Ehefrauen und die Selbstständigen, die psychisch Kranken und die Nicht-Sesshaften. Doch mit der ›Normalisierung‹ des Lohnarbeitsverhältnisses und der Verallgemeinerung der Lohnarbeitsgesellschaft erweiterte der Sozialstaat seinen gestaltenden, sozialregulativen Zugriff (vgl. Castel 2000). Die Systeme sozialer Sicherung wurden schrittweise ausgeweitet, parallel zur gesellschaftsweiten Durchsetzung der Lohnarbeit und in konzentrischen Kreisen um sie herum, befeuert durch die vereinte Dynamik von industriell-kapitalistischer Entwicklung, demokratischer Willensbildung und kriegerischer Massenmobilisierung. Spätestens in der politisch-ökonomischen Rekonstruktions- und Prosperitätsphase nach dem Zweiten Weltkrieg wurde der (dann auch häufiger so genannte) »Wohlfahrtsstaat« in den westlichen Industriegesellschaften zum Garanten sozialer Rechte auf öffentliche bzw. öffentlich vermittelte Einkommens- und Dienstleistungen. Was in der öffentlichen Debatte mittlerweile rückblickend gerne als »Versorgungsstaat« diskreditiert wird, lässt sich als ein institutionelles Arrangement der Akkumulation von »Sozialvermögen« (ebd.) durch und für all diejenigen Bürgerinnen und Bürger verstehen, die über keinen Produktionsmittel-, sprich Grund- und/oder Kapitalbesitz, und auch über kein (ererbtes oder erworbenes) Privatvermögen verfügten.

Das gesellschaftstheoretisch und -politisch Interessante und Relevante an der skizzierten Entwicklung – und diese Perspektive soll im Verlauf des Buches immer wieder eingenommen werden – ist die im

Wohlfahrtsstaat repräsentierte und institutionalisierte »Erfindung des Sozialen« (vgl. Donzelot 1984): die symbolische und materiale Konstruktion einer öffentlich-rechtlichen Verantwortlichkeit »der Gesellschaft« für ihre Mitglieder. Die Herausbildung und Ausdehnung des Sozialstaats bringt eine fundamentale Umgestaltung des Verhältnisses von einzelnem Bürger und gesellschaftlicher Allgemeinheit mit sich: Die elementare Unsicherheit der Einzelexistenz wird als soziales – d.h.: überindividuell auftretendes und daher kollektiv zu bewältigendes – Risiko gedeutet. Das Wohlergehen des ›doppelt freien‹ Individuums in der entstehenden und sich durchsetzenden Marktgesellschaft wird in die Verantwortung »der Gesellschaft« gelegt, unter ihren Schutz – und damit, gleichursprünglich und gleichermaßen, unter ihre Kontrolle – gestellt.

Die so beschriebene wohlfahrtsstaatliche Formation der europäischen Gesellschaften (und ihrer nordamerikanisch-ozeanischen Siedlerkolonien) erreichte in den 1970er Jahren ihren historischen Zenit. Häufig werden die beiden »Ölkrisen« zu Beginn und am Ende jenes Jahrzehnts als Wendepunkte der wohlfahrtsgesellschaftlichen Entwicklung der »westlichen Welt« bezeichnet. Die tiefgreifenden ökonomischen, politischen und kulturellen Verschiebungen, die seither die Krisenkonstellation des wohlfahrtsstaatlich regulierten Kapitalismus markieren, sind damit aber keineswegs schon benannt: die Entfesselung des Finanzmarktkapitalismus und die Umbrüche der Arbeits- und Produktionsorganisation; der Zusammenbruch des Staatssozialismus und der fortschreitende Prozess der Europäischen Integration; die verfestigte Massenarbeitslosigkeit und die permanente Krise der öffentlichen Haushalte; der Übergang zur Dienstleistungsgesellschaft und die »informationstechnologische Revolution«; die nachhaltigen gesellschaftlichen Demokratisierungs- und Emanzipationstendenzen und der Aufstieg individualistischer Wert- und Lebensführungsmuster. All diese makrostrukturellen Veränderungsprozesse – und andere mehr – haben, in ebenso komplexem wie kontingentem Zusammenspiel, eine beschleunigte Dynamik des sozialen Wandels (Rosa 2005) entfacht und dem spätindustriellen Kapitalismus einen neuen »Geist« (Boltanski & Chiapello 2003) eingehaucht.

Dieser neue Geist des Kapitalismus ist jener der Aktivität und Mobilität, der Flexibilität und Beweglichkeit, der Eigentätigkeit und Selbststeuerung. Die Gesellschaft der Gegenwart gibt sich als »Aktivgesellschaft«, und »ihr« Sozialstaat atmet den Geist der »Aktivierung« (vgl. Lessenich 2003d). Der in den fortgeschrittenen Wohlfahrtsstaaten teils proklamierte, teils praktizierte Wandel zur »aktivierenden« – wahlweise auch »investiven«, »präventiven« oder »vorsorgenden«– Sozialpolitik und die darin aufscheinende Redefinition, ja Neuerfindung des Sozialen ist zentrales Thema des vorliegenden Buches: die Neujustierung von privaten und öffentlichen Verantwortlichkeiten, die Umdeutung von Bürgerrechten und -pflichten, die Reformulierung gesellschaftlicher Leistungs- und Produktivitätserwartungen. Der »aktivierende« Sozialstaat ist eine große institutionelle Bewegung zur Bewegung der Individuen. Fluchtpunkt dieser Bewegung ist nicht – nicht mehr und jedenfalls nicht primär – das Wohlergehen (*well-being* oder, im Wortsinne, *well-fare)* der Bürgerinnen und Bürger, der Individuen und Haushalte. Der neue Geist des Wohlfahrtskapitalismus zielt vielmehr vorrangig auf das Wohl der »imagined community« (vgl. Anderson 1983) der »kollektiven Einzelnen«, auf die Wohlfahrt der – im Kern immer noch national gedachten – »gesellschaftlichen Gemeinschaft«. »Sozial« ist (bzw. wird) hier, was im Interesse der Allgemeinheit geschieht. »Sozial« ist der bzw. die Einzelne, wenn, soweit und solange er/sie Eigenverantwortlichkeit, Selbstsorge und pro-aktives Verhalten zeigt – im Sinne und Dienste »der Gesellschaft«. Die gesellschaftliche Neuerfindung des Sozialen im flexiblen Kapitalismus lässt die subjektiven Wertbezüge sozialen Handelns – Aktivität und Mobilität, Produktivität und Autonomie – zu politischen Steuerungsformeln des individuellen Selbstzwangs in sozialer Absicht verkommen.

Die folgenden Ausführungen haben sich zum Ziel gesetzt, aus soziologischer Perspektive Substanzielles zu Analyse und Kritik dieses neuen Modus sozialstaatlicher Intervention beizutragen. Zunächst wird die der Argumentation zugrunde liegende Leitidee, den Wohlfahrtsstaat als moderne – kapitalistisch und demokratisch fundierte – Form der Vergesellschaftung zu verstehen, dargelegt (Kapitel 2). Auf dieser Grundlage soll sodann der Übergang vom »sorgenden Staat« (Swaan 1993) der Nachkriegszeit (Kapitel 3) zum »aktivierenden Staat« der Gegenwart rekonstruiert werden. Dessen Charakterisierung als ein gesellschaftspolitisches Arrangement der Produktion selbsttätiger und sozialverantwortlicher Subjekte steht im Mittelpunkt des Bandes (Kapitel 4). Durch die kombinierte Analyse von normativen Vorstellungen und – soweit derzeit sichtbar – »institutionellen Realisierungen« (Kaufmann 2003a: 36) soll, ganz im Sinne Achingers, das sich wandelnde Gesellschaftsideal unserer Zeit in seiner sozialpolitischen Umsetzung verstanden werden. Das Buch schließt mit vorläufigen Überlegungen zu der Frage, was aus der gegenwärtig sich vollziehenden Neuerfindung des Sozialen folgt – und was ihr entgegenzusetzen wäre (Kapitel 5).

Die Chance der Soziologie

Das »Soziale« wird also derzeit neu ›erfunden‹ – und wir alle werden sagen dürfen, wir seien dabei gewesen. Doch ist auch die Soziologie mit von der Partie? Zweifel daran erscheinen angebracht – Zweifel, die ein wesentliches Motivationsmoment dieses Buches darstellen.

Die zyklisch wiederkehrenden Fremd- und Selbstklagen über den geringen Stellenwert der Soziologie in der Öffentlichkeit und der öffentlichen Debatte werden so lange andauern und ihre Berechtigung haben – aber eben auch ermüden und unproduktiv bleiben –, wie es den Soziologinnen und Soziologen nicht gelingt, den vor ihren Augen sich zutragenden Umbrüchen mit einer kritisch-diagnostischen Expertise zu begegnen, die »Selbstverständlichkeiten« anzweifelt, »Notwendigkeiten« überprüft und »Wahrheiten« erschüttert. Erneut war es Hans Achinger, der seiner Zunft schon früh ins Stammbuch schrieb: »Eine wissenschaftliche Besinnung auf den Charakter der entfalteten Sozialpolitik unserer Tage wird aber von den Möglichkeiten der Wissenssoziologie [...] vollen Gebrauch machen müssen und können.« (1971: 114) Sie hat dies gleichwohl bis heute nur bedingt, in Einzelfällen, getan. Allzu häufig behilft und bescheidet sich gerade die Sozialpolitikforschung mit einem fachgenügsamen »als ob« (vgl. Achinger 1958: 9-11): Man beschreibt, analysiert und akzeptiert die Verhältnisse, »wie sie sind« – und bezeugt damit die Legitimität der jeweiligen sozialpolitisch propagierten Zielsetzungen. Kritisierte Achinger in diesem Sinne die zu sozialstaatlichen Expansionszeiten dominierende Haltung, »diese Wachstumserscheinungen ganz selbstverständlich als Erfolgsmerkmale im Sinne der Zweckreihe [zu] betrachten« (ebd.: 9) – also steigende Sozialausgaben und erweiterte Sozialprogramme leichthin als Ausweis für zunehmende Wohlfahrtsproduktion zu nehmen –, so gelten weiten Teilen der Sozialpolitikwissenschaft die veränderten Zwecksetzungen der Sozialpolitik in heutigen Krisenzeiten ebenso unbefragt als nachvollziehbar und akzeptabel, werden nunmehr sozialstaatliche Schrumpfungserscheinungen, die Relativierung sozialer Rechte oder die Individualisierung sozialer Risiken ebenso selbstverständlich als »zeitgemäß« und »systemgerecht« hingenommen.

Das vorliegende Buch versucht, dieser bloß affirmativen Neigung zu widerstehen. Es fragt nach dem sozialen Sinngehalt sozialpolitischer Interventionen und sozialstaatlicher Institutionen. Dabei werden die offiziell proklamierten sozialpolitischen Ziele »nicht als bloße Ideologien disqualifiziert« (Kaufmann 1977: 66). Vielmehr geht es darum, »dieses ›als ob‹ nicht sogleich an[zu]erkennen, sondern [zu] versuchen, den gemeinten Sinn sozialpolitischer Apparaturen aus der historischen Entstehung heraus zu rekonstruieren, und die Frage daran zu knüpfen, ob denn die gewollte Besserung gesellschaftlicher Verhältnisse auch tatsächlich eingetreten sei« (Achinger 1958: 9). Diese Herangehensweise an den sozialpolitischen Gegenstand führt dann in strukturähnlicher Weise zu der problemdeutenden Folgefrage, »welche ›Mißstände‹ in einer Gesellschaft überhaupt der Bekämpfung bedürftig oder andererseits der Abstellung oder Minderung fähig seien und wie demnach Reformpläne, die über das Gegebene hinausführen, anzulegen wären« (ebd.: 10).

Eine angemessene wissenschaftliche Diagnostik der Eigenarten, des Wandels und der Zukunft von Sozialstaat und Sozialpolitik kommt in Anbetracht dessen ohne eine explizite gesellschaftstheoretische Fundierung nicht aus. Die gesellschaftspolitische Relevanz dieser Thematik aber erfordert – so meine Überzeugung – nicht nur eine analytische, sondern auch eine normative Theorie des Sozialstaats, »welche gleichzeitig die Begründung seiner Notwendigkeit und die Kritik seiner Wirklichkeit erlaubt« (Kaufmann 2005a: 17). Nur in der Verknüpfung *beider* Ansätze kann eine Soziologie der Sozialpolitik diese in der Tat als »ein *constituens* des Alltags aller und des Begreifens der Gesellschaft selbst« (Achinger 1971: 138) verstehen – und zugleich die Möglichkeit nutzen, »am gesellschaftlichen Definitionsprozeß von Wirklichkeit mitzuwirken« (Kaufmann 1977: 42). Eine Chance, die sie sich nicht länger entgehen lassen sollte.

2. Die Erfindung des Sozialen: Zur historischen Soziologie des Sozialstaats

»Explanations of the origins, rise and development of the welfare state abound. Scores of theories compete to explain why it exists at all, dozens of comparative analyses account for its variations, legions of narratives detail how individual examples contradict or confirm general hypotheses. [...] Even the seasoned observer may be forgiven for occasionally feeling lost in this academic Babel of paradigms, models, interpretations, accounts.«

Peter Baldwin, The Politics of Social Solidarity *(1990: 36-37)*

Warum »Sozialstaat«?

Der Sozialstaat ist umstritten – politisch wie akademisch. Als gesellschaftshistorische Tatsache ist er seit seinen Anfängen im späten 19. Jahrhundert Gegenstand politischer Kontroversen und Konflikte gewesen, die sich sowohl um grundsätzliche Fragen seiner Wünschbarkeit, Finanzierbarkeit und Nützlichkeit wie auch um konkretere Probleme seiner Ausgestaltung, Ausdehnung und Wirkung drehten. Als gesellschaftsbeschreibende und -analysierende Kategorie ist er parallel dazu immer auch und bis heute ein – allerdings aufgrund seiner fortschreitenden sozialwissenschaftlichen Ergründung erfreulicherweise immer weniger obskures – Objekt akademischer, zumal auch soziologischer Streitbegierde gewesen. Was »der Sozialstaat« überhaupt ist, was ihn ausmacht, wie er generalisierend zu definieren und als historisch-soziales Phänomen zu charakterisieren sei: Schon in dieser fundamentalen

Frage lassen sich fast so viele wissenschaftliche Meinungen und Positionen unterscheiden wie es Sozialpolitikwissenschaftlerinnen und -wissenschaftler gibt. Ehe im Folgenden zunächst das hier zu vertretende Verständnis des Sozialstaats im Kontext konkurrierender (bzw., wie sich zeigen wird, komplementärer) Sichtweisen dargelegt und im Anschluss daran die Frage verhandelt wird, wie sich die Herausbildung der sozialstaatlichen Gesellschaftsformation im Europa des industriellen Zeitalters erklären lässt, gilt es vorab jedoch noch eine in wissenschaftlichen Zusammenhängen immer wieder eingeforderte terminologische Pflichtübung zu absolvieren.

Der Begriff des »Sozialstaats« hat sich in der Bundesrepublik in Anlehnung an die berühmte »Sozialstaatsklausel« (Artikel 20 Abs. 1 und 28 Abs. 1) des Grundgesetzes eingebürgert. International hingegen ist eher der Terminus *welfare state* gebräuchlich, und auch die deutschsprachige sozialwissenschaftliche Literatur operiert (anders als die sozialrechtliche) häufig, zumal wenn sie international vergleichend ausgerichtet ist, mit dem (aus dem Englischen rückübersetzten) Konzept des »Wohlfahrtsstaates«. Die terminologische Unterscheidung zwischen Sozial- und Wohlfahrtsstaat und die sprachliche Option für den einen oder anderen sind keineswegs bloßer Ausdruck akademischer Begriffspuristik. Tatsächlich lässt sich durchaus begründet argumentieren, dass mit dem engeren Konzept des »Sozialstaats« die institutionelle Architektur und »technische« Infrastruktur sozialpolitischer Gesetze, Einrichtungen und Programme – von der Rentenversicherung über die Eigenheimförderung bis zum Jugendamt – bezeichnet werden, wohingegen der Begriff des »Wohlfahrtsstaats« breiter angelegt ist, indem er stärker auf die gesellschaftliche Bedeutung und die sozialen Effekte staatlichen Handelns in »sozial-politischer« Absicht verweist. Schon vor der Einführung der Bismarck'schen Sozialversicherung sprach der Finanzwissenschaftler und »Kathedersozialist« Adolph Wagner – anders als heutige Ökonomen in emphatisch-anerkennender Weise – vom »Cultur- und Wohlfahrtsstaat« (Wagner 1876: 257) und sah diesen nicht nur durch die quantitative Ausweitung staatlicher Aufgaben und Ausgaben, sondern insbesondere auch (und damit einhergehend) durch eine qualitative Veränderung öffentlicher Intervention, ihrer Formen und Mechanismen, gekennzeichnet. So verstanden steht der Begriff des Wohlfahrtsstaates nicht nur für das (historisch anwachsende) Ensemble staatlicher Institutionen der Fürsorge, Vorsorge, Versorgung und Versicherung, sondern – umfassender und weitreichender – für eine historisch-konkrete Gesellschaftsformation, einen spezifischen Modus »politisch veranstalteter Vergesellschaftung«

(Kaufmann 1989: 94), für die besondere Form der politischen, ökonomischen und sozialen Verfasstheit der europäischen (sowie nordamerikanischen und ozeanischen) Industriegesellschaft.

»In der gebotenen Kürze formuliert, erscheint der Wohlfahrtsstaat als eine bestimmte Form gesellschaftlicher Organisation, die gekennzeichnet ist durch die *Verbindung von demokratischer Staatsform und privatkapitalistischer Wirtschaftsform mit einem ausgebauten, zentralstaatlich regulierten Sozialsektor, auf dessen Leistungen ein staatlich verbürgter Anspruch nach rechtlich definierten Bedarfskriterien für jedermann besteht.*« (Ebd.; Hervorhebungen im Original)

Wenn beide Begriffe, »Sozialstaat« und »Wohlfahrtsstaat«, im Weiteren gleichwohl synonym benutzt werden und dabei in der Regel dem erstgenannten Ausdruck – bis in den Titel dieses Buches hinein – der Vorzug gegeben wird, dann aus dem Grund, dass die Rede vom »Sozialstaat« im öffentlichen Sprachgebrauch und zumal in den gegenwärtigen sozialpolitischen Reformdebatten fest verankert ist und eine auf die Öffentlichkeitswirkung soziologischer Diagnostik bedachte Analyse diesem Umstand Rechnung tragen sollte. Zugleich erfolgt die terminologische Option für den »Sozialstaat« aber in dem Sinne, darunter inhaltlich »die Verantwortung des Staates für die elementare Wohlfahrt der Gesamtbevölkerung – also das Programm der *Wohlfahrtsstaatlichkeit* –« (Kaufmann 2003a: 26; Hervorhebung im Original) zu verstehen, mit all seinen politischen, ökonomischen, sozialen und kulturellen Voraussetzungen und Implikationen. Die hier praktizierte Rede von »Sozialstaatlichkeit« und »Sozialstaat« meint dann, je nach Kontext, in der Tat das wohlfahrtsstaatliche Programm politischer Gesellschaftsgestaltung bzw. konkret »die deutsche Variante wohlfahrtsstaatlicher Programmatik« (Kaufmann 1989: 94). Worin diese Programmatik besteht, gilt es nun genauer zu erläutern.

Was ist der Sozialstaat?

Der Sozialstaat gilt seinen Verteidigern, in gewisser Weise – jenseits von Fragen seiner wertenden Beurteilung – aber auch seinen Skeptikern als eine Errungenschaft der Moderne, als ein institutioneller Baustein des gesellschaftshistorischen Prozesses der Modernisierung. Bevor wir anschließend der Frage nachgehen, was die Triebkräfte der Entstehung und Entwicklung des Sozialstaates gewesen sein mögen, soll zunächst eine andere Perspektive eingenommen werden, indem der Sozialstaat nicht als »abhängige Variable«, d.h. als historischer Effekt von politischen, ökonomischen, ideologischen und/oder anderweitigen Bedingungsfaktoren in den Blick genommen wird (Flora et al. 1977; Flora & Heidenheimer 1981), sondern als »unabhängige Variable«, sprich in seiner Eigenschaft als Bedingungsfaktor gesellschaftlicher Prozesse, als eigenständiger »Akteur«, Rahmensetzer und Taktgeber der Gesellschaftsentwicklung (Esping-Andersen 1990). Wenn nach dem »Wesen« des Sozialstaats gefragt wird – danach, was den Sozialstaat ausmacht, was er »ist« –, dann geht es um aktivische Be- und Zuschreibungen sozialstaatlichen Handelns und seiner sozialen bzw. gesellschaftspolitischen Effekte. Im Folgenden werden fünf solcher soziologischer Wesensbestimmungen des Sozialstaats vorgestellt: als Instanz gesellschaftlicher Modernisierung, Normalisierung, Umverteilung, Sicherung und Integration. Wiewohl diese fünf Dimensionen selbstverständlich nur eine von vielen anderen möglichen Unterscheidungen darstellen und (ebenso selbstverständlich) nicht das gesamte Spektrum sozialpolitikwissenschaftlicher Charakterisierungen von moderner Staatstätigkeit in ›sozialer Absicht‹ abzudecken vermögen, lassen sie doch die Vielfalt sozialstaatlicher Wirkeffekte und -mechanismen erahnen. Zugleich bieten sie die kategoriale Grundlage für die hier zu plausibilisierende Interpretation des Sozialstaats als Instrument gesellschaftlicher Relationierung.

Modernisierung

Dass moderne Gesellschaften sich durch die Ausdifferenzierung von durch ihre je eigenen Funktionslogiken, Kommunikationscodes bzw. Rationalitätskriterien integrierten Lebensbereichen auszeichnen, gehört zu einem der eher weniger umstrittenen Theoreme der Soziologie (Schimank 2007). Funktionale Differenzierung als Prinzip gesellschaftlicher Organisation aber ist logisch wie historisch voraussetzungsvoll, und der Sozialstaat lässt sich (wie zu sehen sein wird: unter anderem) als funktionale Voraussetzung von funktionaler Differenzierung beschreiben (Vobruba 1991b). Dass Sozialpolitik funktionale Differenzierungsprozesse ermöglicht und flankiert – und der Sozialstaat daher nicht (nur) Wirkung und Ergebnis, sondern (auch) Ursache und Bedingung gesellschaftlicher Modernisierung ist – wird am Beispiel der Konstitution der modernen, kapitalistischen Ökonomie besonders sinnfällig (Huf 1998b). Denn erst die Existenz eines ausdifferenzierten Systems öffentlicher sozialer Sicherungen lässt ein seinerseits ausdifferenziertes System der Produktion und Distribution wirtschaftlicher

Güter, das in seiner Funktionsweise von allen nicht- bzw. außerökonomischen Erwägungen absieht, gesellschaftlich praktikabel werden. Nur weil es in Gestalt des Sozialstaats eine Instanz gibt, die – jedenfalls im Prinzip – ›jenseits‹ der kapitalistischen Ökonomie operiert, kann diese sich – jedenfalls im Prinzip – von anderen Absichten, Ansprüchen und Bedürfnissen als jenen von Gewinn, Profit und Produktivität lossagen. Weil Alte von der Rentenversicherung und Kranke im Gesundheitswesen, Arme vom Sozialamt und Arbeitslose von der Arbeitsagentur (bzw. arme Arbeitslose von Peter Hartz) versorgt werden, kann der Betrieb ›wirtschaftlich‹ funktionieren, kann ›die Wirtschaft‹ ihrem Geschäft nachgehen, kann der kapitalistische Akkumulationsprozess dauerhaft und konfliktfrei prozessieren und sich reproduzieren: So lautet die Logik sozialstaatlich garantierter funktionaler Differenzierung. Dass dieses »Jenseits« der Ökonomie faktisch nicht existiert, es tatsächlich vielmehr ständige Interferenzen von kapitalistischer Ökonomie und sozialstaatlicher Politik gibt und der Sozialstaat in Erfüllung seiner »außerökonomischen« Funktionen selbst zum gesellschaftlichen Konfliktfeld wird, steht politisch-soziologisch auf einem anderen Blatt (vgl. Offe 1972), das erst später aufgeschlagen werden soll. Die vergleichende Makrosoziologie ist sich jedenfalls weitgehend einig in dem Urteil, dass es eben die funktionale Entdifferenzierung und also ihre »Unmodernität« war – die Tatsache, dass die zu »kleinen Sozialstaaten« umfunktionierten Betriebe nicht der ökonomischen Logik der Rentabilität, sondern dem Eigensinn politisch-legitimatorischer Rationalitäten folgen mussten und folgten –, welche den ehedem staatssozialistischen Regimen gesellschaftshistorisch zum Verhängnis wurde (vgl. Vobruba 1991a).

Rund um dieses politisch-ökonomische Arrangement eines sozialstaatlich gleichermaßen entlasteten und befreiten wie unterfütterten und eingehegten Kapitalismus konnten sich die »Basisinstitutionen« (Zapf 1991) der gesellschaftlichen Moderne herausbilden und – erneut mit sozialpolitischer Unterstützung – im Verlaufe des 20. Jahrhunderts als nationalspezifische institutionelle Konfigurationen gesellschaftlicher Reproduktion stabilisieren (Huf 1998a; Lessenich 2003a): das System der Lohnarbeit als durch arbeits- und sozialrechtliche Vorkehrungen gesellschaftlich akzeptabel gewordene materielle Abhängigkeit der Individuen und Haushalte von formal-hierarchischen, den Marktmechanismen unterworfenen Beschäftigungsverhältnissen (Castel 2000); der institutionalisierte Lebenslauf als ein sozialpolitisch reguliertes, erwerbszentriertes, individual- und kollektivbiographische Erwartbarkeiten produzierendes Ablaufprogramm von Ausbildung, Berufstätigkeit und Ruhestand (Kohli 1985); das Geschlechterverhältnis als ein ebenso sozialstaatlich strukturiertes und von der Erwerbslogik durchdrungenes Arrangement geschlechtsspezifischer Arbeitsteilung und innerfamiliärer Abhängigkeiten (Lewis 2006). Dieser sozialstaatlich moderierte und koordinierte Institutionenkomplex hat maßgeblich dazu beigetragen, den modernen Prozess der Individualisierung voranzutreiben und individualisierte Handlungsorientierungen gesellschaftsweit zu verbreiten: Das funktionale Zusammenspiel verallgemeinerter Lohnabhängigkeit und wohlfahrtsstaatlicher Sicherungsgarantien eröffnet den Individuen historisch neuartige Möglichkeiten sozialer, familialer, beruflicher und räumlicher Mobilität (Leisering 1997). Staatliche Sozialpolitik gewährleistet individuelle Handlungsspielräume und »Autonomiegewinne« (Vobruba 2003) – in der und jenseits der (bzw. im vermeintlichen »Jenseits« der) Marktökonomie. Der Sozialstaat befördert somit in maßgeblicher Weise das die Moderne charakterisierende gesellschaftliche »Kollektivschicksal der Vereinzelung« (Beck 1983: 57) – einerseits.

Normalisierung

Andererseits ist der Sozialstaat eine Quelle der Normierung und Standardisierung sozialer Beziehungen und gesellschaftlicher Verhältnisse. Ulrich Becks Individualisierungstheorem birgt genau diese ambivalente Pointe: Mit der tendenziell gesellschaftsweiten Verbreitung des Zugangs zu Bildungseinrichtungen, Arbeitsmärkten und sozialen Sicherungssystemen entwickeln sich für tendenziell alle Individuen und Bevölkerungsgruppen nicht nur neue Freiheiten, sondern eben auch neuartige Zwänge. Wer seine individuellen Lebenschancen nicht mehr (oder jedenfalls weniger als früher) durch Herkunft und Familie, sondern zunehmend durch Schule und Hochschule, Betrieb und Beruf, Arbeitsverwaltung und Sozialversicherung bestimmt sieht, muss sich in seiner alltäglichen Lebensführung mehr oder weniger zwangsläufig den Bedingungen, Regularien und Standards dieser Institutionen fügen. Die Schulpflicht beginnt mit sechs und endet nicht vor dem sechzehnten Lebensjahr, und für den Abschluss ebenso wie für die Weiterführung des Bildungswegs ist normierten Leistungsanforderungen Genüge zu tun. Für den Erfolg im Arbeitsleben zählen wesentlich Qualifikationen, die tunlichst formalisiert und zertifiziert sein sollten – in Gestalt von anerkannten Abschlüssen, Zeugnissen und Titeln. Öffentliche Sozialprogramme, von der Altersrente bis zum Wohngeld, sind – nicht anders als die Produkte privater Versicherungsunternehmen –

hochgradig bürokratisierte Leistungsangebote, für deren Beantragung und Inanspruchnahme genauestens festgelegte Zugangsvoraussetzungen nachweislich zu erfüllen sind: Beitragszeiten und Gesundheitsprüfungen, Einkommenshöhen und Altersgrenzen.

Die Bürgerinnen und Bürger sozialstaatlich verfasster Marktwirtschaften sind auf diese Weise in ein engmaschiges Korsett institutioneller Erwartungen, Anforderungen und Nachweispflichten eingespannt. Ihre Autonomiegewinne erwerben sie auf Kosten neuer Abhängigkeiten. In ihren Lebensvollzügen werden sie, durch unabweisbare materielle Zwänge ebenso wie durch unreflektierte habituelle Prägungen, auf die Erfüllung des marktwirtschaftlich-sozialstaatlichen Vergesellschaftungsprogramms orientiert. Aus der überindividuellen Perspektive ergeben sich damit veränderte – ›moderne‹ – gesellschaftliche Normalitäten, im Doppelsinne verstanden als soziale Regel und Regelmäßigkeit des Arbeitens und Lebens: In den westlichen Industriegesellschaften der Nachkriegszeit ›normalisiert‹ sich, durch sozialpolitische Regulierung und soziales Handeln, ein raum-zeitlich spezifisches (häufig als »fordistisch« apostrophiertes) Regime gesellschaftlicher Produktion und Reproduktion (Hirsch & Roth 1986; Lipietz 1987). In diesem Arrangement strukturiert das »Normalarbeitsverhältnis« – als auf Dauer angelegte, vollzeitige, materiell gesicherte, kollektivvertraglich geschützte, betrieblich organisierte Form der Verausgabung von Arbeitskraft (Mückenberger 1990) – die gesellschaftliche Erwerbsbeteiligung, insbesondere die des männlichen Teils der Bevölkerung im erwerbsfähigen Alter. Die »Normalbiographie« (Kohli 1988; Osterland 1990) sieht für die Zeiten vor und nach diesem Alter rechtlich überformte Phasen institutionalisierter Nichterwerbstätigkeit vor und unterwirft die zeitliche Lagerung und chronologische Abfolge individualbiographisch zentraler Lebensereignisse – den Zyklus von Haushaltsausgründung, Eheschließung, Familiengründung, Kinderaufzucht und erneuter Haushaltsausgründung – sozialer (nicht zuletzt: erwerbsgesellschaftlicher) Normierung. Die »Normalfamilie« (Herlth et al. 1994) schließlich, der durch geschlechtsspezifische Arbeitsteilung nach dem männlichen Ernährer- bzw. weiblichen Zuverdienerinmodell (Sainsbury 1996) produktions- wie reproduktionstechnisch versierte Zweigenerationenhaushalt, stellt das soziale Verbindungsglied und funktionale Scharnier zwischen Erwerbssystem und Lebenswelt dar.

Der Sozialstaat des »goldenen« Nachkriegszeitalters spielte für die Durchsetzung, Stabilisierung und Regularisierung dieses gesellschaftlichen Arrangements eine entscheidende Rolle. Er hat die lohnarbeitsgesellschaftliche Lebensweise für seine Bürgerinnen und Bürger möglich gemacht und ›normal‹ werden lassen. Während systemtheoretische Analysen in diesem Kontext die Selbstverstetigung (und in diesem Sinne ›Selbstnormalisierung‹) eines sozialstaatlichen Institutionensystems behaupten, das mit jeder sozialpolitischen Intervention systematisch immer neue gesellschaftliche Erwartungen, Forderungen und Ansprüche weitergehender sozialpolitischer Intervention produziere (Luhmann 1981; Luhmann 2000: 407ff.), sprechen gute – theoretische wie vor allen Dingen empirische – Gründe umgekehrt für die schleichende Erschöpfung des »fordistischen« Sozialstaats (Jessop 1986). Die durch ihn geschaffene gesellschaftliche ›Normalität‹ wird – so scheint es – zusehends brüchig, und neue gesellschaftlich-politische Normalitätskonstruktionen treten derzeit an seine und deren Stelle. Doch dazu später mehr.

Umverteilung

Der Verweis auf die umverteilenden Effekte der Sozialpolitik ist gewissermaßen der Klassiker unter den sozialwissenschaftlichen, aber auch öffentlichen Wirkungszuschreibungen an den modernen Sozialstaat. Während Kritiker insbesondere in jüngerer Zeit eine sozialpolitisch vermittelte Umverteilung »von unten nach oben« monieren, ist der (positive) »Generalverdacht« gegenüber dem Sozialstaat seit jeher der umgekehrte: Hier wird den Reichen genommen, um den Armen zu geben. Anders als zu Robin Hoods Zeiten erfolgt dieser Akt umverteilender Gerechtigkeit im Sozialstaat allerdings nicht punktuell und erratisch, sondern auf systematische und bürokratische Weise, und zentrale Akteure dieser modernen Wohltätigkeitsveranstaltung sind nicht edle Recken und dicke Mönche, sondern – folgt man dem »sozialdemokratischen Modell« sozialstaatlicher Geschichtsschreibung (Korpi 1983; Shalev 1983) – Arbeiterbewegung und Sozialadministration (s.u.). Der Sozialstaat in seiner heutigen Gestalt – als Garant individueller Teilhaberechte am gesellschaftlich produzierten Reichtum (Marshall 1949) – ist demnach Ausdruck des Kampfes der besitzlosen gegen die besitzenden Klassen, des modernen sozialen Konflikts um Lebenschancen (Dahrendorf 1988) bzw. um die tendenzielle Angleichung der durchschnittlichen Lebenschancen am »oberen« und am »unteren« Ende der sozialen Hierarchie.

Die zentrale Dimension des umverteilenden, egalisierenden Sozialstaats sehen neuere theoretische Ansätze in den »dekommodifizierenden« Effekten sozialpolitischen Handelns (Offe 1972; Esping-Andersen

1990). Der Sozialstaat ist in dieser Sichtweise wesentlich ein Instrument zur politischen Begrenzung von Marktmechanismen, ihrer Wirkungsweise und ihres Geltungsbereichs (Esping-Andersen 1985). Er schafft – mehr oder weniger große – Sphären der Marktunabhängigkeit für die Angehörigen jener gesellschaftlichen Mehrheit, die nichts anderes auf Märkten anzubieten hat als ihre Arbeitskraft; er ermöglicht ihnen – in mehr oder weniger großzügiger Art und Weise – ein Leben auch jenseits des erfolgreichen Verkaufs ihrer Arbeitskraft auf Arbeitsmärkten. Der institutionelle Kernbestand des modernen Sozialstaats – Unfall-, Kranken-, Arbeitslosigkeits- und Rentenversicherung – lässt sich demnach als Arrangement einer öffentlichen Gewährleistung auch marktexterner Existenzformen verstehen: Wer seine Erwerbschancen vorübergehend (etwa durch Krankheit oder Arbeitslosigkeit) oder dauerhaft (etwa durch Arbeitslosigkeit oder Hochaltrigkeit) einbüßt, hat der sozialstaatlichen Logik zufolge – unter bestimmten Bedingungen und in gewissen Grenzen – Anspruch auf »Lohnersatz«.

Die soeben genannten Bedingungen und Grenzen der »Dekommodifizierung« markieren allerdings schon die Zweideutigkeit einer sozialstaatlichen Welt, die hier auf den ersten Blick – immerhin geht es bei den genannten Lohnersatzleistungen ja im Prinzip um »arbeitsfreies« Einkommen – paradiesisch oder zumindest para-paradiesisch erscheinen mag. Denn der Haken an der Dekommodifizierungssache ist, dass der (selektiven) Befreiung der Individuen von Marktzwängen logisch und historisch die Erzwingung ihrer Marktteilnahme vorausgeht und vorausgehen muss (Lenhardt & Offe 1977). Die Logik ist schlicht und zunächst – wir werden darauf zurückkommen – auch sozialmoralisch einleuchtend: Nur wessen Arbeitskraft »kommodifiziert«, also zur marktgängigen Ware gemacht worden ist, dessen Arbeitskraft kann auch wieder »entkommodifiziert«, sprich aus der Warenform entlassen und trotz ihres Nicht-Einsatzes anderweitig entgolten werden; nur wer zuvor Lohnarbeit geleistet hat, kann anschließend Lohnersatz reklamieren. Damit liegt auf der Hand, dass die auf (»vertikale«) Angleichung von Lebenschancen zielenden Umverteilungsanstrengungen des Sozialstaats neue (»horizontale«) Ungleichheiten produzieren (Lessenich 1998): Wer nicht lohnabhängig beschäftigt war oder ist, hat definitionsgemäß auch keinen Anspruch auf lohnersetzende Leistungen. Wenn das als Gegengewicht zum Privatvermögen der besitzenden Klassen verstandene »Sozialvermögen« (Castel 2000) der (ansonsten) Besitzlosen – ihre Versicherungsansprüche und Rentenanwartschaften – auf ihrem marktfähigen Arbeitsvermögen aufbaut, dann kommen all diejenigen gleichfalls Besitzlosen, deren Arbeitsvermögen nicht marktgängig ist oder jedenfalls am Markt nicht nachgefragt wird, entweder überhaupt nicht oder aber nur nachrangig und abgeleitet in den Genuss öffentlicher, marktunabhängiger Sicherungsleistungen.

Dies ist sicherlich nicht das einzige sozialstaatliche Verteilungsproblem: Hinzu kommen mindestens die wachsende Undurchsichtigkeit der tatsächlichen Umverteilungsströme im Zuge der Ausdehnung des Sozialstaats und der Errichtung immer neuer Leistungsprogramme (das von Kritikern so genannte »rechte Tasche, linke Tasche«-Syndrom) oder die Mittelschichtslastigkeit vieler Sozialprogramme bzw. ihrer effektiven Inanspruchnahme (von der Ausbildungsförderung bis zur »Riester-Rente« gehen die Leistungen faktisch nicht oder nicht vornehmlich dorthin, wo sie ›am meisten‹ gebraucht würden). Aber die ungleichheitsgenerierenden und exkludierenden Effekte der Lohnarbeitszentriertheit sozialer Sicherungssysteme sind doch wohl diejenigen, die dem universalistischen und kollektivistischen Impetus von sozialstaatlichen »politics against markets« (Esping-Andersen 1985) am direktesten und unmittelbarsten zuwiderlaufen.

Sicherung

Das kollektivistische bzw. kollektivierende Moment sozialstaatlicher Politik wird auch von jenen Positionen in den Mittelpunkt gestellt, die den Sozialstaat vom Wert- und Leitbegriff der »Sicherheit« her deuten (Kaufmann 2003b). François Ewald hat die Geschichte der Versicherung als im »Vorsorgestaat« (Ewald 1993) kulminierende Sozialtechnologie und Gesellschaftsphilosophie in beeindruckender Weise nachgezeichnet. Die Versicherung ist demzufolge ein zunächst technisches Instrument der Umwandlung von Gefahren in Risiken, das mit seiner Durchsetzung als multifunktionale soziale Problemlösung die Gesellschaft selbst, ihren Umgang mit und ihr Denken über sich, radikal verändert. Der gesellschaftshistorische Durchbruch der Versicherung als soziale Risikotechnologie erfolgt mit der Ausweitung ihres Gegenstandsbereichs von der Versicherung von Sachgütern (klassischerweise in der Hochseeschifffahrt) auf die Versicherung von Humankapital – und zwar nicht nur im Sinne einer (»Lebens«- bzw. Sterbe-)Versicherung gegen den Tod (bzw. dessen materielle Konsequenzen), sondern weitergehend bzw. vorgelagert gegen das Risiko des vorzeitigen Verlusts des Arbeitsvermögens.

Der gesellschaftspolitische Clou der Versicherung liegt darin, dass diese immer nur kollektiv erfolgen kann. Individuelle Vorsorge im eigentlichen Sinne ist schlechterdings unmöglich: Risiken – vom Wirbelsturm bis zur Arbeitslosigkeit – sind definitionsgemäß kollektiv und lassen sich auch nur im Kollektiv bearbeiten. Aufgabe des Versicherers – gleich ob eines privaten Lebensversicherers oder der öffentlich-rechtlichen Sozialversicherung – ist mithin die Bildung und Organisation eines Versicherungskollektivs, einer Versichertengemeinschaft, für die und innerhalb der das »Risiko« im Sinne der durchschnittlichen Eintrittswahrscheinlichkeit eines (in der Regel) Unglücksfalls kalkuliert werden kann. Das Faktum der Kollektivität des Risikos aber begründet die soziologische Qualität der Versicherungstechnologie: Versicherung ist ein Akt der Vergesellschaftung – »[i]t makes each person a part of the whole« (Ewald 1991: 203). In Anbetracht einer (im Prinzip beliebigen) Gefährdung von (im Prinzip beliebigen) Besitztümern werden Individuen zu Risikogruppen zusammengefasst, die sich dazu verpflichten, im Einzelfall entstehende Schäden oder Verluste untereinander auszugleichen und also gemeinsam zu tragen. Von entscheidender Bedeutung für die Funktionsweise des Versicherungsprinzips ist dabei der Verzicht auf jede Form der moralisierenden Verantwortungszuschreibung: Es geht hier nicht (mehr) um (individuelle) Schuld und Sühne, sondern um (kollektives) Risiko und Kompensation. Schon bei der Versichertengemeinschaft einer privaten Versicherungsgesellschaft handelt es sich somit um eine kontraktualisierte (vertraglich fixierte), legalisierte (rechtsförmig geregelte) und juridifizierte (gerichtlich einklagbare) Form kollektiver (»solidarischer«) Sicherheitsproduktion, bei der Kategorien wie »Verantwortung« und »Moral« keine Rolle spielen – jedenfalls im Grundsatz und umso weniger, je sozial homogener das Versicherungskollektiv ist (auf diese Problematik wird zurückzukommen sein).

Dies gilt ebenso bzw. umso mehr – und ist von besonderer Bedeutung –, sobald die Versicherung zur politischen Technologie, d.h. in staatliche oder halbstaatliche Regie genommen und die Gesellschaft selbst zur »Versicherungsgesellschaft« (Ewald 1989) wird. Der Sozialstaat ist aus dieser Perspektive Kollektivierung von Sicherheit und Sozialisierung von Verantwortlichkeit im großen Stil. Die moderne Institution der Sozialversicherung ist dann zugleich viel mehr als eine bloße technische Lösung gesellschaftlicher Sicherheitsbedarfe. Sie ist vielmehr ein spezifischer Typus sozialer Rationalität, eine Deutung der sozialen Welt, die Individualität und Kollektivität in eine neue – gesellschaftsverändernde – Beziehung zueinander setzt: Das Individuum wird zum Teil des Ganzen, zur sozialstatistisch erfassbaren »average sociological individuality« (Ewald 1991: 203), die im Rahmen gesellschaftlicher Kollektivhaftung operiert und sozial-politisch prozessiert wird. Einer in der Tradition Foucaults argumentierenden Soziologie gilt die Versicherung in diesem Sinne als Geburt moderner »Gesellschaftspolitik« (»sociopolitics«; Ewald 1991) – einer Politik mit der Bevölkerung und gegenüber dem »Volkskörper«, die soziale Sicherung und Kontrolle der Gesellschaft in sich vereint (Foucault 1999, 2004).

Wie später zu sehen sein wird, verändert sich in dieser »Sicherheitsgesellschaft« aber nicht nur die Beziehung des Individuums zur Gesellschaft als Versicherungskollektiv, sondern – in Verbindung damit – auch dessen Beziehung zu sich selbst; und die sozialstaatlich-versicherungsgesellschaftlichen Sicherungsleistungen sind zugleich auch die Triebkraft der Entfaltung jenes modernen »Sicherheitsparadoxons« (Castel 2005; Kaufmann 1973) sich verselbstständigender gesellschaftlicher Sicherheitsbedürfnisse, mit dessen Konsequenzen der Sozialstaat heute zunehmend konfrontiert ist.

Integration

Die Sicherungsinstitutionen des modernen Sozialstaats lassen sich auch als bedeutsame gesellschaftliche Integrationsmaschinen verstehen. Die Sozialversicherung war historisch dazu geeignet, den kapitalistischen Klassenkonflikt nachhaltig zu befrieden. Mit der Einführung der Unfallversicherung beispielsweise – und der damit besiegelten Abkehr von der haftungs- und schuldrechtlichen ›Bewältigung‹ von Arbeitsunfällen – wurde dem Lohnarbeitsverhältnis erhebliches Konfliktpotenzial entzogen: Der Betrieb war von nun an gegen die (in den Hochzeiten der Industrialisierung nicht gerade gering zu schätzende) Eventualität einer Verunfallung seiner Beschäftigten versichert, und im Fall des (Un-)Falles trat ein formalisierter Prozess der Problembearbeitung (von der Schadenserhebung bis zur Entschädigungsleistung) in Gang, der den Sicherungsbedürfnissen des Unfallopfers ebenso Rechnung trug wie den Interessen der Betriebsführung an einem ungestörten Fortgang des Produktionsprozesses. In ganz ähnlicher Weise können auch die anderen Zweige der Sozialversicherung, ob bei Arbeitslosigkeit oder im Krankheitsfall, als eine einzel- wie gesamtwirtschaftlich segensreiche Einrichtung betrachtet werden – und als ein außerordentlich wirksames industriegesellschaftliches Bindemittel. Denn nicht nur »Arbeitgeber« und »Arbeitnehmer« werden in gewisser Weise – nicht zuletzt auch finanzierungs- und verwaltungstechnisch – durch die Sozialversicherung »vereint«. Schon Bismarck wurde (nicht zu Unrecht und unter anderem) die Intention unterstellt, mit der Errichtung öffentlich-rechtlicher Sicherungssysteme »die Arbeiter« an »den Staat«, als den Garanten der fortgesetzten Funktionsfähigkeit dieser Systeme, binden zu wollen (Ritter 1998). Und einmal errichtet und tatsächlich dauerhaft funktionierend, haben sich historisch – und nicht nur hierzulande – unterschiedlichste gesellschaftliche Gruppen darum bemüht, Zugang zu den etablierten lohnarbeitsgesellschaftlichen Risikokollektiven zu bekommen und somit Teil einer großen – nationalen – Sicherungsbewegung zu werden (s.u.).

In diesem Sinne stellt der Sozialstaat – mit der Sozialversicherung als sicherungspolitischem Kernbestand – ein Arrangement institutionalisierter, generalisierter Solidarität dar (Kaufmann 1997: 141ff.). Der Sozialstaat organisiert einen ebenso stabilen wie dynamischen Zusammenhang verallgemeinerter, tendenziell gesellschaftsweiter Wechselseitigkeit: Er konstituiert – wie in einer (über-)großen Familie – einen gegenseitigen Risiko-, Schadens- und Bedarfsausgleich unter den Mitgliedern der (gesellschaftlichen) Gemeinschaft. Er gleicht die individuell unterschiedliche Chance, überhaupt bzw. früher oder später arbeitslos, krank oder pflegebedürftig zu werden, durch die Gestaltung von Beitragsverpflichtungen und Leistungsgewährungen aus – oder kann dies jedenfalls tun. Er veranlasst die »Glücklichen« (Beschäftigte, Junge, Gesunde), materiell für ihre unglücklichen (arbeitslosen, alten und kranken) Mitbürgerinnen und Mitbürger einzustehen, in Worten: für diese zu zahlen – was sie einerseits unter dem Zwang der Pflichtversicherung, andererseits aber in der sicheren (und sozialmoralisch entscheidenden) Erwartung tun, im Falle eines Statuswechsels (Entlassung, Alterung, Erkrankung) selber das sozialstaatlich organisierte Glück im Unglück genießen zu können.

Der Sozialstaat sichert damit nicht nur – wie gesehen – die Integration der Teilsysteme einer funktional differenzierten Gesellschaft, sondern in dieser Vorstellung auch die Integration der Teilgruppen einer sozial differenzierten, nicht allein durch den kapitalistischen Klassengegensatz von »Kapital« und »Arbeit«, sondern eben auch durch eine Vielzahl weiterer, zumeist askriptiver Merkmale gespaltenen Gesellschaft (Lessenich & Nullmeier 2006). Er weist auf dieser Ebene ganz erhebliche sozialintegrative Effekte über Raum und Zeit auf. So ermöglicht er die – eben anders als im Familienkontext – gesellschaftlich zunächst ganz unwahrscheinliche Risikoteilung unter Unbekannten, (räumlich und sozial) Entfernten, Fremden, die Universalisierung des dem sozialen Nahbereich entlehnten Solidaritätsmottos »einer für alle, alle für einen« (Nell-Breuning 1957). Und er stellt diese Risikoteilung zugleich auf Dauer, verlängert sie über die biographische Eigenzeit der

Betroffenen hinaus – der so genannte »Generationenvertrag« mag hier als bestes und beeindruckendstes Beispiel der sozialstaatlichen Konstruktion von überindividueller, gesellschaftlicher »longue durée« gelten (Manow 1998). Vieles spricht dafür, dass der Sozialstaat seine sozialintegrativen Effekte durch die in die Funktionslogik der Institution der Sozialversicherung eingelagerte Kombination von (Sozial-)Moral und (Eigen-)Interesse erzielt (Offe 1990): Denn eigentlich und in voller Länge lautet die Legitimationsformel des Sozial(versicherungs)staats »ich für dich und du für mich – und ich für mich selbst«. Die »gute alte«, seit einiger Zeit unter extremen institutionellen Rechfertigungsdruck geratene Rentenversicherung nach dem Umlageverfahren beispielsweise ist im Kern natürlich nicht eine bloße Solidaritätsveranstaltung, sondern selbstverständlich ein Instrument zur eigenen, je individuellen – aber eben kollektiv organisierten und von gesellschaftlichen Rahmendaten und Kontextfaktoren abhängigen – Altersvorsorge.

Der Sozialstaat erschöpft sich also keineswegs in seiner Funktion, das »soziale Band« zu knüpfen und »uns an das Gefühl gemeinsamer Solidarität zu erinnern« (Durkheim 1902: 285). Der Staat in seiner modernen Gestalt als Sozialstaat ist zwar sicher ein sozialen Zusammenhalt stiftendes »Organ, von dem wir immer stärker abhängen« (ebd.). Und ebenso sicher trägt dieser Staat Züge einer individuelle Ansprüche auf gleichberechtigte, chancengleiche soziale Teilhabe rechtsförmig institutionalisierenden Anerkennungsordnung (Honneth 1992; Lessenich 2007a). Aber der Sozialstaat ist eben auch – von der Intention und im Ergebnis – ein Instrument der individuellen, eigeninteressierten Vorsorge. Er ist ein institutionalisierter Hort der Paradoxien moderner, kollektiv-bürokratisch organisierter Individualität (Honneth 2002). Er ist als solcher auch (und nicht zuletzt) eine Instanz der institutionellen Selbstreproduktion, der Selbstbefriedigung ureigener Organisationsinteressen (Offe 1975). Und er ist, als Instanz der Sozialintegration, zugleich auch eine Triebkraft (neuerlicher) gesellschaftlicher Differenzierung: Er teilt die sozialen Teilhaberechte, die Rechte und Pflichten kollektiv-solidarischer Risikohaftung, faktisch in hochgradig selektiver Weise zu. Er schafft ein System »stratifizierter Rechte« (Morris 2002; Mohr 2005) und fördert die Bildung egoistisch-partikularer Schutzgemeinschaften (Lessenich 1999; Ullrich 2000). Er ist – um es auf eine einfache Formel gegenwärtig modischer Begrifflichkeiten zu bringen – ein Instrument sozialer Inklusion und Exklusion gleichermaßen (Kronauer 2002; Mohr 2007).

Wie aber nun soll man sich einen soziologischen Reim auf diese Vielfalt – und Widersprüchlichkeit – der »Wesensbestimmungen« des

Sozialstaats machen? Modernisierung, Norm(alis)ierung, (Um-)Verteilung, (Ver-)Sicherung, Integration sind, je für sich genommen, durchaus zutreffende Beschreibungen staatlichen Handelns in sozialer bzw. sozialpolitischer Absicht. Es gilt jedoch, durch eine zuspitzende Begriffssynthese diese fünf Dimensionen sozialstaatlichen Wirkens in ihren funktionalen Zusammenhängen und in ihrer soziologischen Pointe kenntlich zu machen. Ich schlage zu diesem Zweck vor, den Sozialstaat als ein Instrument gesellschaftlicher Relationierung zu verstehen.

Relationierung

Man wird dem Sozialstaat als »unabhängige Variable« der modernen Gesellschaftsentwicklung in soziologischer Hinsicht am ehesten gerecht, wenn man ihn als sozialen Relationierungsmodus deutet: Der Sozialstaat ist »an active force in the ordering of social relations« (Esping-Andersen 1990: 23). Die klassische Fundierung einer »relationalen« Perspektive auf die soziale Welt findet sich in Georg Simmels Verständnis der Gesellschaft als Konglomerat von Formen und Mechanismen der Wechselwirkung bzw. der »wechselseitigen Verhaltungsweisen« (Simmel 1894: 58) von Individuen – und der Soziologie als »Wissenschaft von den Beziehungsformen der Menschen untereinander« (ebd.). Für Simmel machen die Formen »der gegenseitigen Relation« (ebd.) von Menschen das spezifisch Gesellschaftliche aus, und alle organisationalen und institutionellen Momente von Gesellschaft sind für ihn »nichts anderes als die Verfestigungen – zu dauernden Rahmen und selbständigen Gebilden – von unmittelbaren, zwischen Individuum und Individuum stündlich und lebenslang hin und her gehenden Wechselwirkungen« (Simmel 1917: 38). Nun war Simmel kein politischer Soziologe – sein Interesse galt nicht vorrangig diesen »Verfestigungen« sozialen Handelns selbst, den makrosozialen Institutionen und ihrer Operationsweise als stabile und »selbständige« Rahmungen sozialen Handelns. Ohne seine soziologischen Meriten gering zu schätzen, kann man sagen, dass er die Bedeutung der institutionellen Prägung individuell-wechselseitiger »Verhaltungsweisen«, das Phänomen politischer Regulierung und herrschaftlicher Formung sozialer Beziehungen, systematisch unterschätzt hat (Nolte 1998; Donati 1991).

Die politische Regulierung und herrschaftliche Formung sozialer Beziehungen aber ist eben das, worum es im modernen Sozialstaat geht und was seine real existierenden Realisationsformen – in je spezifischer Weise – wesentlich kennzeichnet. In der modernen Gesellschaft ist der Sozialstaat eine – wenn nicht die – zentrale Instanz der Konstitution und Gestaltung sozialer Beziehungen, der »Zueinanderordnung von individuellen, kollektiven und korporativen Akteuren« (Mayntz 2002: 31). Der Sozialstaat prägt, durch seine Programme und Interventionen, die Handlungsverflechtungen und Interaktionsorientierungen dieser Akteure in maßgeblicher Weise. Er weist ihnen Rollen in gesellschaftlichen Feldern und Positionen im sozialen Raum zu und setzt sie – als Rollenträger und Positionsinhaber, vom »besserverdienenden« »Steuerzahler« bis zum »bedürftigen« »Sozialhilfeempfänger« – in eine institutionell definierte und (im Stabilitätsfall) gesellschaftlich akzeptierte, symbolische wie materielle Beziehung zueinander. Er ist damit die Triebkraft eines Vergesellschaftungsprozesses, der sich als beständig fortschreitendes Wechselspiel der Institutionalisierung und Deinstitutionalisierung sozialer Beziehungen und Beziehungsmuster darstellt.

Analytisch differenzierter lassen sich drei Ebenen einer Struktur gesellschaftlicher Relationierung unterscheiden: Akteure »in Gesellschaft« können durch Institutionen bzw. institutionelles Handeln (a) mit der »sozialen Ordnung« (bzw. der politischen Selbstbeschreibung derselben), (b) mit anderen Akteuren und/oder (c) mit sich selbst in eine bestimmte und bestimmbare Beziehung gesetzt werden. Dies gilt für individuelle, kollektive und korporative Akteure gleichermaßen: der langzeitarbeitslose Schwager und die alleinerziehende Mutter von nebenan, »die« Hochqualifizierten und »die« Kinderlosen, Gewerkschaften und Krankenkassen gleichermaßen werden durch den Sozialstaat, sein Tun und Unterlassen, in eine je spezifische Beziehung zu gesellschaftlichen Ordnungskonstruktionen (»der Familie« oder »dem Gemeinwohl«), in ein je spezifisches Verhältnis zu anderen individuellen, kollektiven oder/und korporativen Akteuren oder eben in ein je spezifisches Selbstverhältnis zum eigenen Ich (bzw. zur eigenen Gruppe oder zur eigenen Organisation) gesetzt. All diese Beziehungsmuster sind dabei immer machtbesetzt und -durchwirkt, stellen also immer auch – entsprechend umstrittene und umkämpfte – Machtrelationen dar.

Der Phantasie (und Realität) politisch herbeigeführter Relationierungen im Sozialstaat – zwischen Individuen, Gruppen, Sozialkategorien, Klassen, Geschlechtern und Generationen – sind praktisch keine Grenzen gesetzt: Die gesetzliche Pflegegeldleistung veranlasst die geringfügig beschäftigte Ehefrau, ihren pflegebedürftigen Schwiegervater zuhause zu betreuen; Steuerzahler subventionieren die Empfänger staatlicher Transferzahlungen; kinderlose Krankenversicherte müssen für die kostenlose Mitversicherung von Kindern, Arbeitnehmer in der Pflegeversicherung für die Beitragsentlastung der Arbeitgeber aufkommen; das Einkommenssteuerrecht fördert bestimmte Formen familialer »Gesellung« und geschlechtsspezifischer Arbeitsteilung; die Rentenversicherung lenkt die Beiträge der Erwerbstätigen in Leistungen für Pensionäre um; das einkommensabhängige Elterngeld soll hochqualifizierten Paaren die Entscheidung für ein Kind erleichtern; Langzeitarbeitslose werden zu gering honorierten gemeinnützigen Tätigkeiten herangezogen; Informationskampagnen und Spezialtarife der Krankenkassen versuchen die Versicherten zu einem sorgsameren Umgang mit ihrer Gesundheit anzuhalten – und so weiter und so fort: die Liste ließe sich von jeder Sozialstaatsbürgerin und jedem Sozialstaatsbürger aus persönlicher Erfahrung, eigener Anschauung oder argwöhnender Spekulation beliebig verlängern.

In den genannten Beispielen scheinen all die zuvor aufgelisteten – durchaus ambivalenten – gesellschaftlichen Effekte des Sozialstaats auf: Individualisierung und Autonomiegewinn, Normierung und Standardisierung, Ausgleich und Umverteilung, Sicherung und Kontrolle, Integration und Privilegierung. Der genuin soziologische Gehalt des Sozialstaats kommt aber erst dann in den Blick, wenn man all diese Beispiele als je spezifische Konstellationen politisch-sozialer Relationierung liest: Dann erst wird die soziologisch fundamentale, weil basale Formen der Sozialität konstituierende Wirkung sozialpolitischen Handelns offensichtlich. In der politischen Regulierung, Ordnung und Regierung sozialer Beziehungen konstituiert, schafft, ja ›erfindet‹ der Sozialstaat die moderne »Gesellschaft« als eine komplexe Struktur symbolisch und materiell institutionalisierter Muster wechselseitiger Unterstützung und Abhängigkeit sozialer Akteure. Diese Struktur ist inhärent dynamisch, weil die gesellschaftlichen Beziehungskonstellationen individueller, kollektiver und korporativer Akteure zwar sozialstaatlich geformt, in Form gebracht, aber nicht mumifiziert und still gestellt werden (und werden können). Zwar gewinnen die sozialpolitischen Institutionen – als Verfestigungen sozialer Wechselwirkungen – durchaus »Eigenbestand und Eigengesetzlichkeit, mit denen sie sich diesen gegenseitig sich bestimmenden Lebendigkeiten auch gegenüber- und entgegenstellen können« (Simmel 1917: 38): das Arbeitsrecht den »Sozialpartnern«, die Rentenversicherung den gesellschaftlichen Generationen, die Familienpolitik der Familie. Aber trotz und jenseits der sozialpolitischen Fixierungsversuche bleiben die Akteursbeziehungen zwischen Arbeit und Kapital, Erwerbstätigen und

Rentnern, Männern und Frauen dennoch lebendig und eigensinnig und wandeln sich beständig – ebenso wie die Institutionen ihrer politischen Steuerung.

So auch aktuell. Das vorliegende Buch verfolgt die These, dass die gesellschaftliche Bedeutung des gegenwärtigen sozialpolitischen Reformgeschehens mit dem gängigen Bild vom »Umbau des Sozialstaats« nicht hinlänglich erfasst wird. Was sich in diesem Prozess vor unseren Augen abzeichnet, ist ein tiefgreifender Wandel in den sozialstaatlichen Praktiken gesellschaftlicher Relationierung, eine politische Rekonfiguration sozialer Akteursbeziehungen auf allen (drei) Ebenen: zwischen Individuum und »Gesellschaft«, im Verhältnis von individuellen, kollektiven und korporativen Akteuren untereinander sowie im Selbstverhältnis der Subjekte. In diesem (dreifachen) Sinne handelt es sich um eine politische Rekonstitution, eine »Neuerfindung« des Sozialen, in der die sozialpolitische »Ordnung« der Gesellschaft in Bewegung gerät.

Wir werden uns im Hauptteil des Buches der kritischen Rekonstruktion dieses Wandels sowie der Frage seiner sozialen Akzeptanz bzw. nach den Bedingungen seiner Akzeptabilität widmen. Doch zuvor gilt es – so knapp und gut wie möglich – zwei andere Fragen zu beantworten: Wie kam es überhaupt zur modernen Konstitution und »Erfindung« des Sozialen im Sozialstaat? Und was zeichnete den Sozialstaat als gesellschaftlichen Relationierungsmodus vor seiner aktuellen Rekonfiguration aus?

Wie kam es zum Sozialstaat?

Wie in praktisch allen sozialwissenschaftlichen Gegenstandsbereichen ist das »akademische Babel« (Peter Baldwin) von Paradigmen, Modellen, Interpretationen und Darstellungen der wohlfahrtsstaatlichen Entwicklung kaum mehr zu entwirren. In einem Akt systematisierender Gewaltanwendung möchte ich im Folgenden jedoch vier »Schulen« unterscheiden, die mit Blick auf die Ursprünge des modernen Sozialstaats jeweils alternative Erklärungsangebote unterbreiten: funktionalistische, interessentheoretische, institutionalistische und kulturalistische Ansätze (vgl. Lessenich 2000: 41-51; Kaufmann 2003a: 27-29). Diese vier Interpretationsschulen lassen sich in gewisser Weise auch als zeitlich aufeinander folgende »Generationen« der Wohlfahrtsstaatsanalyse verstehen, die – indem sie an Lücken und blinden Flecken der jeweils vorangegangenen Ansätze ansetzen – den sozialwissenschaftlichen Wissensfundus immer wieder um neue, im Rückblick nicht etwa konkurrierende, sondern durchaus komplementäre Erkenntnisse und Theoreme bereichert haben. Anknüpfend an diese Unterscheidung wird es hier (wie zuvor) darum gehen, einen eigenen, »synthetischen« Erklärungsansatz zu präsentieren: eine Deutung der Entstehung und Entwicklung des sozialstaatlichen Vergesellschaftungsmodus aus dem kontingenten Zusammenspiel von Funktionen, Institutionen, Ideen, Interessen – und Krisen.

Funktionen

Funktionalistische Ansätze betonen die Bedeutung der wirtschaftlichen Entwicklung und – spezifischer – des kapitalistischen Produktionszusammenhangs, seiner Erfordernisse und Effekte, für die Entstehung sozialstaatlicher Strukturen. Weniger das zielgerichtete Handeln historisch-konkreter Akteure als vielmehr die Funktionsbedingungen und Folgewirkungen ›anonymer‹ makrosozialer Entwicklungstrends sind es, die aus dieser Perspektive den Weg zum Sozialstaat geebnet haben. Der Sozialstaat erscheint hier als politische Reaktion auf veränderte wirtschaftliche Gegebenheiten bzw. auf soziale Probleme und Verwerfungen, die sich im Zuge des Übergangs von der Agrar- zur Industriegesellschaft einstellen. Dabei sind die sozioökonomischen Transformationen, die dem sozialstaatlichen Arrangement historisch zum Durchbruch verholfen haben sollen, wahlweise als Prozesse der Industrialisierung, der Modernisierung oder der Herausbildung einer kapitalistischen Gesellschaftsformation beschrieben und analysiert worden. In jedem der drei Fälle zeichnet sich die Erklärung jedoch durch ihren funktionalistischen Charakter aus: Der Sozialstaat kam in die Welt, weil es seiner bedurfte.

Die frühesten (vergleichenden) Untersuchungen sozialstaatlicher Entwicklung stellen die Tendenz der Industrialisierung vormals agrarisch geprägter Gesellschaften in den Mittelpunkt ihrer Erklärungsversuche (Wilensky & Lebeaux 1958; Achinger 1958; Rimlinger 1971). Die industrielle Revolution mit all ihren Risiken und Nebenwirkungen sei es gewesen, die den Staat zu sozialpolitischen Eingriffen herausgefordert, ja genötigt habe. Die Zerstörung traditionaler Lebenszusammenhänge, die Auflösung der Haushaltsökonomie, das Wachstum und die Wanderung der Bevölkerung und ihre Konzentration in den Städten, die elenden Lebensbedingungen in den städtischen Wohnquartieren, die steigende Lebenserwartung der Menschen, die Zunahme der Fabrikarbeit und die Mechanisierung der Produktion – all dies habe neuartige soziale Bedürfnisse, Gefährdungen und Nöte hervorgebracht, denen mit einer Erweiterung des Gegenstandsbereichs und einer Veränderung der Formen staatlicher Intervention habe Rechnung getragen werden müssen. Der Sozialstaat trete demgemäß an die Stelle überkommener, in ihrer Funktion geschwächter und in ihrer Leistungsfähigkeit überforderter, vorindustrieller sozialer Sicherungsinstanzen: Familie und Haushalt, Hof und Kommune. Das industriell angetriebene, von zyklischen Krisen abgesehen stetige wirtschaftliche Wachstum habe im Übrigen nicht nur für einen erhöhten gesellschaftlichen Bedarf an staatlichen Hilfs- und Unterstützungsleistungen gesorgt, sondern zugleich auch jene materiellen Ressourcen geschaffen, die für eine öffentliche Kompensation privater Notlagen vonnöten gewesen seien. Insofern bestehe nicht nur entstehungs-, sondern auch entwicklungsgeschichtlich ein enger Zusammenhang zwischen Industrialisierung und Wohlfahrtsstaat: Je weiter eine Nation auf dem Weg zur Industriegesellschaft vorangeschritten sei, desto weiter werde sich der Staat sozialpolitisch engagieren, und desto mehr werde er sich dieses Engagement finanziell auch kosten lassen bzw. leisten können.

Ein zweiter Strang funktionalistischer Erklärungen begreift den Sozialstaat zwar ebenfalls als historisch notwendige Antwort auf objektive gesellschaftliche Funktionsprobleme, stellt dessen Aufstieg jedoch in den umfassenderen Kontext des Prozesses der Modernisierung – hier verstanden als unabhängige, erklärende Variable sozialstaatlicher Entwicklung (Flora et al. 1977; Flora & Heidenheimer 1981; Alber 1982). Es sind demnach die Wehen des (kollektiven) Übergangs westlicher Nationen zum modernen Gesellschaftstypus, die der sozialstaatlichen Institutionenbildung zum Durchbruch verholfen haben – wobei sich die Triebkräfte der sozialstaatlichen Herauf- bzw. Niederkunft dieser Lesart des Phänomens zufolge durchaus nicht allein auf im engeren Sinne sozioökonomische Phänomene reduzieren lassen. Vielmehr werden hier explizit auch politische und kulturelle Faktoren in die Erklärung einbezogen: Der Verweis auf ökonomische Wachstumsprozesse allein könne insbesondere die Frage des Timings, also des (von Fall zu Fall unterschiedlichen) Zeitpunkts der erstmaligen Einführung sozialstaatlicher Programme und Einrichtungen, nicht beantworten. Neben den neuartigen systemischen und sozialen Integrationsproblemen, die sich als Folge der funktionalen Ausdifferenzierung moderner Gesellschaften ergäben, müssten Säkularisierung und Demokratisierung als weitere Bestimmungsmomente der Entwicklung in Betracht gezogen werden, deren Einfluss jedoch erkennbar nicht immer und überall gleichgerichtet gewesen ist. So stellt der stetige Bedeutungsverlust kirchlich-karitativer Hilfsarrangements historisch zwar durchweg ein Einfallstor für die staatliche Verantwortungsübernahme im Sozialsektor dar – die verbleibenden Betätigungsfelder für privat-verbandliche »Wohlfahrtspflege« sind aber, und dies bis heute, von national durchaus unterschiedlichem (und zum Teil beträchtlichem) Ausmaß gewesen. Die Mobilisierung der »Massen« auf der Suche nach politischer Partizipation und Mitbestimmung wiederum hat die sozialstaatliche Entwicklung tendenziell sicherlich positiv beeinflusst, doch lässt sich im historisch-internationalen Vergleich keineswegs durchgängig ein unmittelbarer Zusammenhang von Demokratisierung und sozialstaatlicher Entwicklung feststellen (das deutsche Beispiel einer frühen, aber unter autoritären Auspizien erfolgten Errichtung von Sozialprogrammen mag dies illustrieren). Wie auch immer: Mit der politisch-kulturellen Ergänzung des Erklärungsangebots nimmt der modernisierungstheoretische Ansatz eine Perspektivenerweiterung vor, die – ohne allerdings reale politische Akteure oder konkrete kulturelle Deutungsmuster ins Zentrum der Betrachtung zu stellen – bereits auf nachfolgende Ansätze verweist.

Eine dritte und letzte Variante jener älteren Ansätze, welche die Existenz des Sozialstaats in dessen Funktionalität für makrosoziale Systemzusammenhänge begründet sehen, beruft sich in ihrem Erklärungsmodell auf die unentrinnbare Logik des Kapitalismus (Offe 1972; O'Connor 1973; Gough 1979). Der Sozialstaat gilt diesem »neomarxistischen« Paradigma als Antwort auf die systemreproduktiven Erfordernisse der kapitalistischen Produktionsweise, als (zunächst jedenfalls) funktionales politisches Programm des »saving capitalism from itself« (Esping-Andersen 1994: 714; so früh auch schon Heimann 1929). Ein gewisses Maß an sozialstaatlicher Grundierung und Rahmung sei zur Reproduktion des kapitalistischen Akkumulationszusammenhangs unverzichtbar – und müsse vom Sozialstaat im Zweifel auch gegen einzelwirtschaftliche Interessen der Kapitalseite durchgesetzt werden. Als (nicht bloß ideeller) »Gesamtkapitalist« habe der Sozialstaat in letzter Instanz stets den unabweisbaren, systemischen Imperativen der Kapitalverwertung und -profitabilität zu gehorchen. Der Grad der politischen Berücksichtigung von Forderungen der (lohn-)abhängigen Klassen bemesse sich stets an diesem obersten Kriterium; die Wohlfahrtseffekte sozialpolitischer Intervention sind dem Sozialstaat insofern nicht etwa vorrangiges Staatsziel, sondern bloß abgeleiteter Natur, Nebenwirkungen einer systemstabilisierenden Politik. Gleichwohl gerät der Sozialstaat aus dieser Perspektive geradezu zwangsläufig in eine doppelt paradoxale Situation: Einerseits muss er zur Aufrechterhaltung des Akkumulationsprozesses immer neue, akkumulationsbehindernde (weil, wenn auch im Interesse des Verwertungsprozesses liegende, so eben doch kostspielige und also wertabschöpfende, konsumtive) sozialpolitische Eingriffe tätigen – von der Ausbildungsförderung bis zur Arbeitslosenhilfe. Andererseits muss er sich zwecks Aufbaus einer eigenständigen Machtbasis zur Durchführung seiner interventionistischen, gegebenenfalls auch über Einzelkapitalinteressen hinweg gehenden (und somit weniger »kapital«- als kapitalismusfreundlichen) Politik an die Bevölkerung wenden und sich eine zumindest formaldemokratische, wahlpolitische Legitimation verschaffen – womit er jedoch unvermeidlicherweise die Geister anschwellender Forderungen nach Ausdehnung wohlfahrtspolitischer Aktivitäten, von besserer Ausbildungsförderung bis zu höherer Arbeitslosenhilfe, ruft. In diesem funktionalen Spinnennetz von Akkumulations- und Legitimationsbedarfen ist der kapitalistische Sozialstaat auf unwiderrufliche Weise gefangen – als in gewisser Weise tragischer Held des demokratischen Kapitalismus.

Interessen

Interessen- bzw. konflikttheoretische Ansätze markieren die Abkehr von struktur- und systemfunktionalen und den Übergang zu akteursorientierten und politiksensibleren Erklärungsmustern des Sozialstaats. Sie betonen die zentrale Rolle der Demokratisierung, also der Durchsetzung des allgemeinen Wahlrechts und/oder der Ausbreitung demokratischer Formen der Interessenorganisation, -repräsentation und -vermittlung für sozialstaatliche Institutionalisierungsprozesse. Dieser Interpretation zufolge war es die Mobilisierung der Bevölkerung und insbesondere der Arbeiterschaft, die der Ausweitung staatlicher Lohnarbeitsregulierung und öffentlicher Daseinsvorsorge historisch zum Durchbruch verholfen hat. Alle unter das Interessen-Paradigma zu subsumierenden Erklärungen vertreten eine Variante der *politics matters*-These: Es sind wahlweise die im politischen Willensbildungsprozess zum Ausdruck gebrachten und zur Geltung gelangten Interessen der übergroßen Mehrheit der Bevölkerung, die am Beginn der sozialstaatlichen Entwicklung stehen; der starke Arm der Arbeiterklasse bzw. »sozialen Bewegung« (Heimann 1929), der das – jeweils nationale – Sozialrecht erkämpft; oder die Konfliktmuster und Koalitionsbildungen zwischen unterschiedlichen sozialen Status- bzw. Risikogruppen, die für die Errichtung und Ausgestaltung der modernen Sozialstaatsarchitektur verantwortlich zeichnen.

Für das einfachste, von der historischen Durchsetzung der Massendemokratie in den westlichen Industriegesellschaften ausgehende Argumentationsmuster führt die Etablierung des Wahlmechanismus per se und quasi-automatisch – vermittelt über den (partei-)politischen Wettbewerb um Wählerstimmen – zur Ausweitung der Staatsausgaben und vor allem ihres unmittelbar wählerwirksamen (weil konsumtiven) Teils, der Sozialausgaben. Inspiriert durch Joseph Schumpeters Analysen zum stimmenmaximierenden Verhalten politischer Akteure (Schumpeter 1946) gipfeln solche polit-ökonomischen Überlegungen im – empirisch nur bedingt belastbaren – Theorem vom *political business cycle*, sprich der besonderen Ausgabenwirksamkeit von Wahlterminen (Tufte 1978). Eine andere, tiefgründigere und differenziertere Spielart dieses Ansatzes geht auf einen konzeptionell bahnbrechenden (empirisch allerdings kaum weniger umstrittenen) Essay des britischen Soziologen Thomas H. Marshall zurück. Marshall (1949) rekonstruiert den Weg zum Wohlfahrtsstaat als einen auf der schrittweisen Demokratisierung der gesellschaftlichen Verhältnisse beruhenden, geradezu unaufhaltsamen Prozess der kumulativen Ausstattung des Staatsbürgers mit bürgerlichen Freiheits-, politischen Partizipations- und sozialen Teilhaberechten. Die Gewährleistung und Garantie sozialer Rechtsansprüche im Sozialstaat ist demnach die Krönung moderner *citizenship*: Sie erst ermöglicht dem Staatsbürger die effektive Inanspruchnahme seiner (in Marshalls an der britischen Geschichte orientierten Darstellung vorgängig erworbenen) freiheitlichen und politischen Grundrechte; erst im Sozialstaat vollzieht sich mithin die Materialisierung des demokratischen Gleichheitsversprechens (Dahrendorf 1988; Esping-Andersen 1990). Argumentierten die wahlpolitischen Erklärungsversuche mit einem Standardmodell des in seinen Orientierungen und Präferenzen vollständig von der Konkurrenz um ein knappes Gut dominierten Berufspolitikers, ohne diese Figur politisch-soziologisch weiter zu differenzieren und etwa auf gesellschaftliche Klassenstrukturen und deren Repräsentation oder auf spezifische politische Ideologien und deren Träger Bezug zu nehmen, so operiert die Theorie der Staatsbürgerrechte durchaus in einem konfliktsoziologischen und klassenpolitischen Rahmen, ohne diesen allerdings im Einzelnen näher auszubuchstabieren (Giddens 1983).

Gleichwohl stellt Marshalls Vorstellung von einem säkularen sozialen Kampf um die graduelle Ausweitung des »Staatsbürgerstatus« – im Sinne von beständig erweiterten Rechtsgarantien für stetig wachsende Bevölkerungsgruppen – das theoriegeschichtliche Bindeglied zu all jenen Ansätzen dar, welche die zentrale Bedeutung von Prozessen der

Klassenmobilisierung und Klassenpolitik für die Geschichte des Sozialstaats hervorheben. Während sich ein Nebenstrang dieser Erklärungsrichtung den sozialpolitischen Effekten und (zumeist allerdings ambivalenten) Erfolgen außerinstitutionellen Handelns, also des politischen Protests unterprivilegierter bzw. marginalisierter sozialer Gruppen widmet (Piven & Cloward 1971), stehen in aller Regel die Sozialdemokratie, d.h. die politische Organisation der Arbeiterklasse, ihr Marsch in die Institutionen politischer Herrschaft und ihre dadurch ermöglichte Rolle als Triebkraft der sozialstaatlichen Entwicklung im Mittelpunkt dieses Interpretationsmusters (Shalev 1983). Wir haben es hier mit dem zweifellos wirkungsmächtigsten und international über lange Zeit hinweg gleichsam das sozialstaatliche Deutungsmonopol für sich reklamierenden Erklärungsansatz zu tun (Castles 1978; Korpi 1983; Esping-Andersen 1985). Von zentraler Bedeutung für dieses Paradigma, das empirisch stark auf der Untersuchung des schwedischen Falls gründet, ist das Argument, dass sich der Charakter des klassenpolitischen Konflikts zwischen Lohnarbeit und Kapital durch die gesellschaftsweite Verankerung demokratischer politischer Strukturen und Prozeduren grundlegend verändere: Durch die von ihr selbst erstrittene und beförderte Demokratisierung werde die Arbeiterklasse in die Lage versetzt, ihr Schicksal in die eigene Hand zu nehmen, sprich die nunmehr etablierten Institutionen politischer Einflussnahme – vom Parlament bis zum Betriebsrat – im Interesse ihrer selbst zu nutzen. Zur Errichtung und Entfaltung des Sozialstaats führt in dieser Vorstellung die Verknüpfung dreier Faktoren: die (Wieder-)Geburt des Arbeiters als Wähler und »Industriebürger«, d.h. als individueller und (durch Wahrnehmung des Koalitionsrechts) kollektiver politischer Akteur; die damit ermöglichte Organisationsmacht der Arbeiterbewegung in (im Idealfall zentralistischen und in ihrem eigenen Lager konkurrenzlosen) Parteien und Gewerkschaften; und die Verknüpfung dieser Organisationsmacht mit einer – »keynesianischen« – politisch-ideologischen Programmatik, die dem Lohninteresse der Arbeiterschaft (also der Nachfrageseite) Gemeinwohlcharakter zuspricht und dieses damit den Kapitalinteressen (also der Angebotsseite) zumindest gleichstellt (Vobruba 1983). All dem liegt die Überzeugung zugrunde, dass die moderne Gesellschaft durch den Strukturkonflikt zwischen Markt und Staat, »Ökonomie« und »Politik«, bestimmt ist, dessen historisch-konkrete Gestalt wiederum wesentlich durch die (relativen) Machtressourcen von Kapital und Arbeit bestimmt werde. Erst die voranschreitende Demokratisierung ermögliche es der strukturell unterlegenen Konfliktpartei der Arbeit, der übermächtigen Kapitalseite in effektiver Weise mit ihrer einzig Erfolg versprechenden *power resource* zu begegnen, nämlich mit der Macht der großen Zahl (Przeworski & Sprague 1986).

Das »sozialdemokratische« bzw. »Machtressourcen-Modell« der Erklärung sozialstaatlicher Entwicklung ist im Zuge seiner Verbreitung zunehmend verfeinert und um weitere, intervenierende Variablen ergänzt worden. Dabei wurde insbesondere auf die positiven, interessenkoordinierenden Effekte neokorporatistischer Austauschprozesse zwischen den Spitzenverbänden von Kapital und Arbeit (Goldthorpe 1984; Scharpf 1987) sowie auf die Bedeutung nationalspezifischer Klassenkoalitionen (wie z.B. von lohnabhängigen Arbeitern und Bauern in Schweden) für die Entwicklungsdynamik sozialstaatlicher Politik verwiesen (Esping-Andersen 1990; Huber & Stephens 2001). Andererseits aber sind zunehmend auch Zweifel an der Allgemeingültigkeit des Modells geäußert worden. So wurde etwa schon früh (und mit Blick nicht zuletzt auf den deutschen Fall) darauf hingewiesen, dass jedenfalls die Anfänge staatlicher Sozialversicherungspolitik mit dem Verweis auf den Aufstieg und die Machtentfaltung der Sozialdemokratie nicht hinreichend erklärt werden können (Alber 1982) – und dass Kapitalstrategien und Unternehmerinteressen einen historisch bedeutsamen, eigenständigen Beitrag zur Entstehung des Sozialstaats geleistet haben (Mares 2003). Grundsätzlichere Kritik wurde an dem »swedocentrism« (Shalev 1983) und der begrenzten Erklärungskraft eines Ansatzes geübt, dem allein oder jedenfalls primär der Kampf der abhängigen Klassen um gesellschaftliche Gleichheit als sozialstaatlich strukturbildend gilt – womit das sozialpolitische Interessen- und Akteursfeld über Gebühr eingeschränkt werde. Wird dagegen nicht der Arbeiterkampf um Teilhabe am gesellschaftlichen Reichtum, sondern der gesellschaftliche Konflikt um die Vergemeinschaftung von Lebensrisiken (s.o.) ins Zentrum der Betrachtung gestellt, dann sind es nicht »Klassen« und Klassenkoalitionen, sondern vielmehr Klassengrenzen überschreitende Risikogruppen und wechselnde »Risikokoalitionen«, die für die Errichtung und um die Ausgestaltung sozialstaatlicher Systeme des Bedarfsausgleichs gestritten haben (Baldwin 1990, 1996; Korpi & Palme 1998). Aus dieser Perspektive sind dann folgerichtig nicht die Arbeiterklasse und ihre Organisationen (bzw. die Organisationen ihrer klassenpolitischen Gegner auf der Arbeitgeberseite) die historisch entscheidenden politischen Akteure der Sozialstaatswerdung, sondern die gesellschaftlichen »Mittelschichten« werden zum wohlfahrtspolitischen Zünglein an der Waage, das den Ausschlag für Erfolg oder Misserfolg sozialstaatsfreundlicher politischer Strategien gibt (Goodin & LeGrand 1987; Esping-Andersen 1990).

Ein weiterer Argumentationsstrang, der in kritischer Auseinandersetzung mit dem klassischen Machtressourcenansatz entwickelt worden ist (und bereits vom Bedeutungsgewinn institutionalistischer Erklärungsangebote kündet), verweist schließlich – unter dem Motto *parties matter* – auf die Spezifika der modernen Demokratie als Parteiendemokratie und erklärt in diesem Sinne die zahlreichen »Sonderfälle« sozialstaatlicher Entwicklung, die sich dem sozialdemokratisch-skandinavischen Muster nicht fügen wollen. Die Aufmerksamkeit gilt hier der Struktur und Dynamik nationaler Parteiensysteme und damit nicht nur den sozialdemokratischen bzw. »linken«, sondern ebenso auch ihrer Konkurrenz, den »rechten« oder bürgerlichen Parteien sowie den Prozessen des Konflikts und der Kooperation innerhalb beider Lager sowie zwischen ihnen. Dabei zeigt sich z.B., dass starke liberale Parteien häufig, auch in wirtschaftlich hoch entwickelten Industrienationen, als Bremser der sozialstaatlichen Entwicklung wirken, konservative Parteien hingegen – unter bestimmten historischen Bedingungen und dem Druck des Parteienwettbewerbs – durchaus auch als Sachwalter sozialstaatlicher Expansion auftreten (Schmidt 1982; Obinger & Wagschal 2000). Zumal christdemokratische Parteien, insbesondere solche mit einer stark sozialkatholischen Ader, können mit Blick auf die politische Beförderung des Sozialstaats als funktionale Äquivalente einer hegemonialen Sozialdemokratie gelten und darüber hinaus als Initiatoren und Promotoren einer eigenständigen, charakteristischen Form von Sozialstaatlichkeit, eines »sozialen Kapitalismus«, verstanden werden (Wilensky 1981; van Kersbergen 1995).

Institutionen

Institutionalistische Ansätze gehen davon aus, dass die Akteure im Feld der Sozialpolitik, seien dies nun soziale Bewegungen oder Eliten, Klassen oder Parteien, »immer schon« im Rahmen institutioneller Kontexte handeln, d.h. in einer auf bestimmte Weise gesellschaftlich »eingerichteten« Welt (Polanyi 1957). Dieses Handeln führt selbst wiederum zu Institutionenbildungen bzw. -umbildungen (neuen oder veränderten gesellschaftlichen »Einrichtungen«), die ihrerseits neuartige Kontextbedingungen für das soziale Handeln darstellen (Giddens 1984). So wie die Erfüllung gesellschaftlicher Funktionserfordernisse nur von realen sozialen Akteuren vollzogen (oder verweigert) werden kann, so lassen sich deren (so oder so – reproduktiv oder transformativ – gearteten) Aktivitäten sinnvoll nur als gesellschaftlich »eingebettetes«, institutionell gerahmtes Handeln denken.

Wenig überraschend hält nun die institutionalistische Sozialstaatstheorie dafür, dass dem Staat – grundsätzlich und in seiner historisch spezifischen Gestalt als Sozialstaat – eine zentrale Bedeutung als ›Bett‹, sprich als institutioneller Rahmen sozialen Handelns zukommt. Dies zu behaupten bedeutet mehr als die bloße Feststellung, dass der Staat als Arena politischer Interessenartikulation und Konfliktaustragung fungiert, also die institutionelle Bühne von *politics* dar- und bereitstellt. Der Staat ist aus dieser Perspektive gesehen nicht bloß der Regelgeber und Schiedsrichter des politischen Spiels. Er kommt vielmehr als eigenständiger, (wenigstens relativ) autonomer, »aktivischer« Akteur in den Blick, der den politisch-sozialen Kampf der Interessen nicht nur zulässt, sondern diesen auch steuert, lenkt und aktiv in ihn interveniert. In den Fokus gerät somit die *polity*-Dimension der Politik: die besonderen Merkmale und historischen Wurzeln moderner Staatlichkeit, die administrativen Strukturen und Organisationskapazitäten des Staates, seine Funktion und Qualität als mächtige, selbstinteressierte und eigenlogisch operierende Partei im Prozess der politischen Gestaltung von Gesellschaft (Offe 1975; Vobruba 1983: 83ff.).

Es sind die staatlichen Funktions- und Positionseliten, die hier wesentlich für die Erklärung der sozialstaatlichen Entstehungs- und Entwicklungsgeschichte in Anspruch genommen werden: Die Einführung und der Ausbau sozialpolitischer Einrichtungen und Programme diente demnach nicht zuletzt der Durchsetzung, Stabilisierung und Ausweitung staatlicher bzw. staatspolitischer Machtansprüche. Gängigerweise wird etwa die Genese des »Bismarck'schen Sozialstaats« in diesem Sinne gedeutet: Hier ging es den handelnden politischen Eliten nicht in erster Linie um das Wohlergehen der »arbeitenden Bevölkerung«. Vielmehr hatte deren soziale Sicherung vorrangig staatspolitisch-instrumentellen Charakter, indem die machtpolitisch »gefährlichen Klassen« motivational an ein reformistisches »Sozialkaisertum« gebunden werden sollten (Tennstedt 1997). Jedenfalls im Deutschen Reich – aber keineswegs nur dort – diente die staatliche Verantwortungsübernahme und Zuständigkeitserklärung für »das Soziale« als Instrument politischer Herrschaftssicherung: »Die frühe Sozialpolitik war eine Sozialpolitik von oben, nicht durch die Arbeiterbewegung, sondern gegen sie realisiert.« (Alber 1982: 150) Allerdings erschöpfte sich die machtpolitische Dimension der Sozialstaatsgründung keineswegs im anti-sozialistischen bzw. -sozialdemokratischen Impuls öffentlich-rechtlicher, sozialpolitischer Intervention. Zumindest im deutschen Fall folgte der Aufbau einer hoheitlichen Ordnung sozialer Sicherungssysteme zugleich eindeutig antiliberalen, antizivilgesellschaftlichen und insbesondere auch antikatholischen Intentionen. Und die neu entstehenden Sozialversicherungen hatten eine unmittelbare politisch-institutionelle Bedeutung auch insofern, als sie über die Schaffung zentraler administrativer Einrichtungen und landesweiter bürokratischer Vernetzungen den verwaltungspolitischen Vollzug der »inneren Reichsgründung« des jungen Deutschen Reiches maßgeblich vorantrieben (Tennstedt 1997).

Generell wird man in diesem Sinne sagen können, dass die Zentralisierung, Bürokratisierung und Professionalisierung der Staatsadministration eine entscheidende Voraussetzung (zugleich aber auch ein wesentlicher Effekt) sozialpolitischer Aufgabenübernahme und Funktionserfüllung seitens der öffentlichen Hand gewesen ist (Skowronek 1982; Evans et al. 1985; Baum 1988). Für den Aufstieg des modernen Wohlfahrtsstaates war das Wachstum gesellschaftlich umverteilungsfähiger wirtschaftlicher Ressourcen eine notwendige, aber keineswegs hinreichende Bedingung. Erst das Wachstum auch der staatlichen Organisations- und Steuerungskapazitäten hat ein geordnetes, auf Dauer gestelltes und regelgeleitetes öffentliches Handeln in wohlfahrtspolitischer Absicht möglich gemacht: Die Rationalisierung der öffentlichen Verwaltung, die Neuordnung der Staatsfinanzen und der Aufbau einer funktionsfähigen Steueradministration, aber auch die Einrichtung einer amtlichen Statistik und damit die Generierung eines behördlich verwertbaren Wissens um soziale Verhältnisse stellen in diesem Zusammenhang relevante staatspolitische Innovationen dar (Rueschemeyer & Skocpol 1996).

Es liegt auf der Hand, dass die mit den sozialpolitischen Programmentwicklungen expandierende öffentliche Sozialadministration zu einem eigenständigen Interessenträger und Machtfaktor sozialstaatlich verfasster Gesellschaften geworden ist. In modernen Sozialstaaten entsteht ein komplexes, undurchschaubares Netz öffentlicher (bzw. halböffentlicher, im öffentlichen Auftrag operierender) Ämter und Behörden, Verwaltungsstäbe und Kontrollinstanzen, Dienstleistungsorganisationen und Versorgungseinrichtungen, Professionsvereinigungen und Verbandsorgane, die institutionell generierte – unmittelbar an den Erhalt oder den Ausbau des bestehenden sozialpolitischen Institutionensystems geknüpfte – Interessenlagen entwickeln. In Gesundheitsämtern und Arbeitsagenturen, Berufsgenossenschaften und Krankenhausgesellschaften, bei Sozialarbeitern und Pflegediensten, Berufsschullehrern und Ärzteverbänden konkretisiert und materialisiert sich – nicht nur hinter dem Rücken der Akteure – das systemisch-abstrakte Interesse »des Sozialstaates« an sich selbst. All diese (im weitesten

Sinne) Sozialprofessionellen tragen ebenso zur Stabilisierung und Selbstreproduktion des »sozialpolitisch-institutionellen Komplexes« bei wie die – erst einmal ins Leben gerufen, geistergleich fortexistierenden – Ansprüche und Anspruchshaltungen der sozialstaatlichen »Versorgungsklassen«, insbesondere der vom Ausbau der öffentlichen Bildungs- und Sicherungssysteme vorrangig profitierenden gesellschaftlichen Mittelschichten (Lepsius 1979; Swaan 1988; Vogel 2007).

Diese – je nach Lesart – Komplementarität bzw. Komplizität institutionell generierter Loyalitäten auf der Angebots- und der Nachfrageseite der Sozialpolitik haben historisch maßgeblich zur Stabilität des sozialstaatlichen Arrangements beigetragen. Sie gehören zu jenen politischen Rückkopplungseffekten, auf die institutionalistische Interpretationen verweisen, wenn sie »die Schwerkraft früherer Sozialpolitik« (Conrad 1996: 160) zu einem entscheidenden Erklärungsmoment wohlfahrtsstaatlicher Entwicklung erklären. Gemeint sind damit *policy feedbacks* (Pierson 1993) der Art, dass die materiellen Ergebnisse einer (sozial-)politischen Entscheidung in den Options- und Handlungskontext historisch nachfolgender Entscheidungsprozesse eingehen und damit die spätere Entscheidungsfindung beeinflussen: »policies transform politics.« (Skocpol 1992: 57ff.) Diese Überlegung bildet auch die Grundlage des in der Sozialstaatsforschung der beiden vergangenen Jahrzehnte zunehmend prominent gewordenen Konzepts der »Pfadabhängigkeit« (*path dependence*), wonach an – jedenfalls im Nachhinein auszumachenden – historischen Wendepunkten (*critical junctures*) getroffene, kontingente (also prinzipiell auch anders mögliche) sozialpolitische Richtungsentscheidungen eine langfristig wirksame Prägekraft hinsichtlich des weiterhin verfolgten wohlfahrtsstaatlichen Entwicklungspfades ausüben (Borchert 1998; Pierson 2000; Mahoney 2000). Die Ursprungsentscheidung für eine öffentliche statt einer privaten Absicherung des Altersarmutsrisikos beispielsweise – und für eine bestimmte Organisationsform und -struktur, also eine bestimmte institutionelle Ausgestaltung der Alterssicherung – präjudiziert aus dieser Sicht die weitere Entwicklung dieses Politikfeldes, und zwar aus unterschiedlichsten Gründen: Etwa weil sich, wie bereits angedeutet, zahlreiche Interessen an die einmal etablierte Struktur dieses Sicherungssystems anlagern; weil die Kosten eines Systemwechsels (auch deshalb) mit der Zeit immer größer werden; weil die Gewöhnungseffekte des gesellschaftlich praktizierten politischen Umgangs mit sozialen Problemen systemverstetigend zu Buche schlagen; und nicht zuletzt weil sich die Institutionenbildung in anderen politischen Entscheidungsfeldern und gesellschaftlichen Lebensbereichen (auch) an der konkreten Gestalt des Alterssicherungssystems ausrichtet, es mithin zu komplexen institutionellen Komplementaritäten von Produktions-, Arbeitsmarkt-, Ausbildungs- und Wohlfahrtsregimen kommt, die sich im Endeffekt wechselseitig stützen und stabilisieren (Rieger 1992; Hall & Soskice 2001; Ebbinghaus & Manow 2001).

Schließlich gehört zur Staatszentrierung der institutionalistischen Perspektive auch der Blick auf und für den Staatenwettbewerb als Triebkraft sozialstaatlicher Entwicklung. So werden im Kontext institutionalistischer Erklärungen etwa schon die Anfänge wohlfahrtsstaatlicher Politik in Beziehung gesetzt zu historischen Prozessen der Abgrenzung und Konsolidierung des (europäischen) Territorialstaats im internationalen Staatenkonzert (Tilly 1975) oder der moderne Krieg – und allen voran die (europäische) Erfahrung der beiden »totalen« Kriege des 20. Jahrhunderts – wird als Motor sozialstaatlicher Expansion beschrieben (Titmuss 1955; Haferkamp 2000). Auf die jüngere Geschichte und Gegenwart bezogen, werden Strukturen und Prozesse der Weltmarktverflechtung und der »Offenheit« nationaler Ökonomien für die Institutionalisierung und Expansion sozialstaatlicher Arrangements verantwortlich gemacht (Katzenstein 1985; Rieger & Leibfried 2001), und es wird auf die Bedeutsamkeit politisch-institutioneller Lernprozesse über Staatsgrenzen hinweg verwiesen – von den frühen internationalen Studienreisen sozialpolitischer Experten(-kommissionen) über die Adaptation sozialpolitischer Programmatiken in der »neokonservativen« Ära der 1980er Jahre bis hin zu den in den vergangenen Jahren institutionalisierten Prozessen des policy learning im Rahmen sozialpolitischer *Benchmarking*-Prozesse in der Europäischen Union (Borchert 1995; Trampusch 2000; Schmid 2003). Damit aber bewegen wir uns bereits im Grenzgebiet zu ideenpolitischen Erklärungsansätzen sozialstaatlichen Handelns, die genauerer Betrachtung bedürfen.

Ideen

Ideenpolitische Ansätze zur Erklärung sozialstaatlicher Entwicklung haben in jüngster Zeit zunehmend an Bedeutung gewonnen – auch wenn der *cultural turn* die (zumindest deutschsprachige) Wohlfahrtsstaatsforschung bislang nicht wirklich in der Tiefe beeinflusst hat (van Dyk 2008). Allerdings kündet schon die von dem zuletzt wohl einflussreichsten Autor des internationalen Forschungsbetriebs, dem dänischen Soziologen Gøsta Esping-Andersen, popularisierte Unterscheidung (mindestens) dreier »Welten des Wohlfahrtskapitalismus« (Esping-Andersen 1990; Lessenich & Ostner 1998) von der wachsenden Relevanz, die den ideellen Grundlagen sozialstaatlichen Handelns zugeschrieben wird. Für Esping-Andersen sind es unterschiedliche – genauer: konkurrierende – normative politische Philosophien, die hinter der historischen Ausprägung eines »liberalen«, »konservativen« und »sozialdemokratischen« Typus moderner Wohlfahrtsstaatlichkeit stehen (s.u.). Im Streit politischer Parteien und Positionen um den Sozialstaat, dessen Aufgaben, Kompetenzen und Ressourcen, ging es demnach nicht allein (und nicht einmal vorrangig) um rein quantitative Fragen von »mehr« oder »weniger« Sozialpolitik, eines höheren oder niedrigeren öffentlichen Sozialhaushalts: »It is difficult to imagine that anyone struggled for spending per se.« (Esping-Andersen 1990: 21) Vielmehr kämpften die historisch relevanten Akteure, vorder- oder hintergründig, für die Realisierung je spezifischer sozialpolitischer Ordnungsideen, für die politische Umsetzung je eigener Vorstellungen von der Gestaltung der Gesellschaft: für (»mehr«) Freiheit, Gleichheit oder Sicherheit, für (oder eben gegen) Ideen wie die gesellschaftliche Herrschaft marktförmiger Allokationsmechanismen, die politische Aufrechterhaltung sozialer Statushierarchien oder die soziale Emanzipation und Autonomie des Individuums. Nur am Rande bemerkt: Auch heute noch wird man eben dies den sozialpolitisch handelnden Personen unbedingt zugestehen dürfen und müssen – dass sie nämlich, so machtorientiert und selbstinteressiert sie als politische Akteure einerseits auch sein mögen (und sein müssen), in ihren politischen Aktivitäten andererseits den Kampf für (man wagt es kaum zu sagen) »eine andere Gesellschaft« führen. Diese Annahme entspricht nicht nur einem realistischen soziologischen Bild vom politischen Handeln sozialer Akteure. Sie ist auch unbedingt notwendig, wenn man Gesellschaftskritik nicht als hilflose Verurteilung gesellschaftlicher (systemischer) »Verhältnisse« betreiben will, sondern als – ihrerseits auf Veränderung zielende – soziologische Analyse eines historisch-konkreten sozial-politischen Handelns, das als solches nicht zwingend, sondern grundsätzlich kontingent, also immer auch anders denkbar ist und potenziell auch anders praktizierbar wäre. Doch dazu am Ende dieses Buches mehr – und zurück zur sozialpolitischen Macht der Ideen.

Auf die soziale Handlungswirksamkeit von Ideen hat nachhaltig Max Weber in seinem berühmten »Weichensteller-Zitat« hingewiesen. Sicher: Ideen allein verändern nicht die Welt, sie bedürfen dazu des – in der Weber'schen Terminologie – wertbezogenen Handelns von zugleich und womöglich sogar primär interessengeleiteten Akteuren: »Ideen sind interessenbezogen, sie konkretisieren sich an Interessenlagen und erhalten durch diese Deutungsmacht.« (Lepsius 1990: 7) Anders ausgedrückt: Es ist schwer vorstellbar, dass irgendein politischer Akteur historisch für eine Idee an sich gekämpft haben sollte; der sozialpolitische Kampf für die Freiheit (Gleichheit, Sicherheit usw.) ist kein bloß »ideelles« Unterfangen, sondern immer auch interessenbestimmt. Aber umgekehrt gilt, dass Interessen in der realen sozialen Welt ebenso wenig als solche, gewissermaßen in reiner Form, durchgesetzt werden können: »Interessen sind ideenbezogen, sie bedürfen eines Wertbezuges für die Formulierung ihrer Ziele und für die Rechtfertigung der Mittel, mit denen diese Ziele verfolgt werden.« (Ebd.) Unter Bedingungen gesellschaftlicher Modernität ist kaum je ein politischer Akteur mit dem Programm an die Macht gekommen (und dort geblieben), an die Macht kommen (und dort bleiben) zu wollen. Jedenfalls in repräsentativ-demokratischen politischen Systemen gilt es, Machtinteressen mit einem Wertbezug auszustatten: Dann dient politisches Machtstreben und Herrschaftskalkül eben (auch und wahlweise) der Garantie politischer Stabilität, der Gewährleistung der Marktfreiheit, der Herstellung sozialer Gerechtigkeit oder der Durchsetzung irgendeiner anderen »Wertidee«. Damit ist erkennbar mehr gemeint als nur der strategisch-instrumentelle Charakter von politischen Ideen (bzw. von, in diesem Sinne, »Ideenpolitik«) – ihnen kommt vielmehr eine eigenständige Bedeutung im Prozess der politischen Gestaltung gesellschaftlicher Verhältnisse zu. In Webers klassischen Worten:

> »Interessen (materielle und ideelle), nicht: Ideen, beherrschen unmittelbar das Handeln der Menschen. Aber: die ›Weltbilder‹, welche durch ›Ideen‹ geschaffen wurden, haben sehr oft als Weichensteller die Bahnen bestimmt, in denen die Dynamik der Interessen das Handeln fortbewegte.« (Weber 1915: 252)

Sozialpolitische Akteure haben also (oder machen sich zuallererst) ein Bild von der Welt – wie sie »ist« und wie sie sein bzw. wie sie, vermittelt durch ihr eigenes Handeln, werden soll (Prisching 1996). Diese Bilder aber sind im strikten Sinne keine je individuellen, sondern immer durch und durch soziale Vorstellungen: Die gesellschaftsgestalterischen Ideen (und Ideale) sozialpolitisch Handelnder reflektieren (und prägen ihrerseits) gesellschaftlich bestehende Deutungsmuster des Sozialen. Sozialpolitische Akteure nehmen »herrschende« Deutungen von sozialen »Problemen« und den ihnen angemessenen politischen »Lösungen« auf und institutionalisieren diese als Leitideen sozialpolitischer Programme, Einrichtungen und Interventionen (Kaufmann 2003a: 30ff.; Lessenich 2003a: 38ff.). Sie vermögen es aber gegebenenfalls auch, kraft ihrer institutionellen Machtressourcen und womöglich gegen soziale Widerstände, die (erneut mit Weber formuliert) Herrschaft eines bestimmten Gesichtspunkts im gesellschaftlichen Deutungshaushalt zu etablieren. Die Frage, was eigentlich das »Problem« ist – z.B. die »hohe« »Arbeitslosigkeit« und, in diesem Kontext, die »geringe« Nachfrage nach Arbeitskraft, die »mangelnde« Arbeitsbereitschaft der Arbeitskräfte oder die »unkontrollierbaren« Investitionsentscheidungen multinationaler Unternehmen – und was dementsprechend jeweils die »Lösung« desselben sein könnte, unterliegt folglich einem permanenten gesellschaftlichen Definitionsprozess und beständigen sozialen Deutungskämpfen (van Dyk 2006a).

Aus diesen »hoch kontingenten politischen Auseinandersetzungen resultiert unter nationalstaatlichen Bedingungen der idiosynkratische Charakter wohlfahrtsstaatlicher Entwicklungen« (Kaufmann 2003a: 33): Wie die »soziale Frage« ursprünglich gestellt und wie sie beantwortet wurde, welche gesellschaftlichen Deutungen sozialer Probleme und welche normativen Vorstellungen politischer Intervention vorherrschend waren, welche »institutionellen Realisierungen« (ebd.: 36) diese Deutungen und Vorstellungen schließlich in einem langwierigen und konflikthaften historischen Prozess gefunden haben, all dies stellt sich von Nation zu Nation höchst unterschiedlich dar und kann aus einer kulturalistischen Perspektive die Entstehung (national) spezifischer Varianten des Wohlfahrtsstaats erklären. Von besonderer Bedeutung für national differente sozialpolitische Problemdiagnosen und Lösungskonzeptionen waren dabei die von der Forschung lange Zeit vernachlässigten Soziallehren der christlichen Kirchen (Kaufmann 1989), deren (inter- und intra-)konfessionell verschiedenartige Gestalt das Gesicht bzw. die unterschiedlichen Gesichter des Sozialstaats der westlich-abendländischen Welt nachhaltig – wenngleich auch nicht immer auf den ersten Blick erkennbar – geprägt hat (Heidenheimer 1983; Manow 2002; Gabriel 2005).

Generell wird man sagen können, dass ideenzentrierte Zugänge zur Erklärung sozialpolitischer Staatstätigkeit eine unverzichtbare Ergänzung im engeren Sinne institutionalistischer und interessenpolitischer Ansätze darstellen – und dass die sozialwissenschaftliche Rede über die »Macht der Ideen« allerdings mehr beinhalten muss als nur die Feststellung, dass es im sozialpolitischen Alltagsgeschäft immer auch um die Kommunizierung (und Implementierung) gesellschaftlicher Ordnungsvorstellungen durch politische Eliten geht (Schmidt 2000). Stärker wissenssoziologisch und sozialkonstruktivistisch fundierte Analysen von Sozialpolitik könn(t)en vielmehr dafür sensibilisieren, dass die Machteffekte des Ideellen schon viel früher im Zyklus gesellschaftlicher Politikproduktion einsetzen: in Form und Gestalt nämlich einer Politik des Wissens, einer Regierungskunst des Denk- und des Sagbaren (Landwehr 2001). »Sozialpolitik« ist immer auch ein sozialer Prozess der wissensvermittelten Herstellung sozialer Realitäten, der diskursiven Konstruktion gesellschaftlich akzeptierter »Wahrheiten«. Was Aufgabe des Staates ist und was nicht (Kaufmann 1996), was »der Markt« regeln soll bzw. was Privatangelegenheit ist bzw. zu sein hat, was ein »soziales Problem« ist und wer eines hat, ob die Löhne »zu hoch« sind und die Belastung der Beitragszahler an (oder noch unter oder schon jenseits) der Grenze des »Zumutbaren« liegt: All diese und alle weiteren Wissensbestände der Sozialpolitik werden politisch produziert und als soziale Selbstverständlichkeiten im gesellschaftlichen Selbstverständnis verankert (Cox 1998, 2001) – auf eine Weise, die jede fröhlich-bewegte Aufforderung »to think the unthinkable« als zwar gut gemeinte, aber zunächst denkbar unrealistische Option sozialen Handelns erscheinen lässt.

Wie dem auch sei: An dieser Stelle sei vorläufig darauf hingewiesen, dass die Frage der gesellschaftlichen Bedeutung wohlfahrtsstaatlicher Semantiken und sozialpolitischer Diskurse – die Frage, wie über »das Soziale« und »das Politische«, über die Politik des Sozialen, in einer die gesellschaftliche Praxis bestimmenden (und durch diese selbst mitbestimmten) Weise gedacht und geredet wird – sich mit guten Gründen als eines der zentralen Anliegen sozialwissenschaftlicher Sozialpolitikanalyse bezeichnen lässt (Lessenich 2003b). Die zeitdiagnostisch angelegten Überlegungen zur gegenwärtig sich vollziehenden Transformation der Sozialpolitik im Hauptteil des vorliegenden Bandes werden diesem Anliegen Rechnung zu tragen und gerecht zu werden versuchen. Vorab soll hier jedoch – wie im vorherigen Abschnitt bereits mit Blick auf das »Wesen« sozialstaatlichen Handelns geschehen – das Angebot einer zugleich synthetisierenden und fokussierenden Perspektive auf die Frage der Triebkräfte und Steuerungsmedien sozialstaatlicher Entwicklung unterbreitet werden. Dieses Deutungsangebot bedient sich einer krisentheoretischen Rahmung des zu erklärenden Phänomens.

Krisen

Die Soziologie konstituierte sich an der Schwelle zum 20. Jahrhundert, in den wegweisenden Schriften ihrer (späteren) Klassiker, als jene wissenschaftliche Disziplin, die – nicht zufällig, sondern den Zeiten angemessen – nach »Antworten auf die ›großen‹ Fragen der Stabilitätsbedingungen und der Transformation von Gesellschaften« (Friedrichs et al. 1998: 15) suchte. Konfrontiert mit den fundamentalen sozialen Umbrüchen auf dem Weg in die industriekapitalistische Gesellschaftsformation, etablierte sich die frühe Soziologie nolens volens als soziale »Krisenwissenschaft« – und sah sich darin in der Folge grundsätzlich und immer wieder bestätigt. Die politischen Verwerfungen, wirtschaftlichen Dynamiken und kulturellen Verschiebungen im »Zeitalter der Extreme« (Hobsbawm 1994) ließen die Überzeugung wachsen und analytisch plausibel werden, dass die »Stabilität« gesellschaftlicher Verhältnisse ein zwar normativ hoch geschätztes Gut, zugleich aber (diese Wertschätzung erklärend) einen höchst voraussetzungsvollen und empirisch äußerst unwahrscheinlichen Aggregatzustand des Sozialen darstellt. Soziologisch spricht vieles dafür, dass die gesellschaftliche Moderne als die institutionalisierte, d.h. durch Institutionenbildung auf Dauer gestellte Krise des Sozialen zu deuten und zu verstehen ist. In diesem Interpretationsrahmen kann dann der moderne Sozialstaat als ein wesentliches – und vielleicht als das zentrale – Moment im modernen Prozess gesellschaftlicher Kriseninstitutionalisierung gelten. Dieser krisentheoretische Blick auf die Entwicklung des Sozialstaats sei abschließend – und die bisherigen Erkenntnisse synthetisierend – etwas näher erläutert.

Die gesellschaftliche Konstruktion eines Verantwortungs- und Gestaltungsraums der öffentlichen (»sichtbaren«) Hand für das Soziale – und damit die Verwandlung des »alten« Staates in den modernen »Sozialstaat« – erfolgt im Zuge der und als soziale Reaktion auf die Industrialisierung und Durchkapitalisierung der europäischen Gesellschaften (Polanyi 1944). Die »Erfindung« des Sozial-Staats und die fortschreitende Institutionalisierung seiner Programmatik lässt sich aus dem Zusammenspiel von Funktionen, Interessen und Institutionen erklären: von Erfordernissen der kapitalistischen Ökonomie (im Sinne der Produktion öffentlicher Infrastruktur, der Regulierung des Wettbewerbs, der Sicherung des Arbeitsangebots usw.), Forderungen einer zunehmend politisierten und organisierten Gesellschaft (in Richtung auf die Gewährleistung sozialer Sicherheit, die Garantie von Mitbestimmungsrechten, die Bereitstellung öffentlicher Beschäftigung usw.) und der sich herausbildenden Eigenlogik staatlich-administrativen Handelns (wie es sich in den Wahlambitionen politischer Eliten, den Aufgabensicherungsbestrebungen der öffentlichen Verwaltung oder den Erwerbsinteressen der Sozialprofessionen manifestiert). Doch ist die damit angesprochene politökonomische »Staatsgleichung« Claus

Offes (Sozialstaat = [Akkumulation + Legitimation] x Interesse an sich selbst; Offe 1972) solange unvollständig, wie nicht die Idee des »Sozialen« selbst, das Wissen um das und über das Soziale, in die Rechnung einbezogen wird: das Wissen um und über seine politische Gestaltbarkeit, seine permanente Schutzbedürftigkeit, seine potenzielle Produktivität (Evers & Nowotny 1987; Donzelot 1988; Bröckling et al. 2000) – und die strukturelle Krisenhaftigkeit seiner Ordnung.

Die Entdeckung des »Sozialen« und der Aufstieg des Sozialstaats sind gleichursprünglich, gehen gesellschaftshistorisch Hand in Hand. In gewisser Weise »findet« der entstehende Sozialstaat das Soziale, oder anders: Die Gesellschaft findet es (und damit sich) in ihm. Karl Polanyi hat diesen Effekt in eindrucksvoller Weise für das vor- und frühindustrielle Britannien beschrieben: »Die Revolution, [...] die schließlich durch die Reform des Armenrechts entfesselt worden war, lenkte den Blick der Menschen nun auf ihr kollektives Sein, als hätten sie dessen Existenz vorher völlig übersehen.« (Polanyi 1944: 122) Der Sozialstaat entsteht aus diesem kollektiven Sein, gründet auf diesem gesellschaftlichen »Kollektivbewusstsein«, und er prägt es mit jedem Schritt seiner Expansion. Er spannt – wie gesehen – das soziale Band, webt das Netz des Sozialen. Als steuernder ebenso wie als sorgender, als alter »Policey«-Staat wie als demokratischer Sozialstaat regiert er »die Menschen als soziale Wesen, die Individuen mit all ihren sozialen Beziehungen« (Foucault 1984: 1011; Kaufmann 1996; Lemke 1997). Er wird zum Adressat gesellschaftlicher Erwartungen, Ansprüche und Anrufungen – und dabei selbst zum Ausgangspunkt von ebenso erwartungs- und anspruchsvollen Anrufungen »der Gesellschaft«.

Das »Kollektivsein« – gewissermaßen: die Gesellschaftlichkeit – der Gesellschaft aber ist stets gefährdet. Die Dynamik des Sozialen ist das Charakteristikum moderner Vergesellschaftung. Gesellschaft ist »keine feste Bindung, sondern Ver- und Entgesellschaftung, ein kontinuierlicher Prozess« (Geiger 1950: 137; Damitz 2007). Die moderne Gesellschaft ist beständige Unbeständigkeit, die Krise in Permanenz, eine einzige Abfolge von wirtschaftlichen Akkumulations-, politischen Legitimations- und sozialen Sicherungskrisen (bzw. von entsprechenden gesellschaftlichen Krisendeutungen) – und der moderne Sozialstaat ist die normative, funktionale und »technische« Instanz des permanenten politisch-ökonomisch-sozialen Krisenmanagements. Damit ist die eingangs dieses Bandes aufgestellte Behauptung zu bestärken und zu konkretisieren: Als solcher, nämlich als gesellschaftlicher Krisenmanager, ist der Sozialstaat zu einer unhintergehbaren sozialen Tatsache geworden (Offe 1973, 1984). Und als solcher operiert er nicht nur beständig unter Krisenbedingungen, sondern er »ist« auch selbst ständig – gleichsam *ex officio* – »in der Krise«.

Der moderne Sozialstaat ist ein institutionelles Arrangement gesellschaftlicher Krisenbearbeitung – und er ist Ausdruck und Symbol der institutionalisierten Krisenhaftigkeit moderner Gesellschaften. Was im »goldenen Zeitalter« sozialstaatlicher Entwicklung in den Hintergrund der Selbstwahrnehmung demokratisch-kapitalistischer Gesellschaften gerückt war, drängt sich heute wieder in den Vordergrund ihrer soziologischen Beobachtung. Eben diese Entwicklung ist Gegenstand der nachfolgenden Ausführungen.

3. Wohlfahrt für »alle«: Der Sozialstaat im »goldenen Zeitalter«

»The welfare state is not just a mechanism that intervenes in, and possibly corrects, the structure of inequality [...]. It is an active force in the ordering of social relations.«

Gøsta Esping-Andersen, The Three Worlds of Welfare Capitalism *(1990: 23)*

Die nationale Solidargemeinschaft

Kann der moderne Sozialstaat als institutionalisierte Form gesellschaftlichen Krisenmanagements gedeutet werden, so ist die Konsolidierung und Expansion seines Institutionengerüsts wesentlich den beiden größten anzunehmenden Krisenfällen des 20. Jahrhunderts geschuldet: den üblicherweise als »Weltkriege« apostrophierten, im Kern aber europäischen (1914-18) bzw. euroasiatisch-transatlantischen (1939-45) Massenkriegen der ersten Jahrhunderthälfte. Beide Kriege sind, (nicht nur) was die ›Versozialstaatlichung‹ der europäischen Gesellschaft(en) angeht, historische Dynamisierungsfaktoren von nicht zu überschätzender Bedeutung (Haferkamp 2000). Die Liste der mittelbar oder unmittelbar kriegsbedingten sozialpolitischen Innovationen ist – in parlamentarisch-demokratischen wie in autoritär-totalitären politischen Kontexten – schier endlos. Von der (im Zweifelsfall staatlich veranlassten) korporatistischen Interessenvermittlung zwischen Kapital und Arbeit bis zur (mehr oder weniger offensichtlich pronatalistischen) Familienförderung, von der Etablierung kategorialer Sozialprogramme für

Flüchtlinge, Alte und Hinterbliebene bis zur Einführung universalistisch-mindestsichernder Volksversicherungen, von der öffentlichen Gesundheitsversorgung bis zum sozialen Wohnungsbau: Kaum ein uns heute bekannter und selbstverständlich gewordener Bereich sozialstaatlicher Intervention ist vom kurzgetakteten historischen Doppelzyklus aus Kriegsvorbereitung, Kriegsführung und Kriegsfolgen – um das Mindeste zu sagen – unberührt geblieben.

Das zuvor benannte, sozialstaatsförderliche Zusammenspiel von Funktionen, Interessen, Institutionen und Ideen lässt sich unter den extremen Krisenbedingungen des totalen Krieges in geradezu idealtypischer Form beobachten: Die Mobilisierung aller – und wirklich aller – gesellschaftlichen Ressourcen und Reserven für Kriegszwecke brachte unabweisbare funktionale Notwendigkeiten, etwa der politisch-sozialen Konfliktregulierung, mit sich. Sie schuf zugleich neue bzw. verschärfte Legitimationsbedarfe und verbesserte, zumindest vorübergehend, die gesellschaftliche Machtposition der Erwerbstätigen, auch und zumal der erwerbstätigen bzw. -fähigen Frauen. Die kriegsbedingt immens erweiterten, fiskalischen wie verwaltungstechnischen und personellen Staatskapazitäten blieben, zumindest teilweise, auch nach Kriegsende für einen auf Dauer gestellten sozialpolitischen Interventionismus erhalten. Schließlich waren es auch spezifische sozialpolitische Ideen, die durch die beiden »Volkskriege« wenn nicht in die Welt kamen, so doch massiv an politischer Virulenz gewannen – insbesondere die Idee der nationalen Schicksalsgemeinschaft als Solidarzusammenhang (Titmuss 1955). Thomas H. Marshall (1949), der kurz nach dem Ende des Zweiten Weltkriegs seine nachhaltigen Einfluss ausübende Abhandlung über die historische Entwicklung des Staatsbürgerstatus verfasste, ließ darin keinen Zweifel daran, dass die Idee der sozialen Staatsbürgerrechte nur im Kontext einer gemeinsam geteilten Kultur wachsen und sich durchsetzen (bzw. durchgesetzt werden) konnte, und er meinte damit ebenso unzweifelhaft die spezifisch europäische Kultur (um nicht zu sagen: den Kult) der Nation.

Die Idee der nationalen Sozial(staats)gemeinschaft konnte insbesondere in der historisch spezifischen politökonomischen Konstellation der zweiten europäischen Nachkriegszeit erfolgreich kultiviert werden. Die 1950er und -60er Jahre bescherten dem Westen Europas ein »goldenes Zeitalter« beispiellosen, anhaltend starken wirtschaftlichen Wachstums (Kaelble 1992). Die Bedingungen für die Entwicklung eines nie da gewesenen gesellschaftlichen Wohlstands waren außerordentlich günstig (Eichengreen 2006): Die Nachholeffekte des Wiederaufbaus und die Nachahmungseffekte importierter Innovationen, ein ebenso belastbares wie elastisches (zunächst einheimisches, später importiertes) Arbeitsangebot sowie durchweg unterbewertete Währungen im Kontext einer durch internationale Finanz- und Handelsregime »eingebetteten« offenen Weltwirtschaft machten auf dem europäischen Kontinent eine Vielzahl kleiner und großer volkswirtschaftlicher Erfolgsgeschichten möglich. Nicht unwesentlich trug dazu auch die längere Zeit europaweit praktizierte, national allerdings auf ganz unterschiedliche Instrumente und Institutionen setzende, mehr oder weniger politisch gesteuerte Koordination der relevanten Marktakteure und ihrer ökonomischen Strategien bei (Shonfield 1965). Bis in die 1970er Jahre hinein galt das in weiten Teilen Westeuropas vorherrschende Modell eines koordinierten Kapitalismus (Hall & Soskice 2001) als Garant wirtschaftlicher Prosperität und sozialer Stabilität – und das mit entsprechenden Koordinationsmechanismen unterausgestattete Großbritannien als »der kranke Mann Europas« (Scharpf 1987).

Neben günstigen Umständen war die europäische Nachkriegsprosperität somit in nicht unwesentlichem Maße auch politischer Intervention zu verdanken. Der so genannte »Keynesian Welfare State«, der sich in den europäischen Gesellschaften mal früher und mal später, unter mal mehr und mal weniger expliziter Berufung auf das ökonomische Theoriegebäude des britischen Namensgebers, in mal mehr und mal weniger umstrittener Weise und, gemessen an makroökonomischen Indikatoren, mit mal mehr und mal weniger nachhaltigem Erfolg etablierte, war eben nicht nur (wie es im zornigen Blick zurück der liberalen Wohlfahrtsstaatskritik oftmals erscheint) spendierfreudiger und umverteilungswütiger Profiteur, sondern auch sozialpolitischer Konstrukteur des Wiederaufstiegs der europäischen Volkswirtschaften. Die systemische Großtat des »keynesianischen« Sozialstaats war es, die antagonistischen und daher tendenziell konfliktreichen, durch die Organisationen von Kapital und Arbeit vertretenen Logiken der Gestaltung des gesellschaftlichen Produktionsprozesses vermittelnd in sich aufzuheben – oder diese jedenfalls als miteinander kompatibel erscheinen zu lassen. Das »goldene Zeitalter« beruhte maßgeblich auf einem sozialstaatlich hergestellten (oder zumindest erfolgreich insinuierten) Gleichgewicht zwischen den Logiken von Kapitalismus und Demokratie, es gründete in seiner Funktionsweise und operationalen Logik auf dem historischen Kompromiss »between the economic and the social« (Donzelot 1988: 421): zwischen der ökonomischen Rationalität der Profitabilität auf der einen und der sozialen Rationalität der Partizipation auf der anderen Seite. Der Sozialstaat der Nachkriegsepoche ließ die keynesianische Theorie des zirkulären (bzw. zyklisch-sequenziellen) Ausgleichs zwischen ökonomischen Interessen und sozialen Ansprüchen politische Realität werden.

»In fact, the theory makes the social the means of ›reinflating‹ the economic when the latter is at risk of being affected by weak demand, and also of standing in for it, as it were, through the artificial but effective injection into society of an increased capacity to buy and employ. Equally, the economic, thus maintained in a constant state of good functioning, is the means for sustaining the pursuit of a social politics which provides safeguards for workers that keep them in a state of availability for work, rather than leaving them to the possibility of sinking below a threshold of poverty which makes them unfit to resume work when economic activity picks up again.« (Ebd.)

Das Soziale (die »künstlich« geschaffene Nachfrage nach Gütern, Dienstleistungen und Arbeitskräften) stützt also – soweit, insbesondere in Krisenphasen, nötig – das Ökonomische (das fortgesetzte »gute Funktionieren« des Kapitalverwertungsprozesses), dieses wiederum das Soziale (die öffentliche Versorgung insbesondere der beschäftigungslosen Arbeitnehmer) und dieses seinerseits das Ökonomische (durch Bereithaltung eines Reservoirs beschäftigungsfähiger Arbeitskräfte): ein veritabler *circulus virtuosus*, arrangiert durch permanente und planvolle Staatsintervention.

Der Staat übernimmt dadurch eine doppelte gesellschaftliche Verantwortung: für die Regulierung des Ökonomischen in sozialer sowie des Sozialen in ökonomischer Absicht (Vobruba 1983: 129-155). In beiderlei Hinsicht wird er zum Sozial-Staat: Indem er Lohninteressen auf ein Dignitätsniveau (im Sinne ihrer ökonomischen Gemeinwohlkompatibilität) mit Kapitalinteressen erhebt, ergreift er de facto die Partei »der Arbeit«, betreibt er – zwar keineswegs einseitig, doch zyklisch immer wieder und letzten Endes – die Beförderung des Sozialen (Donzelot 1988). Doch ist dies nicht die einzige Spielart seiner Sozial-Staatlichkeit – und nicht die einzige Form, in welcher er das im Eingangszitat zu diesem Kapitel von Gøsta Esping-Andersen erwähnte »ordering of social relations« praktiziert. Denn in seiner Beförderung des Sozialen operiert der sich so konstituierende Sozialstaat stets und konsequent national: Im internationalen Nachkriegsregime des »embedded liberalism« (Ruggie 1983) ging es beim keynesianischen »government of variables« (Donzelot 1988: 421) immer um die Steuerung der nationalen Ökonomie, um die Maximierung der nationalen Wohlfahrt, um die Garantie nationalstaatlicher Sozialrechte. In der Beförderung des

Sozialen ergreift der Staat systematisch (auch) die Partei des Nationalen – schafft er einen nationalen Sozial-Raum, der nicht nur nach innen, sondern zwangsläufig auch nach außen neue Strukturen des Sozialen, nämlich Strukturen sozialer Ungleichheit und sozialen Ausschlusses, etabliert.

Doch zu Risiken und Nebenwirkungen des keynesianischen Sozialstaats, seinen ökonomischen Funktionsproblemen und sozialen Widersprüchen, später. Hier sei nur so viel gesagt, dass es bei der Rede vom »goldenen Zeitalter« der sozialstaatlichen Gesellschaftsformation – anders als dies bei linken Kritikern ihrer gegenwärtigen Transformation häufig der Fall zu sein scheint – weder um nostalgische Erinnerungen an »gute (oder zumindest bessere) alte Zeiten« noch um die rückwirkende Glorifizierung des wohlfahrtskapitalistischen Nachkriegsarrangements geht. Ganz ohne Mythenbildung sei nur darauf verwiesen, dass die Institutionen des als »keynesianisch« firmierenden Sozialstaats in einer bestimmten historischen Entwicklungsphase ganz wesentlich zur erfolgreichen Institutionalisierung der systemischen Krisenhaftigkeit industriell-kapitalistischer Vergesellschaftung haben beitragen können – zu einer inter- bzw. multinationalen ökonomisch-sozialen Prosperitätskonstellation, die seit mittlerweile drei Jahrzehnten einer Zeit der politischen Umdefinition und Neugestaltung des Sozialen in den spätindustriellen Gesellschaften gewichen ist. Bevor hier und ausführlich dann im folgenden Kapitel auf diesen Prozess der Rekonstitution des Sozialstaats eingegangen wird, gilt es zuvor noch, kurz verschiedene Varianten des europäischen (bzw. »westlichen«) Nachkriegssozialstaats zu präsentieren. Denn die unterschiedliche ideelle Gestalt und institutionelle Gestaltung nationaler Sozialstaaten hat auch zu je spezifischen Eigenarten – zu nationalen Unterschieden in Timing, Tempo und Tiefgang – des hier interessierenden, transnationalen Prozesses einer »Neuerfindung« des Sozialen beigetragen.

Modelle der Solidarität

Wenn bislang regelmäßig von »dem« Sozialstaat – im Singular – die Rede war, dann stets als dramaturgische Vereinfachung eines deutlich komplexeren Sachverhaltes: der Tatsache nämlich, dass sich in der Geschichte des Sozialstaats national durchaus verschiedenartige Realisationsformen dieses Strukturmerkmals moderner Vergesellschaftung herausgebildet haben. In der international vergleichenden Forschung hat sich zur analytischen Aufklärung dieser Vielfalt die Wohlfahrtsstaatstypologie des nunmehr bereits mehrfach erwähnten dänischen Soziologen Gøsta Esping-Andersen (1990: 21-32) durchgesetzt, der – eine ältere Unterscheidung seines britischen Fachkollegen Richard Titmuss (1974: 23-32) aufnehmend – eine marktnahe, eine etatistische und eine korporatistische Variante des sozialstaatlich verfassten, wohlfahrtspolitisch moderierten Kapitalismus voneinander abgrenzt.

Esping-Andersens Analyse erhebt einerseits den Anspruch, die wesentlichen institutionellen Differenzen nationaler Sozialstaatlichkeit an drei zentralen Kategorien festmachen zu können: an dem je spezifischen *welfare mix*, d.h. der relativen Bedeutung öffentlicher und privater Wohlfahrtsproduktion; an dem jeweils gewährleisteten Grad der *de-commodification*, sprich dem Ausmaß, in welchem durch staatliche Politiken die Marktabhängigkeit von Individuen und Haushalten eingeschränkt und ihnen eine genuine »work-welfare choice« (Castles & Mitchell 1993: 104) eingeräumt wird; sowie an der dem Wohlfahrtssystem innewohnenden *logic of stratification*, also der Art und Weise, in der durch sozialpolitische Maßnahmen marktbedingte soziale Ungleichheiten ausgeglichen und tendenziell eingeebnet oder aber reproduziert bzw. sogar verstärkt werden. Andererseits geht es Esping-Andersen darum, die anhand dieser Kriterien festzustellenden Unterschiede zwischen den fortgeschrittenen »Wohlfahrtskapitalismen« zu erklären, und zwar, der Tradition des Machtressourcenansatzes folgend, mit Bezug auf national differierende Staatstraditionen und politische Mobilisierungsstrategien. Entsprechend tragen die drei »Regime-Typen«, die er entlang der genannten Vergleichsdimensionen konstruiert und denen sich seiner Analyse zufolge die nationalen Sozialstaaten der westlichen Welt mehr oder weniger eindeutig annähern, die Namen jener politischen Bewegung, die historisch als ideelle und materielle Wegbereiterin des jeweiligen sozialstaatlichen Entwicklungspfades aufgetreten ist.

Im »liberalen« Modell, das sich idealtypisch der Wahrung der Marktkonformität sozialpolitischer Institutionen und Interventionen verschrieben hat, kommt dem Staat vorrangig die Aufgabe zu, die Hegemonie privater, marktförmiger Lösungen der Wohlfahrtsproblematik zu gewährleisten. Durch seine sicherungspolitische Zurückhaltung zwingt er die sozialen Akteure faktisch zur Übernahme individueller bzw. kollektiver Eigenverantwortung. Nur wer hierzu erwiesenermaßen (ausweislich ausbleibenden Markterfolgs) nicht in der Lage ist, kann mit einer bedürftigkeitsgeprüften öffentlichen Fürsorgeleistung rechnen. Das »sozialdemokratische« Modell hingegen weist dem Staat eine umfassende, universalistische Wohlfahrtsverantwortung zu; in

Verfolgung der allgemeinen Zielvorgabe einer Emanzipation der Individuen von Marktabhängigkeiten wird er zum Dreh- und Angelpunkt sozialpolitischer Problemdefinitionen und Interessenlagen. Auf der Grundlage eines breiten gesellschaftlichen Wohlfahrtskonsenses kommt es hier zur institutionellen Verankerung eines Systems der Staatsbürgerversorgung, das – in idealtypischer Weise – jeden Menschen mit dem prinzipiell gleichen Recht auf die Inanspruchnahme eines weitreichenden Angebots von Einkommens- und Dienstleistungen ausstattet, unabhängig vom erwerbsarbeitsvermittelten ökonomischen Status der Person. Der »konservative« Regime-Typ schließlich steht in der spätfeudalistisch-paternalistischen Tradition einer herrschaftlichen Bändigung anarchischer Marktkräfte zum Zwecke der Aufrechterhaltung überkommener gesellschaftlicher Abhängigkeiten, Bindungen und Statushierarchien. Die maßgebliche Sicherungstechnik dieses Modells ist – erneut idealtypisierend gedacht – die Zwangsmitgliedschaft in der gegliederten Sozialversicherung, die sowohl die Rückkoppelung von Sicherungsansprüchen an das System der Erwerbsarbeit als auch die Übertragung der jeweiligen Stellung auf dem Arbeitsmarkt in unterschiedliche soziale Versorgungslagen bewerkstelligt. Wer sich dagegen materielle Sicherheit nicht durch abhängige Beschäftigung »verdient« hat, wird hier subsidiär auf die Sicherung über private, insbesondere familiale Unterhaltsbeziehungen verwiesen.

Diese in ihrer biblisch-trinitarischen Schlichtheit bestechende, heuristisch ungemein wertvolle Typisierung ist in den vergangenen beiden Jahrzehnten zum Bezugspunkt umfangreicher sozialwissenschaftlicher Kontroversen, Kritiken und Ergänzungsübungen geworden, die hier nicht weiter verfolgt werden sollen (vgl. dazu Lessenich 2003a: 81-90); jedenfalls erscheint Peter Baldwins sarkastischer Kommentar zur sozialpolitikwissenschaftlichen »Regime-Debatte«, wonach »[w]ith sufficient determination we could doubtless find as many different categorizations of welfare states as the English have religions or the French sauces« (Baldwin 1996: 39), im Rückblick nur leicht übertrieben. Für unseren Zusammenhang interessanter ist jedoch die theoretisch-konzeptionelle Weiterentwicklung von Esping-Andersens Dreifaltigkeitsmodell durch den Schöpfer selbst, die den analytischen (Mehr-)Wert der im vorherigen Kapitel präsentierten Deutung des Sozialstaates als Modus gesellschaftlicher Relationierung in vergleichender Perspektive nachvollziehbar werden lässt.

Ende der 1990er Jahre erweitert Esping-Andersen seine zuvor stark auf das Ausmaß sozialstaatlicher »politics against markets« (Esping-Andersen 1985) fixierte Analyse gesellschaftlicher Wohlfahrtsproduktion, der insbesondere feministischen Kritik an seinem Ansatz Rechnung tragend, um die Berücksichtigung der wohlfahrtspolitischen Bedeutung der privaten Haushaltsökonomie: »A welfare regime can be defined as the combined, interdependent way in which welfare is produced and allocated between state, market, and family.« (Esping-Andersen 1999: 34-35) Zugleich redefiniert er den Sozialstaat als – in je spezifischer Form institutionalisierten – Mechanismus der Regulierung sozialer Risiken: »How risks are pooled defines, in effect, a welfare regime.« (Ebd.: 33) Staat, Markt und Familie werden dementsprechend als »three radically different principles of risk management« (ebd.: 35) verstanden – und die je spezifische Form des gesellschaftlichen Risikomanagements bzw. das je konkrete Mischungsverhältnis unterschiedlicher Prinzipien der Vergesellschaftung von Risiken bestimmt den je besonderen Charakter real existierender Sozialstaaten:

> »Social risks are the building blocks of welfare regimes. [...] They can [...] be internalized in the family, allocated to the market, or absorbed by the welfare state [...]. Where the state absorbs risks, the satisfaction of need is both ›de-familialized‹ (taken out of the family) and ›de-commodified‹ (taken out of the market).« (Ebd.: 40)

Diese Reformulierung des Regime-Konzepts geht allerdings nicht mit einer Revision auch der ursprünglichen Typenbildung einher: Zwar spricht Esping-Andersen nun nicht mehr von den drei »Welten des Wohlfahrtskapitalismus«, sondern konsequent von »three distinct models of welfare state solidarity« (ebd.), doch seine Typenwelt bleibt nichtsdestotrotz in Ordnung. Nach wie vor lassen sich eine »residuale«, eine »universalistische« und eine »korporatistische« Variante moderner Sozialstaatlichkeit gegenüberstellen, die nunmehr allerdings dahingehend unterschieden werden, in welcher Form sie typischerweise soziale Risikobearbeitung betreiben: Während der Staat im »residualen« bzw. »korporatistischen« Modell die Wohlfahrtsproduktion primär in die Verantwortung von Märkten bzw. von Familien und privaten Haushalten verweist, »dekommodifiziert« und »defamilialisiert« er Wohlfahrtsproduktion in dem Maße, in welchem er diese, in Gestalt eines »universalistischen« Systems öffentlicher Transfer- und Dienstleistungen, selbst in die Hand nimmt.

Im Effekt erweist sich der Sozialstaat damit – auf die eine oder andere Weise – als das, was Esping-Andersen (mit Recht) auch zuvor schon in ihm gesehen hatte: »an active force in the ordering of social relations« (Esping-Andersen 1990: 23; vgl. Ferrera 1993, Lessenich

1999). In der einen wie der anderen Variante ist der Sozialstaat eine Instanz der politischen Konstitution sozialer Beziehungen der Wohlfahrtsproduktion, der Positionierung sozialer Akteure in diesem gesellschaftlichen Feld, ihrer herrschaftlichen »Zueinanderordnung« (Mayntz 2002: 31) im kollektiven Wohlfahrtsspiel: Sei es, dass er sie sozialpolitisch als Konkurrenten im marktgetriebenen Kampf um relative Wohlfahrtspositionen, als Koproduzenten von Sicherungs- und Unterstützungsleistungen im Familienkontext oder aber als Konsumenten einer für »jedermann« zugänglichen öffentlichen Versorgung konstruiert. In jeder dieser Varianten fungiert der Sozialstaat als gesellschaftlicher Relationierungsmodus, und in jeder ist er auch, »in its own right, a system of stratification« (Esping-Andersen 1990: 23), also ein Instrument der politischen Allokation von Risiken, der Zuteilung von Wohlfahrtspositionen und damit von gesellschaftlichen Lebenschancen. Als ein solch institutionelles und institutionalisiertes Relationierungsarrangement prägt der Sozialstaat – in je unterschiedlicher, spezifischer Weise – gesellschaftliche Handlungs- und Orientierungsmuster »moulding the ›opportunity structure‹ and thus the strategies [...] as well as the cognitive and normative schemes of policy-makers and policy takers« (Ferrera 1998: 87) staatlicher Sozialpolitik. Wohin dies führen kann, lässt sich sozialpolitikhistorisch rekonstruieren.

Der »automobile« Sozialstaat

Der vorübergehende Erfolg der keynesianisch-sozialstaatlichen Vermittlung von ökonomischer und sozialer Rationalität, kapitalistischen Erfordernissen und demokratischen Forderungen im *golden age* des Industriekapitalismus steht uns noch heute vor Augen. In den drei Jahrzehnten nach dem Zweiten Weltkrieg setzte der Sozialstaat zu einer scheinbar unaufhörlichen Expansionsbewegung an: Die Sozialausgaben stiegen, absolut wie relativ, beständig an, und dieses Datum wurde durchaus als positiver Arbeitsnachweis staatlicher Politik gewürdigt. Ein immer größerer Personenkreis, immer mehr soziale Risiken wurden von immer neuen sozialpolitischen Programmen und immer weiteren Einrichtungen erfasst. Der westliche Kapitalismus boomte – und mit ihm der Sozialstaat.

Das expansive, quasi-automatische Prozessieren der sozialpolitischen Programmatik wird jedoch spätestens seit Mitte der 1970er Jahre von sozial(staats)kritischen Diagnosen der »Anspruchsinflation« und des *government overload* begleitet, in denen der Sozialstaat als hypertropher Leviathan erscheint, der in seinem Allzuständigkeitswahn zum (im pejorativen Sinne) Wohlfahrtsstaat mutiere und dabei individuelle Eigeninitiative, ja »das Soziale« überhaupt, unter sich begrabe. Eine autoritative soziologische Fundierung finden diese häufig in polemischer Absicht lancierten Invektiven gegen einen übermächtigen »Versorgungsstaat« in der Gesellschaftstheorie Niklas Luhmanns (1981, 2000: 407-434; vgl. Kaube 2003). Im Kontext von Luhmanns Theoriegebäude stellt die Herausbildung moderner Sozialstaatlichkeit einen Begleiteffekt des entwicklungsgeschichtlichen Übergangs zum Strukturtypus der funktional differenzierten Gesellschaft dar. Die Ausdifferenzierung des politischen Systems und die historische Tendenz zur Demokratisierung desselben führen dazu, dass Staatstätigkeit zum Objekt gesellschaftlicher Disposition wird. Dem für alle gesellschaftlichen Funktionssysteme gültigen Grundprinzip der Inklusion gehorchend, weist in der systemtheoretischen Analyse auch das politische (Teil-)System eine eingebaute Tendenz zur Einbeziehung immer weiterer Personengruppen, ihrer Bedürfnisse und Interessen, in den Bereich politischer Zuständigkeit und Gewährleistung auf. Das Ergebnis dieser Inklusionsbewegung ist eine neue Form der Staatlichkeit: »Wohlfahrtsstaat, das ist realisierte politische Inklusion.« (Luhmann 1981: 27)

Ihre spezifische Dynamik erhält diese politische Inklusionsbewegung Luhmann zufolge durch die Eigenarten politischer Kommunikation im demokratischen Staat. Die beständige Ausweitung des gleichen Zugangs zu den ausdifferenzierten Funktionssystemen einer Gesellschaft lässt zugleich die Sichtbarkeit von und die Aufmerksamkeit für Ungleichheiten *innerhalb* dieser Systeme anwachsen – und die politische Demokratie stellt ein umfangreiches Repertoire zur Thematisierung und gegebenenfalls Skandalisierung fortbestehender Benachteiligungen zur Verfügung. Das Damoklesschwert der freien, gleichen und geheimen Wahl sorgt dafür, dass demokratische Politik ein institutionalisiertes »Mitleid« (Luhmann 2000: 423) mit – tatsächlich oder auch nur vermeintlich – sozial Benachteiligten ausbildet. Dabei führt die Formulierung des Anspruches auf Kompensation *eines* Nachteiles (und dessen politische Bedienung) zwangsläufig zur Forderung nach Behebung eines *anderen* Missstandes, zieht die Realisierung von Kompensationsansprüchen die Nachfrage nach ›Kompensationskompensationen‹ nach sich: »Wenn alles kompensiert werden muß, dann auch das Kompensieren.« (Luhmann 1981: 8) Anspruchssemantik und Kompensationslogik verstärken sich wechselseitig und tendieren zur Universalisierung, die Menge politisierbarer Sachverhalte strebt gen unendlich, die Politik wird zum »Letztadressat für alle ungelöst bleibenden Probleme« (ebd.: 155).

In diesem Prozess wird – man darf in diesem Argumentationskontext auch sagen: verkommt – der Sozialstaat, der seinen Bürgern soziale Nothilfen und die Sicherung eines Mindeststandards sozialen Wohlergehens anbot, zu einem Wohlfahrtsstaat, der immer neue Probleme bearbeitet und immer neue Ansprüche bedient – soweit er sich seine Probleme und Anspruchsteller nicht gleich selbst schafft. »Im Ergebnis gleicht der Staat dann einem Wasserturm, in den Mittel hinaufgepumpt werden, um von dort aus verteilt zu werden an jeden, der einen Anschluß unterhält« (Luhmann 2000: 424) – und wenn alle Wohlfahrtskonsumenten versorgt sind, so könnte man Luhmanns Argument weiterspinnen, dann werden eben Zweitanschlüsse verlegt. Seine Theorie zeichnet auf diese Weise das Bild eines »mit Selbstantrieb ausgestatteten, automobilen Wohlfahrtsstaates« (Luhmann 1981: 15), der in seiner expansiven Dynamik vor nichts und niemandem halt macht und sich damit am Ende selbst überlastet, ja »sich selbst verzehrt« (ebd.: 9). Politik im demokratischen Staat erscheint hier als selbstreferenzielles System, gesellschaftliche Wohlfahrt als eine beliebig strapazierbare »Wunschformel« (Luhmann 2000: 365). War der Sozialstaat zu Beginn seiner Entwicklung – so darf man diese Beobachtung wohl deuten – noch ein unschuldiges Kind, so ist der ausgebaute Sozialstaat, ist wohlfahrtsstaatliche Politik für Luhmann zum bösen Onkel mutiert, der zur »Selbstbefriedigung« (Luhmann 1981: 101) neigt.

So rund und prägnant diese Geschichte von der »Selbststimulation« (Luhmann 2000: 425) und den »selbstgeschaffenen Wirklichkeiten« (Luhmann 1981: 10) des Sozialstaates auf den ersten Blick auch erscheinen mag, so erweist sich bei genauerer Betrachtung der Versuch, dessen Existenz und Expansion allein aus dem Geist (bzw. dem Sinn) der politischen Kommunikation erklären zu wollen, als ihr großes Manko. Die Antriebswellen des staatspaternalistischen Wohlfahrtsmobils ausschließlich im Funktionsbereich der Politik zu verorten und andere Trieb-, aber eben auch Bremskräfte sozialstaatlicher Entwicklung – sagen wir: das Funktionssystem der Ökonomie – schlichtweg aus der Analyse auszublenden, stellt sich als ein zwar theoriestrategisch gelungener (und notwendiger), für das tiefere Verständnis des demokratisch-kapitalistischen Sozialstaats und seiner historischen Entwicklungsdynamik aber erkennbar wenig sinnvoller Schachzug dar.

Vielmehr sind es gerade die widersprüchlichen Verschränkungen und Wechselwirkungen sozialer *und* ökonomischer Handlungsrationalitäten sozialpolitischer Akteure in Parlament, Regierung und Verwaltung, die den ebenso prekären wie paradoxen Siegeszug des Sozialstaates erklärbar werden lassen. Es ist die oben skizzierte, doppelte – ökonomisch-soziale – Verantwortungsübernahme des keynesianisch inspirierten Interventionsstaates (Donzelot 1988), die zur permanenten Ausweitung der Staatstätigkeit führt, und mehr noch: die diese Ausweitung notwendig werden lässt, ja geradezu erzwingt. Die (teils selbst gewählte, teils aufgedrängte) Rolle des Vermittlers zwischen den Interessen von Kapital und Arbeit lässt den keynesianischen Sozialstaat zwischen die gesellschaftlichen Fronten geraten, zur Zielscheibe ökonomischer und sozialer Ansprüche gleichermaßen werden – und insofern er sich gerade dadurch konstituiert und legitimiert, dass er *beides* zu bedienen vermag und miteinander zu vereinbaren versteht, gerät er geradezu unausweichlich in die (nicht bloß fiskalische) Klemme. »There is a considerable price to be paid then for this clever move« (ebd.: 425): für den sozialstaatlichen Anspruch nämlich, *everybody's darling* sein, das Ökonomische in sozialer und das Soziale in ökonomischer Absicht regulieren zu wollen.

Die politisch-soziologische Theorie für *diese* Lesart der sozialstaatlichen Gesellschaftsformation und ihrer Dynamik hat – an Luhmanns frühen systemtheoretischen Entwürfen ebenso wie an der Marx'schen Kapitalismusanalyse kritisch geschult – Claus Offe (1972) entwickelt. Folgt man seiner Sicht der Dinge, dann stellen sich die bereits zur damaligen Zeit erkennbaren und seither nur noch offenkundiger gewordenen Funktionsprobleme des Sozialstaates als »Strukturprobleme« dar – als Ausdruck eines strukturellen, unhintergehbaren Dilemmas, in dem der (von Offe in Anlehnung an Sombart [1927] so genannte) »spätkapitalistische« Staat unwiderruflich gefangen ist. Offe skizziert ein »Widerspruchsmodell« (1972: 67) des zwischen der Erfüllung ökonomischer Erfordernisse und sozialer Forderungen hin- und hergerissenen, zwischen den Stühlen kapitalistischer Akkumulationsbedarfe und demokratischer Legitimationszwänge operierenden Sozialstaats. Seine Expansion entzieht dem Akkumulationsprozess beständig Werte, ist aber gleichwohl unverzichtbar, denn der Sozialstaat bedient nicht nur (wie Luhmann meint) soziale Konsuminteressen, sondern in seiner infrastrukturellen und arbeitspolitischen (und ab und an auch repressiven) Tätigkeit ebenso sehr ökonomische Produktionsinteressen, für deren öffentliche Berücksichtigung er wiederum politischer Legitimation bedarf, die er sich auf dem Wege sozialer Kompensationszahlungen »erkauft« – und so weiter und so fort. Der interventionistische, konsumtive, marktbegrenzende Sozialstaat ist damit der Prototyp des spätkapitalistisch-paradoxalen Prozessmodells der »bestandsnotwendigen Ausbildung strukturfremder Systemelemente« (ebd.: 75). Der Sozialstaat wird, durch seine allfälligen, seiner funktionalen Zwitterrolle geschuldeten »Krisen« hindurch, zum zentralen selbstadaptiven Mechanismus fortgeschrittener kapitalistischer Gesellschaften – und operiert umgekehrt, aufgrund der zunehmenden Politisierung, ja gewissermaßen »Verstaatlichung« des marktgesellschaftlichen Klassenkonflikts, ständig an den Grenzen seiner adaptiven Selbsttransformation (vgl. Borchert & Lessenich 2004).

Es ist dies eine strukturalistische Interpretation sozialpolitischer Staatstätigkeit, die als solche selbst wiederum Grenzen der Erklärungskraft hat und entsprechend zu ergänzen ist – dazu in den folgenden Abschnitten mehr. Aber zunächst einmal verweist sie auf den in der öffentlichen Debatte nicht immer hinlänglich berücksichtigten Sachverhalt, dass die »Krise« des keynesianischen Wohlfahrtsstaates nichts mit der Boshaftigkeit oder Dummheit, dem ideologischen Fanatismus oder der ›Spendierhosensucht‹ politischer Akteure zu tun hat – oder jedenfalls wenig. (Sicher gibt es auch in der Politik, wie eben überall, Dumme und Böse, Fanatiker und Süchtige; aber das soll uns hier nicht interessieren.) Die systemische Expansionsdynamik des Sozialstaats verdankt sich seiner Funktionszuschreibung im hochentwickelten, demokratischen Kapitalismus, seiner klassisch-paradoxalen *doublebind*-Situation widersprüchlicher, ökonomischer und sozialer Reaktions- und Handlungsaufforderungen – eine Konstellation, die in ihrer Strukturproblematik manifest wurde, als sich die politisch-ökonomischen Rahmenbedingungen nationaler Staatstätigkeit im Weltmaßstab zu verändern begannen.

Claus Offe reformulierte in seiner Analyse des Spätkapitalismus die klassische (und Ende der 1960er, Anfang der 1970er Jahre jedenfalls in Teilbereichen der politischen Öffentlichkeit virulente) kapitalismuskritische Frage nach den Grenzen »des Systems«, ganz im Einklang mit seiner Bestimmung der stabilisierend-labilen Rolle des Sozialstaats, als »die Frage nach den Möglichkeiten des Systems, seine Grenzen selbstadaptiv hinauszuschieben« (Offe 1972: 66) – und nach den Grenzen dieser Grenzverschiebung, den »Grenzen politischen und ökonomischen Krisenmanagements« (ebd.). Was im Folgenden zu analysieren sein wird – die gegenwärtig sich vollziehende Transformation des Sozialstaats – muss ganz in diesem Sinne als Akt sozialpolitischen Krisenmanagements und systemischer Grenzverschiebung verstanden werden. Worum es dabei geht, lässt sich an dieser Stelle auf der Grundlage einer weiteren, von Jacques Donzelot geäußerten Frage andeuten: »How far must the promotion of the social be taken?« (Donzelot 1988: 424) Wie weit muss der demokratisch-kapitalistische Staat die Beförderung des Sozialen treiben? Die Antwort lautet, allen gängigen Redensweisen von »Sozialabbau« und allen ebenso wohlmeinenden wie hilflosen Kritiken einer »anti-sozialen Politik« zum Trotz: Die Beförderung des Sozialen muss prinzipiell immer weitergetrieben werden – der moderne, demokratisch-kapitalistische Sozialstaat kann gar nicht anders. Die »eigentliche«, für die weiteren Ausführungen problemaufschließende Frage aber ist eine andere, qualitative: Wohin, in welche Richtung, treibt die Beförderung des Sozialen?

Mit dieser Frage, mit der Soziologie der gegenwärtigen Sozial-Reform, beschäftigt sich der nachfolgende Hauptteil dieses Buches. Was die Antwort auf diese Leitfrage anbelangt, sei vorab nur soviel verraten: Wir stehen, so die hier zu vertretende These, vor einer grundlegenden Reorientierung sozialstaatlicher Politik, vor der Verlagerung der *promotion of the social* in das Individuum – und damit vor einer individualisierenden »Neuerfindung« des Sozialen. Der Sozialstaat, »wie wir ihn kannten«, der keynesianische Sozialstaat der Nachkriegszeit, stand für die politische *invention du social* (Donzelot 1984). Heute wird das Soziale neu erfunden – und wir, genauer: jede und jeder Einzelne von uns wird sagen dürfen: Ich bin dabei gewesen.

4. Die Neuerfindung des Sozialen: Sozial-Politik im flexiblen Kapitalismus

»Derart klar stand es mir bis jetzt noch nicht vor Augen: Ganz viele Menschen in meinem Lande sind zu dick, schlimmer noch: zu fett. [...] Und in der Tat, ich muss gestehen, das Problem, das es offensichtlich ist, bisher nicht richtig ernst genommen zu haben. Wie mir mag es vielen ergangen sein: Man sieht die Dicken, aber man denkt sich nichts dabei. Das ist nun urplötzlich anders geworden. Seit gestern habe ich einen Blick für Dicke gewonnen. Seit gestern ist es so, dass ich unwillkürlich in dick und dünn selektiere und mir bei jedem Dicken meinen Teil denke. Aha, denke ich, schon wieder einer von denen – von den Faulen und Fresssüchtigen, von den Bewegungsscheuen und falsch Ernährten, die in einem fort die Ästhetik unserer Städte verschandeln und in unserem Land den Krankenversicherungen auf der Tasche liegen. Lassen Sie mich ganz ehrlich sein: Seit gestern habe ich aufgehört, Dicksein als eine harmlose Sache zu betrachten, als eine statthafte, nur eben etwas andere physiologische Form, das Leben zu bewältigen. Unter meinem Sheriff-Blick ist die Welt ein Fitness-Center geworden, der Lebensweg ein Trimm-dich-Pfad.«

Christian Geyer, »Abspecken!« *(2007: 39)*

Ein Zeitalter wird beerdigt: Das Ende des »Versorgungsstaats«

Ohne in die (zumindest nachträgliche) liberal-konservative Verdammnisrhetorik zu verfallen, lässt sich analytisch doch vorsichtiger vom

»Veralten« (Kaufmann 1997) des sozialstaatlichen Arrangements im Zuge und Zeichen des politisch-ökonomischen Gezeitenwechsels der 1970er und -80er Jahre sprechen (Goldthorpe 1984). Für ein bloßes, positivsummenförmiges nationales Verteilungsspiel der »Wohlfahrt für alle« ging dem »automobilen Sozialstaat« mit den beiden ölkrisenbedingten Konjunktureinbrüchen 1973/74 und 1979/80 in der Tat und sprichwörtlich der Sprit aus. Die Konflikte um den relativen Anteil an einem nun nicht mehr scheinbar immerwährend wachsenden Sozialprodukt forderten den Staat in seiner Mittlerrolle heraus; die konkurrierenden Verteilungsansprüche von Unternehmen und Beschäftigten (und zunehmend auch von Beschäftigungslosen) konnte er nur mehr schlecht als recht bedienen. Sowohl unternehmensseitig wie auch auf Seiten des Staates setzte die systematische Suche nach Potenzialen der Kostenreduktion und Aufgabenentlastung ein. Auf Seiten der Politik propagierte und betrieb man nun zusehends angebotsorientierte Strategien (Offe 1996): Die Verbesserung der Rahmenbedingungen unternehmerischen Handelns rangiert seit der Reagan-/Thatcher-Ära im gesamten westlichen Wirtschaftsraum – und im Prinzip bis heute – ganz oben auf der staatspolitischen Agenda. Die größtmögliche Dispositionsfreiheit der »Wirtschaftssubjekte«, so lautet das von jeglicher empirischer Gegenevidenz im Kern unangefochtene angebotspolitische Credo, gewährleistet auf dem Wege der Stabilisierung unternehmerischer Gewinnerwartungen das größtmögliche Wachstum von Wirtschaft, Wohlstand und Beschäftigung. Das Zauberwort in Wirtschafts- und Arbeitspolitik lautet seither: »Flexibilität«. Von flexiblen Wechselkursen bis zu flexiblen Standortentscheidungen, von flexibler Arbeits- und Produktionsorganisation, flexiblen Arbeitszeiten und flexiblen Beschäftigungsverhältnissen bis zu flexiblen Preisen, flexiblen Tarifen und flexiblem Recht, ja letztlich bis hin zum flexiblen Menschen: Unter dem Eindruck globalisierter Märkte, der Kultur wirtschaftlichen Erfolgs und des Zusammenbruchs des Staatssozialismus ist Flexibilität zum Inbegriff des kapitalistischen Zeitgeistes der »postfordistischen« Ära geworden, wohingegen jede erdenkliche Form der Rigidität zuverlässig ins Reich des Bösen verwiesen wird (Hirsch & Roth 1986; Boyer 1988; Hochschild 1997; Sennett 1998; Windolf 2005).

Dass der »alte« Sozialstaat, institutionell mit der sozialpolitischen Normalisierung der Nachkriegsgesellschaft und deren Arbeits- und Lebensformen betraut und verbunden, durch den Wandel zum flexiblen Kapitalismus (und dessen Arbeits- und Lebensweisen) in seinen Grundfesten erschüttert werden würde und dann auch tatsächlich wurde, liegt auf der Hand. Der oben beschriebene »goldene Zirkel« politischer Produktionsstützung durch Staats- und Sozialkonsum war durchbrochen, seine interessenpolitischen Stützen – namentlich die Gewerkschaftsbewegung – waren weggebrochen (oder zumindest in ihrer »Gegenmacht« geschwächt), und der keynesianische »Versorgungsstaat« als sein institutioneller Träger muss sich seither öffentliche Nachrufe gefallen lassen, die in ihrer ostentativen Negativität bisweilen an Geschichtsklitterung grenzen. »Mit einer Politik, die die Arbeitskosten erhöht und Anreize bietet, sich mit der Suche nach einer Stelle Zeit zu lassen, hat Deutschland über Jahrzehnte schlechteste Erfahrungen gemacht« (*FAZ* vom 2.10.2007, S. 1) – so lautet eine eher beliebig ausgewählte, aber durchaus repräsentative Einschätzung der sozialstaatlichen Vergangenheit durch die öffentliche Meinung. Dass die Bundesrepublik in einer spezifischen weltwirtschaftlichen und -politischen Konstellation dank eines expandierenden Sozialstaats, der kompensatorische Sozialeinkommen bereitstellte und eine aktive Arbeitsmarktpolitik betrieb, immerhin zu einer der führenden Industrienationen der Welt aufgestiegen ist, muss kaum mehr erwähnt werden – wenn es in öffentlichen Verlautbarungen wie der genannten erkennbar darum geht, durch negative retrospektive Mythenbildung (es gibt auch, wenngleich deutlich seltener, das Gegenstück nachträglicher Glorifizierung) die überkommene sozialstaatliche Gesamtprogrammatik von Umverteilung, Sicherheitsproduktion und »Sozialvermögen« (Castel 2005) zu diskreditieren. Der einschlägige institutionelle Mechanismus ist soziologisch wohl bekannt: Das »Alte« wird hier zum offensichtlich Unhaltbaren, ja geradezu Verderblichen und Verwerflichen stilisiert, um das »Neue« – einen anderen Sozialstaat, eine veränderte Politik des bzw. mit dem Sozialen – als umso naheliegender und zwangsläufiger erscheinen, »zum Endpunkt einer langen Verkettung von ›Notwendigkeiten‹« (Rehberg 1998: 401) werden zu lassen. Und wie wir wissen, wirkt eine solche Sicht des Alten und des Neuen, oft genug gesagt und gehört, durchaus plausibel, werden Positiv- und Negativdeutung als selbstverständlich richtig wahrgenommen, ja als »wahr« geglaubt (Dyk 2006b).

Was aber macht den »neuen« Sozialstaat aus, was macht er anders als sein Vorgänger? Wie verhält er sich zu Aufstieg und Ausbreitung der Arbeits- und Lebensformen eines flexiblen Kapitalismus, wie zur fortgesetzten »kapitalistischen Landnahme« (Dörre 2007) auch in zuvor noch nicht von Preismechanismus und Profitlogik durchdrungenen gesellschaftlichen Lebensbereichen, wie zur beständigen Umwälzung der Lebensführung im »neuen Kapitalismus« (Sennett 2005), wie zu dessen neuen »Geist«? Die französischen Soziologen Luc Boltanski und Ève Chiapello (2001, 2003) identifizieren als diesen »neuen Geist des Kapitalismus« den Projektcharakter allen Wirtschaftens, Arbeitens und Lebens. Der flexible Kapitalismus folgt einer projektbasierten Rechtfertigungsordnung, die alle sozialen Beziehungen in einer auf Anpassungsfähigkeit und Kurzfristigkeit setzenden, netzwerkförmig angelegten Struktur aufgehen lässt und das Leben in einer »konnektionistischen Welt« (Boltanski 2007: 11) feiert. In dieser Welt – und das ist der erste entscheidende Anknüpfungspunkt für unsere Analyse sozialstaatlichen Wandels – verdrängt das Maß an Aktivität, das individuelle Mehr oder Weniger an Beweglichkeit und Bewegung, alle anderen sozialen Unterscheidungen, oder genauer: Alle anderen sozialen Unterscheidungen lassen sich tendenziell unter die gesellschaftliche Metadifferenz von Aktivität versus Inaktivität, Mobilität versus Immobilität subsumieren (Lessenich 2006a). In dieser Welt sind Passivität und Stillstand nichts, Aktivität und Bewegung alles – bis hin zum Selbstzweck:

> »Die Aktivität richtet sich darauf, neue Projekte zu generieren oder sich in von anderen initiierte Projekte einzubringen. Da Projekte aber nicht außerhalb sozialer Begegnungen existieren können, besteht die Aktivität par excellence darin, sich in Projekte einzufügen, die eigene Isolierung zu überwinden und die Chance auf neue Begegnungen mit anderen Akteuren zu erhöhen.« (Boltanski 2007: 9)

In dieser neuen, aktivisch-aktivistischen Rechtfertigungsordnung sozialen Handelns kann man allerdings – so Boltanskis Analyse – als bloß erfolgsorientierter, selbstinteressierter Egozentriker nicht reüssieren, sondern »nur als ›groß‹ gelten, wenn man nicht als reiner ›Netzwerkopportunist‹, sondern im Dienste des Gemeinwohls handelt – das ist eine der normativen Einschränkungen« (ebd.). Und dies ist denn auch der zweite zentrale Anknüpfungspunkt – und in dem uns interessierenden Kontext die entscheidende normative Einschränkung: Individuelle Aktivität, Mobilität, Bewegung zählen dann, wenn sie als gemeinwohldienlich gelten, wenn sie in sozialer Absicht vollzogen werden oder ihnen eine solche unterlegt oder unterstellt werden kann (Lessenich 2003e).

Die von Boltanski und Chiapello beschriebene »Kultur des Projekts« wird von ihnen zunächst im Bereich der Wirtschaft, des Managements, des (im engeren Sinne) unternehmerischen Handelns verortet. Doch sie geht, als Kultur der Aktivität, der Beschleunigung tendenziell aller Lebensvollzüge (Rosa 2005) und des »unternehmerischen Selbst« (Bröckling 2007), weit darüber hinaus, sie stellt »ein allgemeines Muster dar, das sich auf zahlreiche andere Bereiche auszudehnen begonnen hat« (Boltanski 2007: 10), sie wird mehr und mehr zu einer allgemeinen Vorstellung vom Leben und Handeln in Gesellschaft. Damit aber, mit dieser Universalisierungsdynamik, ist auch die Politik – und der Sozialstaat als der institutionalisierte Mechanismus politischer Inklusion – im Spiel: Die »aktivierende« Wende der Sozialpolitik fügt sich passgenau in die Rechtfertigungsordnung des neuen, flexiblen Kapitalismus. Der »aktivierende Sozialstaat« ist Treibender – und zugleich Getriebener – der gesellschaftlichen Mobilmachung. Die Signale des flexiblen Kapitalismus aufnehmend und, verstärkt um ihre soziale Aufladung, an die Subjekte weiterleitend, ist der Sozialstaat zentrales institutionelles Scharnier einer gesellschaftlichen Bewegung, der es um die Bewegung der Gesellschaft zu tun ist.

Der bewegte Mensch: Die neue Regierung des Sozialen

Eine weitergehende Analyse des gegenwärtigen Gestaltwandels des Sozialstaats kann – wie im Folgenden gezeigt werden soll – von theoretischen Anleihen bei den so genannten »Studies in Governmentality« (Burchell et al. 1991; Dean 1999) profitieren, die sich im Anschluss an Michel Foucaults Spätwerk (insbesondere Foucault 2004) zunächst im englischsprachigen Raum etablieren konnten und mit einiger Verzögerung dann in den letzten Jahren auch im deutschen Sprachraum zunehmend an Popularität gewonnen haben (Lemke 1997, 2000; Bröckling et al. 2000; Krasmann & Volkmer 2007). Der Übergang zu einer sozialstaatlichen Steuerungslogik der gesellschaftsverpflichteten Selbstaktivierung – und die damit verbundene Wiederentdeckung des Sozialen im Individuum – lässt sich aus dieser Perspektive gewinnbringend als Ausdruck einer neuen politischen Rationalität, als Wandel in der Programmatik und den Techniken gesellschaftlicher »Regierung« beschreiben und begreifen.

Die »Gouvernementalitätsstudien« widmen sich im Kern der Anwendung der spätfoucaultianischen Machtanalyse auf die gesellschaftlichen Transformationsprozesse der Gegenwart, die unter der Bezeichnung der »neoliberalen Gouvernementalität« – und als Fluchtpunkt der »Geschichte der europäischen modernen Wissens-, Macht-, Regierungs- und Selbstregierungsformen« (Saar 2007b: 40) – auch den französischen Sozialphilosophen selbst zuletzt beschäftigt hatten. Am Beispiel der Werkgeschichte von »Freiburger Schule« und »Chicago

School« verfolgte Foucault den Prozess der wirtschaftsdogmatischen Universalisierung des Marktes zum umfassenden regulativen Prinzip staatlicher Intervention und gesellschaftlicher Beziehungen (Lemke 2001a, b; Gertenbach 2007). Die jüngere Phänomenologie der »neoliberalen« Wende hingegen konnte von ihm persönlich nicht mehr analysiert werden: die politischen Triumphzüge Ronald Reagans in den USA und Margaret Thatchers in Großbritannien, die fortschreitende »Ökonomisierung des Sozialen« (Bröckling et al. 2000) im Zeichen der postkommunistischen Globalisierung, der »aktivierende« Umbau des demokratisch-kapitalistischen Sozialstaats.

Der weite Begriff von »Regierung«, der die Arbeiten Foucaults und seiner Adepten charakterisiert, ermöglicht die Analyse von Machtverhältnissen, die sich historisch in Gestalt des Staates materialisiert haben, ohne jedoch in diesem aufzugehen, sich in ihm zu erschöpfen. Foucaults Spätwerk begreift »Regierung nicht als eine Technik, die vom Staat angewendet oder eingesetzt wird, sondern fasst den Staat selbst als eine Regierungstechnik, als eine dynamische Form und historische Fixierung von gesellschaftlichen Kräfteverhältnissen« (Lemke et al. 2000: 27).

»Der Staat ist demnach nicht viel mehr als eine Kristallisation von Kräfteverhältnissen, und er ist weder reines Instrument (in den Händen irgendeiner sozialen Gruppe) noch ein vollständig verselbständigter bürokratischer Apparat. Weil der Staat eine soziale Einheit in einem Netz von Beziehungen mit anderen sozialen Institutionen ist, an deren Wissensproduktionen und Regulationsfunktionen er partizipiert, ist er keine von der ›Gesellschaft‹ (und ihren strategischen Dynamiken) klar unterschiedene Instanz.« (Saar 2007b: 33)

Politische Regierung, im engeren Sinne der staatlich ausgeübten Regierung von Subjekten, ist somit nur ein Teil jener komplexen Gesamtheit von Prozeduren, Techniken und Methoden der Regierung (im Kollektivsingular), die auf die Lenkung, Kontrolle und Leitung von Menschen – Individuen und Kollektiven – in potenziell allen Bereichen des gesellschaftlichen Lebens zielen. Foucaults Geschichte der Gouvernementalität von der griechischen Antike bis zum zeitgenössischen »Neoliberalismus« bemüht sich – für unsere Analyse des Sozialstaats instruktiv – um den Nachweis einer gemeinsamen Genealogie moderner Staatlichkeit und Subjektivität, »einer Ko-Formierung von modernem souveränen Staat und modernem autonomen Subjekt« (Lemke 2000: 33). Das Konzept der »Regierung« dient aber nicht nur als Scharnier der Vermittlung von Herrschaftspraktiken und Subjektivierungsprozessen. Mit ihm gerät zugleich die wechselseitige Konstitution und systematische Kopplung von spezifischen Machttechnologien und bestimmten Wissensformen in den Blick. »Regierung« im Foucault'schen Sinne meint somit immer zweierlei zugleich: ein System von Machtpraktiken und eine Ordnung des Wissens. Zum einen bezeichnet sie die Kunst der Führung, die – im Doppelsinne des Begriffs – reflexive Technik der »Führung der Führungen«, also der Anleitung von Verhaltensweisen. Diese umfasst das gesamte Spektrum von der Fremdführung oder »Regierung der anderen« bis hin zur Selbstführung bzw. »Regierung des Selbst«. Andererseits definiert »Regierung« ein diskursives Feld der Rationalisierung eben dieser Führungspraktiken, eine Form der gedanklichen und kommunikativen Strukturierung von Realität, die es überhaupt erst erlaubt, bestimmte Führungstechniken zur Anwendung zu bringen. Konkreten Machtpraktiken ist somit stets eine bestimmte Rationalität eingeschrieben, ein »politisches« Wissen, das zum konstitutiven Element und strategischen Einsatz von »Regierung« wird.

Foucault selbst untersucht insbesondere drei historische Formen so verstandener Regierung: Staatsräson, »Policey« und Liberalismus (Lemke 1997: 151-194; vgl. auch Kaufmann 1996). Staatsräson gilt ihm als die erste politische Rationalität, die ihre Prinzipien nicht (mehr) in göttlichen oder natürlichen Gesetzen suchen kann, sondern in sich selbst finden muss. Entsprechend gibt es hier keine Ziele außerhalb des Staates und seiner Machtsteigerung, keine Finalität jenseits seiner Souveränität und der Aufrechterhaltung der äußeren Ordnung (gegenüber anderen souveränen Staaten). Polizei bzw. »Policey« (in der deutschen Diktion der Zeit) ist dann gesellschaftsgeschichtlich die Antwort auf die Frage, wie die innere Ordnung, gewissermaßen im »Körper« des Souveräns, zu gewährleisten sei – und die Antwort lautet: Zurichtung der Individuen und der Bevölkerung zum Wohle des Staates, seines Überlebens und seiner Stärke. »Policey« bedeutet die Regelung und Disziplinierung, Aufsicht und Überwachung der individuellen und kollektiven Körper (bzw. Körperschaften), die Multiplizierung der Interventionen und Interventionsformen, den Zugriff auf sämtliche Lebensbedingungen des Volkes, auf den gesamten »Verkehr« der Menschen. Genau gegen diese »Überregulierung« qua »Staatsexpansion« wendet sich historisch die liberale Regierung, die – in überaus paradoxer Weise – eine als existierend (»natürlich«) behauptete und beschriebene, doch zuallererst politisch (also »künstlich«: durch Staatskunst) herzustellende individuelle Freiheit zu dem zentralen Prinzip erhebt, welches wiederum und zugleich, als kritisches Korrektiv, die Grenzen des eigenen Regierungshandelns angibt. Erklärtes Ziel liberaler Gouvernementalität ist eine »ökonomische Regierung«, verstanden als Regierung eines von wirtschaftlichen Subjekten bevölkerten gesellschaftlichen Raums, die die Regeln wirtschaftlichen Handelns zu achten und zu wahren – und also dem »Prinzip der Weniger-Regierung« (Lemke 1997: 184) zu folgen – hat.

Widersinnigerweise folgt hieraus jedoch keineswegs unmittelbar (wie dies von der liberalen Ideologie selbst propagiert oder ihr jedenfalls gerne unterstellt wird) eine Reduktion staatlicher Macht, denn die Gleichursprünglichkeit von gesellschaftlicher Freiheit (bzw. politischer Freiheitsproduktion) und Freiheitsbedrohung macht die Etablierung von Dispositiven der Sicherheit notwendig, die den Schutz der Freiheit – bzw. einen bestimmten, »freiheitswahrenden« Gebrauch derselben – gewährleisten sollen. Freiheit, so lautet die etwas ernüchternde Quintessenz liberaler Regierung, kann allenfalls über den Wolken grenzenlos sein – in der gesellschaftlichen Realität hingegen ist sie der Rationalität des Sicherheitskalküls zu unterstellen. Die liberale Regierungsweise trug insofern historisch gleichsam den Keim jener Entwicklung zur »Versicherungsgesellschaft« des 19. und 20. Jahrhunderts in sich, die – wie bereits dargelegt – von François Ewald (Foucaults früherem Assistenten) analysiert worden ist und im Sozial(versicherungs)staat »alter Schule« ihren institutionellen Niederschlag gefunden hat.

In den Begriffen des »Risikos« und der »Versicherung« offenbarte sich für Ewald – wir erinnern uns – eine spezifische, neue Art des gesellschaftlichen Denkens der Realität, des Denkens der Gesellschaft über sich selbst, und zwar – so können wir Ewalds risikotechnologische Überlegungen nunmehr reformulieren – mit dem Ziel, die liberale Gesellschaft unter veränderten Umständen »regierbar« zu halten. Die Entdeckung von »Risiken« ist Ausdruck der gesellschaftlichen Problematisierung individueller Gefährdungspotenziale in einer »offenen Gesellschaft« (Popper 1945), und die Einführung der »Versicherung« stellt eine institutionelle Form gesellschaftlicher Regierung der Freiheit dar: der Regierung der durch den freien gesellschaftlichen Verkehr entstehenden Gefahren, die vorhersehbar und beherrschbar gemacht werden, wie auch der miteinander verkehrenden Menschen, die sich potenziell in Gefahr befinden bzw. denen tatsächlich gefährdende Ereignisse widerfahren. Für sie alle stiftet die Versicherungsgesellschaft Sicherheit im Sinne der Kalkulierbarkeit von Gefährdungen, Schädigungen und Entschädigungen.

Mit der Versicherung wird die Gesellschaft (als Gesellschaft freier Individuen) zum Subjekt ihrer Selbstregierung. Mit der Übernahme der Versicherungstechnologie durch den Staat und dessen »Sozialversicherungen« im ausgehenden 19. Jahrhundert entdeckt dieser, getrieben durch die sozialen Konsequenzen des liberalen Kapitalismus, seinerseits die Gesellschaft – die gesellschaftlichen Verkehrsbeziehungen – als ein der politischen Regierung bedürftiges und zugängliches Objekt. Der Staat steht nun nicht mehr einer »autonomen« Gesellschaft als Hüter der sozialen Verkehrsregeln gegenüber, sondern wird mit der Politisierung der Versicherung zum Staat der Gesellschaft, zum »Vorsorgestaat« (Ewald 1993) bzw. »Sozial-Staat« (Lemke 1997: 195). Dieser beschränkt sich nicht länger auf die Gewährung individueller Freiheitsrechte, d.h. auf die staatliche Garantie von Abwehr- und Schutzrechten der Bürger gegen den und vor dem Staat selbst, sondern setzt nunmehr ein genuin soziales Recht, das die Konzeption individueller Verantwortungszurechnung tendenziell durch die Vorstellung einer öffentlich-rechtlichen Verantwortlichkeit ersetzt. An die Stelle »privater« – genossenschaftlicher oder marktlicher – Formen der Versicherung tritt somit ein Ausgleichsmechanismus, der die einzelnen Versicherten nicht mehr nur in Hilfe für sich selbst oder untereinander (unter »ihresgleichen«) verbindet, sondern – anonymer – mit »der Gesellschaft« bzw. – in der individuellen und gesellschaftlichen Wahrnehmung kaum mehr unterscheidbar – mit »dem Staat« und dessen Vorsorgetätigkeit verstrickt.

So schön oder jedenfalls praktisch dies alles klingen mag: Die Sache mit der in sozialstaatliche Regie genommenen Versicherungsgesellschaft hat ihren Haken. In dem Maße nämlich, wie die Gesellschaft im Sozialstaat zum Objekt politischer Regierung gerät, zugleich aber zum Subjekt der kollektiven – und damit ihrer eigenen – Sicherheitsproduktion erhoben wird, sieht sie sich in ihrer Versicherungsfunktion selbst Sicherheitsbedrohungen ausgesetzt. Die »Verteidigung der Gesellschaft« (Lemke 1997: 222-238) gegen diese Bedrohungen, die aus ihrer Mitte heraus entstehen, von ihren Mitgliedern immer wieder neu produziert werden, stellt die »dunkle Seite« der liberalen Versicherungsgesellschaft dar. In ihrer sozialen Selbstverteidigung gegen »gefährliche«, die Sicherheit der Gesellschaft bedrohende Klassen, Gruppen und Individuen – Arbeitsverweigerer, Trittbrettfahrer, Zuwanderer – operiert sie mit einer Vielzahl von Mechanismen und Instrumenten, mit den unterschiedlichsten Formen der Spaltung und Fragmentierung der Bevölkerung, der sozialen Marginalisierung und Exklusion. Insofern handelt es sich bei der Regierung der Gesellschaft mit dem Dispositiv der Sozialversicherung nicht einfach um einen staatlich garantierten Zugewinn an sozialen Rechten und Wohlfahrtsgewinnen

»für alle«, sondern um eine politische Technologie der Risikobearbeitung, die zugleich neue Strukturen sozialer Ungleichheit, Benachteiligung und Kontrolle institutionalisiert. Wenn daher im Folgenden die wiederum neue, für gewöhnlich als »neoliberal« apostrophierte Regierung des Sozialen am Beginn des 21. Jahrhunderts einer kritischen Analyse unterzogen wird, so geht es dabei im Umkehrschluss keineswegs – es kann wohl nicht oft und deutlich genug betont werden – um eine unkritische Apologie der sozialen Programmatik des überkommenen »Vorsorgestaats«. Und dennoch: Wenn gegenwärtig, in Reaktion auf eine im öffentlichen Diskurs als quasi-»policey«-staatlich deklarierte Expansion des Sozialversicherungsstaates sowie auf die angebliche Pervertierung seiner »eigentlich« liberalen Regierungsphilosophie, das immer schon existente »Andere« der Versicherungsgesellschaft dominant zu werden droht; wenn sich die Selbstverteidigung der Versicherungsgesellschaft radikalisiert, indem immer neue Gefährdungs-, Bedrohungs- und Missbrauchstatbestände definiert werden, auf die vermeintlich »berechtigterweise« mit gesellschaftlicher Abwehrhaltung reagiert wird; wenn die Herstellung der Konformität individuellen Verhaltens mit den selbstbezüglichen, diskursiv objektivierten Zwecken der Gesellschaft – so die hier zu vertretende These – zur neuen Rationalität politischer Regierung aufsteigt: Dann stellt das, was sich damit als veränderte Sozial-Politik ankündigt, wohl kaum eine Wende zum (wie auch immer verstandenen) »Besseren« dar.

Wie ist nun aber endlich, auf der Grundlage des Gesagten, diese neue Gouvernementalität soziologisch zu charakterisieren? Im Zentrum des neuen Regierungsmodus steht der tendenzielle Übergang von der öffentlichen zur privaten Sicherheit, vom kollektiven zum individuellen Risikomanagement, von der Sozialversicherung zur Eigenverantwortung, von der Staatsversorgung zur Selbstsorge. Ziel dieser veränderten Programmatik ist die sozialpolitische Konstruktion doppelt verantwortungsbewusster, und das bedeutet: sich selbst wie auch der Gesellschaft gegenüber verantwortlicher Subjekte. Verantwortungsvolle Subjekte – Menschen, die um ihre Verantwortung wissen – kalkulieren die individuellen ebenso wie die gesellschaftlichen Kosten und Nutzen eines bestimmten Handelns im Vergleich zu anderen möglichen Handlungsoptionen. In ihnen gehen ökonomisch-rationale und moralisch-soziale Handlungsorientierungen eine glückliche Verbindung ein – wenn auch nicht von selbst. Vielmehr bedarf diese individuelle, einer ökonomischen und sozialen Rationalität *zugleich* verpflichtete Selbstführung der politischen Führung. Und genau auf diesem Prinzip beruht ein Regierungsprogramm, das seinen sozialregulativen Bezugspunkt in der Subjektivierungsfigur des »unternehmerischen Selbst« (Bröckling 2007) findet; eine Gouvernementalität, die »eine neue (autonome) Subjektivität ›erfindet‹ und darauf zielt, diese Subjektivität mit politischen Imperativen auszustatten« (Lemke 1997: 256); ein sozialpolitisches Arrangement, das die Menschen zur Eigenaktivität im Interesse der gesellschaftlichen Gemeinschaft anhält. Tätige Selbsthilfe, private Vorsorge, eigeninitiative Prävention – sämtliche Varianten der Aktivierung von Eigenverantwortung sind im Rahmen dieser Programmatik zugleich Zeichen persönlicher Autonomie *und* Ausweis sozialer Verantwortlichkeit, gehorchen gleichermaßen einer individuellen *und* einer gesellschaftlichen Logik, einer subjektiven *und* sozialen Rationalität. Umgekehrt muss in dieser Konstellation jeder Akt unterlassener Hilfeleistung der Individuen gegenüber sich selbst als nicht nur irrationales, sondern zudem noch unmoralisches Verhalten erscheinen, gilt jedes Anzeichen fehlender oder mangelnder Aktivitätsbereitschaft nicht bloß als unwirtschaftlich, sondern als asozial – als Ausweis individueller Unfähigkeit oder persönlichen Unwillens, von den gesellschaftlich gebotenen Handlungsspielräumen ökonomisch sinnvollen und sozial verantwortungsbewussten Gebrauch zu machen. So oder so zeugt entsprechendes Verhalten von offensichtlich (noch) unzureichender Selbstführung, die ebenso offensichtlich nach (verschärfter) Fremdführung verlangt.

Im Idealfall aber ist die »Gouvernementalität der Gegenwart« (Bröckling et al. 2000) allerdings dadurch gekennzeichnet, dass Macht gerade nicht als physischer Zwang, gewaltsame Unterwerfung oder repressive Disziplinierung ausgeübt wird, sondern vielmehr »weiche«, konsensuelle, produktive Formen annimmt.

> »Die Gouvernementalitäten seit dem 18. Jahrhundert sind, so Foucaults zentrale geschichtliche und politische These, um die Regierung der Freiheit beziehungsweise durch Freiheit konzentriert. [...] Es bleibt [...] dem Liberalismus als einer politisch-philosophischen Theorie vorbehalten, die Beziehung zwischen Regierung und Regierten ganz nach dem Modell des Anleitens zur Selbststeuerung zu modellieren. Dies geschieht, indem der Liberalismus die Freiheit der politischen Subjekte aktiv organisiert.« (Saar 2007b: 38)

Anleitung zur Selbststeuerung, »Führung zur Selbstführung« bzw. – in vollendeter Form – Regierung *durch* Selbstführung heißt nichts anderes, als dass die Subjekte frei sind, so zu handeln, wie es der liberalen Rationalität entspricht. Moderne Macht operiert dann nicht als Gegenpart, sondern umgekehrt im Medium der Freiheit. Entsprechend hilft der liberale Sozialstaat zur Selbsthilfe, aktiviert der »neoliberale« Sozialstaat zur Eigenaktivität. Das meint nun nicht, dass das gesamte Instrumentarium sozialpolitischer Intervention im »aktivierenden« Sozialstaat auf die Logik der »indirekten« Führung umgestellt würde: Nach wie vor existieren neben den aktivierungspolitischen Techniken und Instanzen der Anleitung zum Selbstverantwortlichsein durchaus ›klassische‹ sozialpolitische Programme und Institutionen autoritativer Bedarfszuweisung und direktiver Verhaltenssteuerung – und sie werden, jedenfalls in Teilen und Teilbereichen, auch in absehbarer Zukunft erhalten bleiben. Aber der Umbau zahlreicher sozialstaatlicher Institutionen zu Ermöglichungsagenturen aktiver Eigenverantwortung ist bereits in vollem Gange.

Ob diese neue Gestalt sozialstaatlicher Politik allerdings, wie es nicht nur im Kontext der »Gouvernementalitätsstudien« mittlerweile allgemein gebräuchlich geworden ist, in angemessener Weise mit dem Begriff »Neoliberalismus« bezeichnet werden kann, erscheint doch höchst zweifelhaft. Denn während die Rede von einer »neoliberalen« Gouvernementalität oder dem »neoliberalen« Umbau des Sozialstaats immer auch Vorstellungen vom Rückzug des Staates im Interesse individueller Autonomie evoziert, beinhaltet die veränderte sozialpolitische Regulierungsweise tatsächlich weder das eine (staatliche Enthaltsamkeit) noch das andere (persönliche Selbstbestimmung): Der »neoliberale« Sozialstaat ist in höchstem Maße aktivisch mit der Produktion sozialverantwortlicher Subjekte beschäftigt. So wie die »neoliberale« Wirtschaftsdogmatik den »freien Markt« als ein höchst prekäres, beständig bedrohtes Arrangement konzipiert, das der »permanenten Umsorgung« (Gertenbach 2007: 124) durch einen sich eben über seine freiheitsverbürgende Sorgearbeit legitimierenden Staat bedarf, so versteht auch die »neoliberale« Gesellschaftslehre das Soziale als ein – die Wiederholung sei an dieser Stelle als Stilmittel erlaubt, weil sie das Strukturanaloge der Regulierung beider Sphären anschaulich werden lässt – höchst prekäres, beständig bedrohtes Arrangement, das der permanenten Umsorgung durch einen sich eben über seine aktivitätsverbürgende Sorgearbeit legitimierenden Staat bedarf. Folgerichtig ist, ebenso wie die »neoliberale« Kultivierung des Marktes, auch die »neoliberale« Pflege des Sozialen ein – prinzipiell unabschließbares – *politisches* Programm.

Dem regulativen Gehalt ihrer Programmatik angemessener wäre es daher, von einer nicht »neoliberalen«, sondern *neosozialen* Gouvernementalität zu sprechen: von einer – im Doppelsinne – neuen Regierung der Gesellschaft. Was es im Weiteren ausführlicher zu illustrieren und interpretieren gilt, sei hier nur auf eine kurze Formel gebracht: Im neuen Sozialstaat konstituiert sich die Gesellschaft als Subjekt, das auf sozialkompatibles Handeln der Subjekte hinwirkt. Mit der Aktivierung sozial verantwortlicher Eigenaktivität der Individuen etabliert sich ein neues sozialstaatliches Relationierungsmuster, das die Subjekte gleichsam *uno actu* mit sich selbst (ihrem »Eigeninteresse«) und mit der gesellschaftlichen Gemeinschaft (dem »Gemeinwohl«) in Beziehung setzt. Im Strukturdilemma des »spätkapitalistischen« Sozialstaates, seiner Doppelbindung an die Sorge um die ökonomische und die soziale Rationalität, bietet die neosoziale »Aktivierungs«-Programmatik eine neue Chance zumindest vorübergehend gelungenen Krisenmanagements, denn sie schafft marktgängige *und* gesellschaftsfähige Subjekte zugleich. Sie schafft aber auch wiederum neue Widersprüche und Paradoxien sozialstaatlichen Handelns, die es gleichfalls aufzuweisen und perspektivisch zu deuten gilt.

Was auf den folgenden Seiten präsentiert wird, ist daher eine sozial-politische Zeitdiagnostik, die den Gezeitenwechsel des Sozialstaats – bereichsspezifisch wie politikfeldübergreifend – mit den Bordmitteln soziologischer Theoriebildung zu beschreiben und in seiner gesellschaftlichen Bedeutung zu begreifen versucht. Ob in der Arbeitsmarkt- oder der Familienpolitik, in der Alterssicherung, im Gesundheitswesen oder im weiten Feld der »Lebensführungspolitiken«: Die Zeichen der Zeit sind unverkennbar, und sie stehen – das Eingangszitat dieses Kapitels kündet davon – auf »Bewegung«. Heute wird das Soziale politisch neu erfunden – und wir alle werden sagen dürfen, oder vielleicht anders: Jede und jeder Einzelne von uns wird sagen müssen »Ich bin dabei«.

»Fördern und fordern«: Die Arbeit an der Aktivgesellschaft

Am offenkundigsten und spürbarsten ist die neue Regierung des Sozialen einem breiten Publikum bislang wohl auf dem Feld der Arbeitsmarktpolitik geworden. Irgendwie fing alles mit einem sozialen Weckruf von (nun ja: zumindest weltlich) allerhöchster Stelle an. »Es gibt kein Recht auf Faulheit in unserer Gesellschaft!«: Mit dieser bedrückenden Erkenntnis überraschte Gerhard Schröder die Leserinnen und Leser der Bild-Zeitung – und damit im Grunde genommen uns alle – im Frühjahr 2001. Zwar leben Überbringer schlechter Nachrichten und Propagandisten unangenehmer Wahrheiten bekanntlich gefährlich; doch im Falle des damaligen Bundeskanzlers bestand durchaus keine unmittelbare Gefahr für dessen leibliches Wohl. Denn irgendwie hatten es die Bürgerinnen und Bürger ja schon geahnt – nicht umsonst waren auch zuvor schon mit schöner Regelmäßigkeit so genannte »Faulenzer«- und »Drückeberger«-Debatten in der bundesdeutschen Öffentlichkeit geführt worden (Oschmiansky 2003). Zudem war des Kanzlers bittere Botschaft – »Wer arbeiten kann, aber nicht will, der kann nicht mit Solidarität rechnen« – vor ihrer massenmedialen Verbreitung bereits zu sozialwissenschaftlichen Ehren gekommen. Seit Ende der 1990er Jahre hatte Wolfgang Streeck, prominenter Soziologe und nach der »rot-grünen« Regierungsübernahme eine wichtige politische Beraterpersönlichkeit, in wissenschaftlichen Publikationen mit zunehmender Verve vor der drohenden »Kreuzbergisierung« der Republik gewarnt und – seinem akademischen Publikum entsprechend – Goethes Bild von der »Wohlthat«, die zur »Plage« werde, bemüht, um die deutsche Realutopie einer sozialstaatlich »entkommodifizierten«, marktentwöhnten Gesellschaft zu geißeln (Streeck 1998, 2000; Streeck & Heinze 1999). Es gelte, so Streeck in Anlehnung an die wiederum durch einen anderen früheren Bundeskanzler popularisierte Terminologie des »kollektiven Freizeitparks«, die sozialpolitische Tendenz zur Einrichtung und ständigen Erweiterung »solidarisch finanzierter Ruhezonen« (Streeck 1998: 41) jenseits der Leistungszumutungen des Arbeitsmarktes zu brechen. Dringend notwendig sei die neuerliche »Anerkennung wirtschaftlichen Zwanges als charakterbildende Kraft«, längst überfällig die heilsame »Rückkehr der Ökonomie in die Demokratie einer ›guten Gesellschaft‹« (Streeck 1998: 42).

Mit dem gleichlautenden Tenor ihrer öffentlichen Wortmeldungen schienen beide Akteure, Politiker wie Wissenschaftler, an einen offen liegenden Nerv überparteilicher Sozialstaatskritik zu rühren. Jedenfalls eröffneten sie hierzulande einen arbeits(markt)politischen Diskurs, der sich innerhalb kürzester Zeit bis in die letzten Winkel von Politik und Wissenschaft verbreitete und seither alltäglich vielstimmigen Widerhall findet (prototypisch zuletzt z.B. Möller & Walwei 2007). Dieser Diskurs steht ganz im Zeichen einer »magischen Floskel« (Evers 2000: 18): der Forderung nach »Aktivierung«, nach dem »aktivierenden Staat« und einer »aktiven Bürgergesellschaft«. Was aber verbirgt sich hinter diesen Formeln?

Zu analytischen Zwecken lassen sich zwei – tatsächlich miteinander verschränkte – Elemente des »Aktivierungs«-Diskurses voneinander unterscheiden: Dahinter verbergen sich zugleich ein Projekt zur Reorganisation der öffentlichen Verwaltung und eine Programmatik der Reorientierung öffentlichen Handelns. Im ersten Fall geht es um

Fragen der Staatsmodernisierung und Verwaltungsreform, um Prozessoptimierungen und *public-private partnerships*, um eine neue Verantwortungsteilung zwischen öffentlichen Leistungserbringern und ihren Kunden. Dieser neue Steuerungsmodus markiert das Feld vornehmlich politikwissenschaftlicher Forschung und Beratung (Bandemer & Hilbert 2001; Lamping et al. 2002) und soll zunächst nicht im Mittelpunkt unseres Interesses stehen. Von vorrangiger Bedeutung in unserem Kontext ist vielmehr die zweite Dimension der »Aktivierungs«-Welle, in ihrer wissenschaftlichen Erforschung und Verbreitung eine Domäne der Soziologie. Und das nicht ohne Grund. Denn das Konzept der »Aktivierung« steht »im Brennpunkt von Umorientierungen nicht nur der Sozial-, sondern der Gesellschaftspolitik« (Evers 2000: 17-18). Es bezeichnet im Kern – soziologisch betrachtet – die Forderung nach Herstellung eines veränderten Beziehungsverhältnisses zwischen Individuum und Gesellschaft. Insofern ist die inflationäre Rede vom »aktivierenden Sozialstaat« also nicht nur und auch nicht vorrangig eine Frage politischer Steuerung im engeren Sinne – worum es dabei vielmehr geht, sind grundlegende Fragen politischer Ordnung des Sozialen. Der politisch inszenierte, zunächst – und angesichts der gesellschaftlichen Zentralität des Erwerbssystems nicht zufällig – arbeitsmarktpolitisch induzierte Übergang zur »Aktivgesellschaft« (Walters 1997) ist Ausdruck einer neuen Regierungsrationalität, einer neosozialen Gouvernementalität, die als neuartige Form individualisierender Vergesellschaftung geradezu nach soziologischer Analyse schreit. Ihr Ruf sei hiermit erhört.

Die Aktivierungsformel vom »Fördern und Fordern«, die mit der öffentlichkeitswirksamen Intervention des sozialdemokratischen Bundeskanzlers in den operativen Alltagssprachschatz des Bundesbürgertums eingegangen ist, war im deutschen Sprachraum – ihre Herkunft aus dem sozialpädagogischen Milieu hinter sich lassend – bereits seit Mitte der 1990er Jahre fachsprachlich populär geworden. Seither im engeren Sinne auf die Neuausrichtung des Arbeitsförderungsrechts bezogen, fand und findet das Konzept breite Resonanz auch in anderen inhaltlichen Kontexten. Entsprechend titulierte Beiträge in Fachmedien wie dem »Informationsdienst Unternehmensführung« oder der »Allgemeinen schweizerischen Militärzeitschrift« (sic!) zeugen von der erstaunlichen Breite des Verwendungszusammenhangs (wobei die Parole »Der Mensch ist nicht dafür geschaffen, untätig zu sein« [Annen 1999], auf den Seiten einer Militärzeitschrift gelesen, allerdings selbst grundsätzlich bewegungsfreundlich gestimmte Zeitgenossen ins Grübeln bringen mag). Für den Siegeszug des hier interessierenden, arbeitsmarktpolitischen Diskurses dürfte indirekt William Jefferson Clinton verantwortlich zeichnen, den im Jahre 1992 nicht zuletzt das Versprechen »to end welfare as we know it« ins Weiße Haus geführt hatte. Clintons Forderungskatalog (vgl. Caraley 2001) war einfach genug: »anyone who can go to work must go to work [...] work is preferable to welfare. And it must be enforced.« Des neuen US-Präsidenten Idee fand rasch Eingang in die Arena auch der europäischen – nationalen wie supranationalen – Politik. Anthony Giddens' (1998) Vision des *social investment state*, die »New Deal(s)« der britischen Regierung mit ausgewählten gesellschaftlichen »Problemgruppen«, das berühmte »Schröder-Blair-Papier« (Blair & Schröder 1999), schließlich die im Gefolge des Amsterdamer Vertrags entwickelten, dem Prinzip der Beschäftigungsfähigkeit (*employability*) verpflichteten beschäftigungspolitischen Leitlinien der Europäischen Union bildeten die politisch-ideologischen Eckpfeiler einer insbesondere von Seiten der Sozialdemokratie betriebenen Adaption des Clinton'schen Credos: »to move people from welfare to work« (Lodemel & Trickey 2000; Dahme & Wohlfahrt 2003).

»From welfare to work«, »Fördern und Fordern« – derartige Parolen bezeichnen die neue bzw. (historisch korrekt) erneuerte Antwort auf ein uraltes sozialpolitisches Problem (Castel 2000): was tun mit den arbeitsfähigen Armen, mit denen, die ihren Lebensunterhalt aus eigener (Arbeits-)Kraft bestreiten könnten, dies aber faktisch nicht tun? »Die zentrale Frage lautet doch«, so drückte es der seinerzeit zuständige Minister Walter Riester im Februar 2002 aus: »Wie bekomme ich die arbeitsfähigen Bedürftigen möglichst schnell und gut wieder in den ersten Arbeitsmarkt. Aus dieser Frage muß alles Weitere abgeleitet werden.« (*FAZ* vom 15.2.2002, S. 18) Was aber wurde und wird für die erwerbsfähigen Fürsorgeempfänger – die *undeserving poor* unserer Zeit – im »aktivierenden Sozialstaat« aus Riesters Frage abgeleitet? Nichts weniger als ein neuer Sozialkontrakt, ein neues Gleichgewicht gesellschaftlichen Gebens und Nehmens, wird den unterstützten Erwerbsfähigen angeboten; es geht darum, »Hilfsleistungen des Gemeinwesens in eine Balance mit der Bereitschaft zu eigenverantwortlicher Selbsthilfe auf seiten der Empfänger zu bringen« (Schulze-Böing 2000: 54). Die öffentliche Hilfe soll nicht in Form einer »rentenähnlichen Daueralimentierung« (ebd.: 53) erbracht werden, sondern in der »Herstellung von Arbeitsbereitschaft, Arbeitsfähigkeit und Arbeitsgelegenheit« (ebd.: 55) bestehen. Die »stellvertretende Inklusion« (Trube & Wohlfahrt 2001: 28) der arbeitsfähigen Bedürftigen durch erwerbsarbeitsunabhängige Einkommenstransfers soll abgelöst werden durch die als höherwertig definierte Inklusion qua Erwerbsbeteiligung – aus Dekommodifizierung soll Kommodifizierung werden. Gesellschaftliche Teilhabe ist mithin nicht länger von außen, durch »die umstandslose Sicherung von Einkommen« (Schulze-Böing 2000: 55), zu gewährleisten, sondern hat vermittelt über die eigenverantwortliche, aktive Bemühung um Teilnahme am Erwerbsleben zu erfolgen.

Die Materialisierung dieses politikprogrammatischen Ziels stellen die vier in den Jahren 2002 und 2003 beschlossenen »Gesetze für moderne Dienstleistungen am Arbeitsmarkt« dar, die ihren volkstümlichen Namen dem damaligen (mittlerweile ehemaligen, weil durch seinen Sinn auch für das alte Dienstleistungsgewerbe auffällig gewordenen) VW-Personalvorstand Peter Hartz verdanken. Vom Bundeskanzler persönlich auf die Suche geschickt nach »mehr Eigenverantwortung, die zu Gemeinwohl führt« (Schröder 2000: 201), formulierte die von dem umtriebigen Automobilmanager geleitete Expertenkommission in kürzester Frist neue Leitlinien der Arbeitsförderung, die weit über den ursprünglichen Arbeitsauftrag einer Reform der Arbeitsverwaltung hinausgingen und in den »Hartz-Gesetzen« ungewöhnlich zügig ihre gesetzestechnische Umsetzung fanden (Jann & Schmid 2004). Mit dem berühmt-berüchtigten vierten dieser Gesetze wurde nicht nur die verwaltungstechnische Zusammenlegung von Arbeitslosen- und Sozialhilfe in einer neuen Grundsicherung für Arbeitsuchende beschlossen (Hielscher 2007), und das zum Jahr 2005 eingeführte »ALG II« bedeutete nicht bloß (was zugegebenermaßen schon für sich genommen nicht wenig gewesen wäre) »Die größte Kürzung von Sozialleistungen seit 1949« (*FAZ* vom 30.6.2004, S. 3). Vielmehr bestätigte und zementierte »Hartz IV« den bereits in den Jahren zuvor, etwa in Gestalt des »Job-AQTIV-Gesetzes« (wobei »AQTIV« für »Aktivieren, Qualifizieren, Trainieren, Investieren, Vermitteln« stand), sich abzeichnenden Wandel der arbeitsmarktpolitischen Regulierungsphilosophie in der Bundesrepublik (Lahusen & Stark 2003; Ludwig-Mayerhofer & Wroblewski 2004; Mohr 2007).

Der umfangreiche Bericht der »Hartz-Kommission« fasst die neue Philosophie der »Aktivierung« arbeitsfähiger Arbeitsloser in deutliche Worte. Demnach signalisiert der arbeitsmarktpolitische Grundsatz des »Förderns und Forderns« die legitime »Erwartungshaltung des Versicherers an den Versicherten, den materiellen und nichtmateriellen Leistungen des Arbeitsamtes im Sinne der Schadensminderungspflicht durch ein angemessenes, zielführendes Verhalten zu begegnen« (Hartz et al. 2002: 45). Es geht also nicht nur um die Förderung von Aktivität auf Seiten der Arbeitslosen, sondern zunächst einmal – in einem weiteren Sinne und dem vorgelagert – um proaktives Verhalten aller Versicherten im Interesse einer Vermeidung des versicherungswirtschaftlichen und fiskalpolitischen Schadensfalls (sprich des Eintritts des Arbeitslosigkeitsereignisses). Ist das Arbeitsgesellschaftskind dennoch in den Brunnen der Versicherten- bzw. Steuerzahlergemeinschaft gefallen, so zielt aktivierende Politik darauf, die erwerbsfähigen Nichtbeschäftigten vermittels der Aufklärung über die für sie institutionell vorgehaltenen »Wahl- und Handlungsoptionen« dazu zu bewegen, »selbst im Sinne des Integrationszieles tätig zu werden« (ebd.), also eigeninitiativ die schnellstmögliche Rückgewinnung von Beschäftigungsfähigkeit und Erwerbstätigkeit anzustreben und zu vollziehen.

Beim Übergang zur »aktivierenden Arbeitsmarktpolitik« geht es, dies mag schon an dieser Kommissionsdiktion deutlich werden, um anderes – und in jedem Fall um mehr – als nur um den uns aus der herkömmlichen regierungskritischen Skandalisierungsrhetorik so wohlvertrauten »Sozialabbau«.

> »Die Radikalität, mit der Kategorien wie ›Gemeinwohl‹, ›Gemeinschaft‹, ›Allgemeinheit‹, ›gute Gesellschaft‹, ›gesellschaftliche Seite der menschlichen Natur‹ u.a.m. im sozialpolitischen Diskurs betont und positiv bewertet werden, zeigt, dass es aus staatlicher Sicht mit einer bloßen Korrektur ausufernder sozialer Leistungen nicht getan ist.« (Dahme & Wohlfahrt 2003: 97)

Die arbeitsmarktpolitische Programmatik des »Förderns und Forderns« ist vielmehr von weitergehender, ja – so die hier zu vertretende Überzeugung – von basaler gesellschaftspolitischer Bedeutung. Diese lässt sich jedoch nur erschließen, wenn man nicht bei der Diagnose (teilweise) abgesenkter Leistungsstandards stehen bleibt, sondern zur sozialtheoretischen Analyse des in der Aktivierungsprogrammatik implizierten Verhältnisses von bedürftigem Einzelnen und leistender Allgemeinheit übergeht und die aktivierungspolitisch veränderten Beziehungsmuster zwischen Individuum und Gesellschaft ins Zentrum der Betrachtung rückt. Es liegt nahe, sich dabei der intellektuellen Unterstützung durch einen soziologischen Klassiker zu vergewissern.

In seinen 1908 gesammelt erschienenen »Untersuchungen über die Formen der Vergesellschaftung« hat Georg Simmel unter anderem die Grundzüge einer Soziologie der Armut entworfen (vgl. dazu auch Simmel 1906), in welcher »der Arme« – in für unseren Erkenntniszusammenhang höchst instruktiver Weise – nicht als statistische Größe, sondern als gesellschaftliche Schöpfung erscheint. Für Simmel ist Armut eine soziale Beziehung, eine Resultante gesellschaftlicher Wechselwirkungsverhältnisse; sie ist nicht »an und für sich, als ein quantitativ festzulegender Zustand zu bestimmen, sondern nur nach der sozialen Reaktion, die auf einen gewissen Zustand hin eintritt« (Simmel 1908: 551-552). Wessen Mittel nicht zur Existenzsicherung oder Bedürfnisbefriedigung zureichen, ist nicht allein deswegen schon einer bestimmten sozialen Kategorie zuzurechnen; der »moderne Proletarier«, so Simmels paradox anmutende Sentenz, sei »zwar arm, aber kein Armer« (ebd.: 551). Armut im nicht bloß ökonomischen, sondern sozialen Sinne tritt nämlich Simmel zufolge erst ein, wenn dem Bedürftigen geholfen wird, wenn also auf die persönliche Mangellage hin eine Unterstützungsbeziehung entsteht. Erst die gesellschaftliche Reaktion auf die Tatsache der Unterversorgung lässt den Armen das Licht der sozialen Welt erblicken: »soziologisch angesehen« sei der Arme (nur) »derjenige, der Unterstützung genießt« (ebd.). Erst als erkennbar und anerkannt Unterstützungsbedürftiger kann der Arme auch seine spezifische soziale Rolle spielen, seine »Gliedfunktion« (ebd.: 552) innerhalb der Gesellschaft ausüben. Denn als Unterstützter wird der Bedürftige zugehörig, zu einem Teil des Ganzen – wenn auch in einem widersprüchlichen Doppelverhältnis »des simultanen Drinnen und Draußen« (ebd.: 547): Als Adressat gesellschaftlicher Fürsorge steht der Arme zwar gewissermaßen außerhalb der Gesellschaft, »aber dieses Außerhalb ist nur eine besondere Art der Wechselwirkung mit ihr, die ihn in eine Einheit mit dem Ganzen in dessen weitestem Sinne verwebt« (ebd.: 523).

Für Simmel (und für das hier zu entwickelnde Argument) ist nun die Frage entscheidend, ob *das Recht* oder *die Pflicht* den Ausgangspunkt – »das primäre, tonangebende Element« (ebd.: 512) – dieser sozialen Wechselbeziehung darstellt. Aus der Antwort auf diese Frage erschließen sich die »soziologische Struktur« (ebd.: 520) und der »soziale Sinn« (ebd.: 521) der Armenunterstützung, denn im Korrelationspaar von Recht und Pflicht bzw. in seiner konkreten Ausgestaltung spiegelt sich eine je spezifische Konzeption des Verhältnisses von Individuum und Gesellschaft. Erfolgt die Unterstützung kausal, auf der Grundlage einer Anspruchsberechtigung des Armen gegenüber einer – so Simmels Formulierung – »wirksamen Einheit der Gruppengenossen« (ebd.: 516)? Oder aber wird die Leistung final vollzogen, aufgrund einer im wohlverstandenen kollektiven Eigeninteresse selbst auferlegten Hilfsverpflichtung der Allgemeinheit? Mit anderen Worten: Worum geht es eigentlich bei der sozialen Hilfe, und was bedeutet das für die durch sie konstituierte Sozialfigur? Wird um der Wohlfahrt des Bedürftigen oder um jener des Gemeinwesens willen geleistet? Steht die

Schutzbedürftigkeit des einzelnen Armen oder die des sozialen Ganzen im Vordergrund? Dient die Unterstützung – Simmel reformuliert diese Frage immer wieder neu – privaten oder öffentlichen Zwecken, der Linderung subjektiver Not oder den übersubjektiven Zielen der Gesamtheit?

Im Anschluss an Simmels Ausführungen zu dieser Problematik lassen sich in systematisierender Absicht vier verschiedene Varianten der Unterstützungsbeziehung ausmachen – je nachdem, ob das Recht auf oder aber die Pflicht zur Hilfeleistung den Ausgangspunkt und ob die Zwecke des Armen oder aber jene der Allgemeinheit den Fluchtpunkt der Unterstützung bilden. Im ersten hier zu unterscheidenden Fall entspringt die öffentliche Unterstützung dem positivierten, gegen die Gesamtheit der Bürger gerichteten, *individuellen Recht* des Bedürftigen auf ein menschenwürdiges und selbstbestimmtes Leben, was als wesentlichen Bestandteil die erwartungssichere Freiheit von materieller Not beinhaltet. Im zweiten Fall ist es die größere Sozialeinheit, die sich selbst die – in welcher Weise auch immer begründete – *sittliche Pflicht* auferlegt, den Mühseligen und Beladenen materielle (und gegebenenfalls auch moralische) Unterstützung angedeihen zu lassen. Im dritten, von Simmel nicht explizit entwickelten, aber systematisch bedeutsamen Fall ist das anerkannte Recht des armen Bürgers auf gesellschaftliche Hilfe eines, dessen Gewährung diesen zu einer gemeinwohlorientierten Ausübung seines Rechtsanspruchs verpflichtet: Das Recht des Einzelnen findet seinen Zweck nicht eigentlich in diesem Einzelnen bzw. in sich selbst, sondern in der Wohlfahrt der (gesellschaftlichen) Gemeinschaft, es ist folglich ein in diesem Sinne *soziales Recht* (Marshall 1949). Im vierten Fall schließlich treten das Individuum und dessen Recht vollständig in den Hintergrund der Beziehung: Der Hilfeempfänger ist hier »ein bloßes Objekt für Vornahmen der Gesamtheit mit ihm« (Simmel 1908: 546), er bildet den »zu formenden Stoff« (ebd.: 522) staatlicher Fürsorge, die einer selbstbezüglichen Logik *sozialer Pflicht* folgt, der erkennbar »nicht um des Armen willen, sondern um der Gesellschaft willen« nachgekommen wird (ebd.: 517).

Die soziale Beziehung zwischen bedürftigem Individuum und leistender Gesellschaft kann somit ganz unterschiedliche Gestalt annehmen – und sie hat dies, wie Simmel zu zeigen vermag, historisch auch durchaus getan. Die Vermutung, der auf dieser Grundlage Ausdruck gegeben werden soll, geht nun dahin, dass sich gegenwärtig – erkennbar insbesondere (aber nicht allein) an der Programmatik »aktivierender« Arbeitsmarktpolitik – erneut eine Verschiebung in der Logik sozialer Hilfen vollzieht: eine Verschiebung hin zum sozialen Verpflichtungscharakter öffentlicher Unterstützung, zur – in Simmels Sinne verstandenen – »Herrschaft des sozialen Gesichtspunktes« (ebd.: 517) in der Sozialpolitik. Die »soziale Teleologie« (ebd.: 518) gesellschaftlicher Hilfen, so die Beobachtung, gewinnt die Oberhand über deren individuelle Zwecke. Diese Tendenz – die sich in der jüngsten Vergangenheit weiter zu verfestigen und über den engeren Bereich der Arbeitsförderung hinaus Bedeutung zu erlangen scheint – ist deswegen bedeutsam, weil vom *sozialen* Gesichtspunkt her, »im Interesse der Gesellschaftstotalität« (ebd.), durchaus möglich und akzeptabel erscheint, was bei Dominanz der *individuellen* Perspektive, im Interesse des Bedürftigen, gerade nicht praktikabel und vertretbar wäre: dass nämlich »die Recht-Pflicht-Beziehung je nach Zweckmäßigkeitsgesichtspunkten verschoben« (ebd.: 520) werden kann, die Hilfeleistung also im Zweifel – je nach ökonomischer, politischer oder moralischer Konjunktur – konditioniert, begrenzt oder eben auch ganz verweigert wird.

Unter der von Simmel thematisierten »Herrschaft des sozialen Gesichtspunktes« bekommt das, was wir – als westdeutsche Sozialstaatsbürgerinnen und Sozialstaatsbürger mit Beginn der 1960er Jahre und bis zum Inkrafttreten von »Hartz IV« – institutionell als »Sozialhilfe« kennen gelernt haben und auch in seinem »sozialen« Impetus verstanden zu haben meinten, plötzlich einen ganz anderen Sinn. Nicht umsonst gelten die Regularien des alten Bundessozialhilfegesetzes mittlerweile nur noch für offenkundig (langfristig oder dauerhaft) *nicht* erwerbsfähige Arbeitslose; die erwerbsfähigen Erwerbslosen hingegen werden einer neuen Politik des Sozialen unterworfen, die Leistungen nur unter sozialem Vorbehalt gewährt, Rechte nur als sozial konditionierte anerkennt. Im Spannungsfeld zwischen der gesellschaftlichen Verantwortung für individuelles Wohlergehen einerseits und individueller Eigenverantwortung im Interesse der Allgemeinheit andererseits stehen die Zeichen der Zeit offenkundig auf der gesellschaftlichen Anmahnung gemeinnütziger Beiträge des Einzelnen. In Politik und Sozialwissenschaft wird unisono »mehr Eigenverantwortung, die zu Gemeinwohl führt« (Schröder 2000: 201), eingefordert – »dass Bürger sich ihrer eigenen Verantwortung für das Gemeinwesen klar werden« (Heinze & Strünck 2001: 164). Förderung des »Gemeinwohls« durch Aktivierung, d.h. durch Resozialisierung der unterstützten Erwerbsfähigen in eine »eigenverantwortliche« Lebensführung, so lautet die explizite Zweckbestimmung arbeitsmarktpolitischen »Förderns und Forderns«.

Es ist in diesem Zusammenhang durchaus bemerkenswert, mit

welchem Mut zum »republikanischen Pathos« (Offe 2001: 459) – und vor allen Dingen zum punitiven Paternalismus – gerade auch »auf der linken Hälfte des politischen Spektrums [...] über das Gemeinwohl im Singular gesprochen wird« (ebd.). Der »Gemeinwohl«-Begriff ist zum effektiven Instrument der »Verbreitung von Ressentiments und Diskriminierungen« (ebd.: 472) geworden, deren mögliches Wirkungsspektrum im Falle unterstützungsbedürftiger Erwerbsfähiger von der moralischen Infragestellung bestehender Rechtsansprüche über deren formelle Widerrufung bis hin zur Ausweitung positivierter Rechtspflichten reicht. Fluchtpunkt der herrschenden Gemeinwohldeutung ist dabei die regulative Diskriminierung und normative Diskreditierung von Nicht-Erwerbstätigkeit: »Aus Arbeit herausgenommen zu werden«, so die Formulierung des neuen *common sense* etwa bei Streeck und Heinze (1999: 159), »ist weder eine Wohltat noch gar ein Recht«. Mit einer solchermaßen arbeitsgesellschaftlich überformten Gemeinwohlinterpretation geraten aber nicht nur die Randbezirke der Beschäftigungslosigkeit ins Visier der neuen Sozial-Politik: Es ist auch die Mehrheitsgesellschaft der Erwerbstätigen, es ist überhaupt die spätindustrielle Arbeitsgesellschaft als Ganze, die in das Fahrwasser der Aktivierung, unter die Räder eines nicht mehr versorgend-automobilen, sondern aktivierend-mobilisierenden Sozialstaats gerät. In Zeiten der Aktivierung, so lautet die universelle Botschaft der vermeintlichen Minderheitenveranstaltung »Fördern und Fordern«, gibt es keine solidarisch finanzierten Ruhezonen mehr – und zwar tendenziell, wie wir im Weiteren sehen werden, nirgendwo und für niemanden.

Wohl niemand wiederum vertritt im politisch-ideologischen Spektrum der Bundesrepublik die Idee sozialverpflichteter Selbsttätigkeit der Bürgerinnen und Bürger, den sozialen Subjektivierungsanspruch gemeinsinniger Eigenverantwortung – mithin: das Programm *aktiver* und *sozialer* Bürgerlichkeit (Reitz 2003) –, so radikal und überzeugend wie die Partei der Grünen. Soziologisch ist dies nicht weiter verwunderlich, repräsentiert doch keine andere bundesdeutsche Partei in annähernd ähnlicher Reinkultur die bürgerlich-akademische Mittelschicht – eine Klientel also, der »das politisch wiederbelebte und in einer aktivierenden *workfare*-Politik inszenierte Arbeits- und Leistungsethos« (Dahme & Wohlfahrt 2003: 92) alles andere als fremd ist und die mit der sozial-politischen bzw. politisch-sozialen Verallgemeinerung des bürgerlich-mittelständischen Programms aktivischer Lebensführung, so will es jedenfalls scheinen, gut leben kann. Verwunderlich ist vielleicht eher, mit welch bekenntnishafter Begeisterung die Philosophie der Aktivierung im Kontext der Hartz'schen Arbeitsmarktreformen von Führungsfiguren der Partei gefeiert wurde. In einem programmatischen Text der Grünen-Bundestagsfraktion unter dem Titel »Solidarität in Bewegung: Chancen für alle« wird der »Sozialstaat der Zukunft« zum institutionalisierten Angebot gesellschaftlicher – von der Diktion her geradezu völkischer – Bewegung erkoren:

»Es [das Bewegungsangebot, S.L.] bietet die Chance, ein selbstbestimmtes Leben zu führen. Und es ist zugleich ein Angebot der Einzelnen an die Gesellschaft: Ich mache mit, ich bewege mich, ich entwickle mich für und mit dem Ganzen, denn jede und jeder, die und der kann, soll einen Beitrag für die Gesellschaft leisten.« (Göring-Eckardt & Dückert 2003: 1)

So wie allerdings die sozialstaatlich gebotene Chance zur Selbstbestimmung genutzt werden muss, will der imaginierte Aktivbürger sich nicht zugleich seiner »Chance auf ein menschenwürdiges Leben« (ebd.) begeben, so ist auch das unterstellte individuelle Angebot an die Gesellschaft keineswegs freiwillig: »Ein Angebot für jeden meint Chance und Pflicht zugleich, Verantwortung für das eigene Leben wahrzunehmen und für die Gesellschaft.« (Ebd.)

Unverblümter könnte man das veränderte Verhältnis von »Individuum« und »Gesellschaft« im neuen, aktivierenden Sozialstaat kaum auf den Punkt bringen: Wo öffentlicher Schutz des Individuums gegen soziale Risiken war (oder aktivierungssprachlich: wo Menschen zu »unmündigen Empfängern von staatlichen Alimentationen« [ebd.] wurden), soll nun individuelle Risikovorsorge im gesellschaftlichen Interesse werden. Die Gesellschaft konstituiert sich – mit nicht nur den Grünen in der Rolle des politischen Arms der Bürger-Bewegung – als Kollektivsubjekt, das gemeinwohlkompatibles Handeln der Subjekte einklagt – und das sich im Umkehrschluss gegen jene Individuen schützen und verteidigen muss, die der Gesellschaft Risiken auferlegen. Die Gesellschaft wird zum Bezugspunkt des Sozialen – und die Subjekte am Grad ihrer Gesellschaftlichkeit, an der Erfüllung ihrer »individuellen Pflicht zum verantwortlichen Umgang mit den gemeinsamen Ressourcen« (Schmidt-Semisch 2000: 171) gemessen. Untersozialisierte, d.h.: arbeitsunwillige, risikopräventionsverweigernde, aktivierungsresistente Subjekte erscheinen in diesem Kontext als eine Bedrohung des Sozialen – ökonomisch, als Investitionsruinen, wie politisch und moralisch, als Normabweichler und Solidaritätsgewinnler.

In der aktivierenden Arbeitsmarktpolitik wird auf diese Weise, unter den Fanfaren des »Förderns und Forderns«, die moralisierende Delegitimierung nicht-erwerbstätiger Lebensformen zum gesellschaftspolitischen Programm erhoben. Soziale Hilfen für arbeitsfähige Bedürftige mutieren zu individuellen Erwerbshilfen in sozialer Absicht – »Sozialhilfe« macht nun ihrem Namen auf neue Weise Ehre und zielt selbstreflexiv aufs große Ganze, auf das Wohl der Allgemeinheit. Das Individuum wird der Gesellschaft verantwortlich, die Übernahme individueller Eigenverantwortung wird zur – notfalls zu erzwingenden – sozialen Pflicht. Dem wissenschaftlichen Führungspersonal der nicht nur namentlich restrukturierten Bundesagentur für Arbeit zufolge hat das arbeitsmarktpolitische Instrumentarium »zu gewährleisten, dass niemand Leistungen erhält, der sich seiner Eigenverantwortung auf Kosten der Gesellschaft entzieht« (Dietz & Walwei 2007: 38). Entscheidende Bedeutung für eine erfolgreiche Aktivierung Arbeitsloser komme »einer hohen Kontaktdichte zwischen Fallmanager und Hilfeempfänger zu, bei der die Unterstützung und Überwachung der Suchaktivitäten im Vordergrund steht« (ebd.). Ein solcherart veränderter sozialpolitischer Umgang mit den so genannten Problemgruppen am Arbeitsmarkt liege – wie könnte es in Zeiten der Aktivierung anders sein – »sowohl im Interesse des Individuums als auch der Solidargemeinschaft« (ebd.).

Wir halten fest: Die Arbeit an der Aktivgesellschaft läuft auf vollen Touren. Und dies nicht nur in der *home domain* des aktivierenden Sozialstaats, nicht allein in der Arbeitsmarktpolitik. Die sozialpolitische Aktivierung der erwerbsfähigen Arbeitslosen ist (nur ein) Teil eines breit angelegten Prozesses der Institutionalisierung einer neuen gesellschaftlichen Erwartungshaltung: Auch jenseits des Arbeitslebens sind individuelles Selbstmanagement und Selbstökonomisierung der Lebensführung, eigentätige Prävention und aktives Altern, lebenslanges Lernen und permanente Bewegung gefragt, auch überall jenseits des Arbeitslebens ist »Arbeit am Leben« (Siemons 2002) angesagt – von Seiten der Politik wie von Seiten der Subjekte. Was zunächst jedoch wie eine »glücklich prästabilierte Harmonie zwischen subjektiven und allgemeinen Interessen« (Siemons 2002: 41) aussieht, erweist sich bei näherem Hinsehen als ein höchst widersprüchlicher Prozess individualisierender Vergesellschaftung, im Zuge dessen Werte wie Selbstbestimmung und Eigenverantwortung einseitig in den Dienst gesellschaftlicher Ansprüche an das Individuum genommen werden, deren Nichterfüllung wiederum sozial geächtet und bestraft wird. Was sich hier in ersten Konturen abzeichnet – und mit den weiteren Ausführungen (hoffentlich) immer weiter runden wird –, ist das Bild einer individualisierten Gesellschaft, in der die »rein soziale, zentralistische Teleologie« (Simmel 1908: 518), das »Interesse der Gesellschaftstotalität« (ebd.), übermächtig wird. Das Bild einer Aktivgesellschaft, deren eingeschränktes, halbiertes Verständnis von Aktivierung auf Formen einer dem Gemeinwohl verpflichteten, sozial subjektivierten Selbstbestimmung zielt – und in der das mit der Formel vom »Fördern und Fordern« öffentlich angekündigte »Dir werden wir helfen!« in den Ohren eines strukturell passivitätsverdächtigen Publikums mehr wie eine Drohung denn als Verheißung klingen muss (Dean 1995). All dies gemahnt an die paradoxe Gesamtkonstellation spätmoderner Gesellschaften, wie sie der frühe Ulrich Beck (1983) vor nunmehr einem Vierteljahrhundert mit seiner – nicht auf Simmel, sondern auf Marx und Weber rekurrierenden – Individualisierungsthese auf den zeitdiagnostischen Begriff zu bringen versucht hat. Die heraufziehende Aktivgesellschaft, dies lässt sich an dieser Stelle als Zwischenfazit konstatieren, stellt keine Überwindung dieser widersprüchlichen Konstellation dar. Sie ist vielmehr ihre neueste, avancierteste Erscheinung.

»Frauen und Kinder zuerst«: Produktivismus zum Wohlfühlen

Aktivierende Sozialpolitik hat viele Namen. Was dem Sozialstaat gegenüber den potenziell Arbeitsfähigen, aber dennoch Arbeitslosen – insbesondere gegenüber den langzeitig erwerbslosen Niedrigqualifizierten – die Strategie der Aktivierung, ist ihm mit Blick auf andere, volkswirtschaftlich attraktivere Bevölkerungsgruppen eine Politik der Investition. Frauen – als potenzielle Erwerbstätige, insbesondere als erwerbstätige Mütter – sowie Kinder sind es, die es dem Sozialstaat neuerdings besonders angetan haben, ihm besonders viel wert sind, und für die er daher mit einiger Anstrengung Maßnahmen und Instrumente »investiver Sozialpolitik« entwickelt. Kaum eine politische Sonntagsrede des politischen Führungspersonals kommt mittlerweile ohne den Hinweis aus, dass es »die Menschen« sind, die die wichtigste (dramaturgisch zuspitzend wird gerne auch behauptet: geradezu einzige) Ressource einer rohstoffarmen Ökonomie darstellen. Die Menschen, so heißt es – oder genauer: deren Hände, insbesondere aber deren Köpfe –, sind das wesentliche Kapital spätindustrieller, »wissensgesellschaftlicher« Ökonomien. Entsprechend ist *investing in people* – wie das Schlagwort andeutet: nicht allein hierzulande – zur Leitidee sozialpolitischer Intervention geworden. Damit wird dem alten, »versorgenden« Sozialstaat ein weiterer diskursiver Nadelstich versetzt: Es könne nicht mehr vorrangig (und vielleicht auch gar nicht mehr) darum gehen, die Menschen mit Einkommenstransfers abzuspeisen, ihnen den Verzicht auf Teilhabe am gesellschaftlichen Produktionsprozess schmackhaft zu machen, sondern es gelte, sie in ihren Wünschen, Möglichkeiten und Fähigkeiten ernst zu nehmen und ihnen die Chance einer eigenständigen, produktiven sozialen Existenz zu eröffnen. Die »Sozialinvestition« ist gleichsam das Premiumsegment aktivierender Sozialpolitik – und zu ihrer Hauptklientel gehören mit (was zu relativieren sein wird) »den« Frauen und Kindern diejenigen, die aus unterschiedlichen Gründen (noch) nicht (voll) erwerbstätig und damit keine vollwertigen Mitglieder der gesellschaftlichen Produktivgemeinschaft sind, die diesen Status in näherer oder fernerer Zukunft aber potenziell – mit öffentlicher Hilfe – erlangen können. Sie sollen, der Programmatik einer neuen Politik des Sozialen entsprechend, nicht sich selbst überlassen, sondern sozialpolitisch in die Lage versetzt werden, sich und ihr (Human-)Kapital in gesellschaftlich produktiver Weise einzusetzen.

Wie die Programmatik der Aktivierung ist auch das Konzept der Sozialinvestition nicht vom Himmel gefallen – bzw. doch, allerdings vom politisch-akademischen Expertenhimmel, an dem seit einigen Jahren, im Zeichen der allgemeinen Aktivierungseuphorie, ein neuer Stern leuchtet. Mit dem hier bereits mehrfach zitierten dänischen Soziologen Gøsta Esping-Andersen ward zu Beginn des neuen Jahrhunderts ein Star der europäischen Politikberatung geboren, dessen kometenhafter Aufstieg alle jedenfalls hierzulande regelmäßig wiederkehrenden – und auch eingangs dieses Bandes bemühten – Unkenrufe über die gesellschaftlich-politische Rat- und Bedeutungslosigkeit der Soziologie Lügen zu strafen scheint. Bis vor wenigen Jahren nur hauptberuflichen Sozialstaatsforscherinnen und -forschern bekannt, ist Esping-Andersen binnen kürzester Zeit europaweit zum intellektuellen Bezugspunkt eines großen Teils jener politischen Akteure geworden, die sich programmatisch einer den gewandelten ökonomischen und gesellschaftlichen Bedingungen Rechnung tragenden »Modernisierung« des sozialstaatlichen Arrangements der Nachkriegszeit verschrieben haben. Zumal unter den Regierungsparteien innerhalb der europäischen Sozialdemokratie gab und gibt es offensichtlich einen dringenden Bedarf an Ideen, die dazu geeignet sind, einen von den politischen Eliten als unumgänglich wahrgenommenen und für nicht wenige Bürgerinnen und Bürger mit erheblichen Wohlfahrtsverlusten verbundenen Umbau des Sozialstaates gleichwohl politisch progressiv und gesellschaftlich attraktiv erscheinen zu lassen – und Esping-Andersen war der herbeigesehnte sozialpolitische Magier, der aus Anspruchsreduktionsstroh Sozialinvestitionsgold zu machen versprach.

Überaus erfolgreich spielt er die Rolle des Weisen aus dem (skandinavisch-amerikanischen) Akademikerland, dessen Skizzen von der Architektur eines »neuen Wohlfahrtsstaats« (Esping-Andersen 2002a, 2004), anders als die herkömmlichen Sachzwanglitaneien und Marktgesellschaftsutopien neoklassisch-liberaler Ökonomieprofessoren, im Publikum nicht Angst und Aversion hervorrufen, sondern dazu geeignet sind, sinnstiftend sowohl auf die Träger wie auch – so jedenfalls die Hoffnung der Beteiligten – auf die Adressaten der sozialpolitischen Restrukturierung zu wirken. (In deutlich weniger beeindruckender Weise versuchte diese Rolle im deutschen Kontext der Berliner Politikwissenschaftler Wolfgang Merkel [2001] zu spielen.)

Dem Geheimnis von Gøsta Esping-Andersens Erfolg möchte ich im Folgenden etwas genauer nachspüren. Dabei geht es keineswegs um aus (verständlicher) Bewunderung für den oder aber (ebenso nachvollziehbarem) Neid an dem Kollegen geborenen Personenkult. Vielmehr spiegelt Esping-Andersens wissenschaftliches Werk, wie zu sehen sein wird, den politischen Wandel vom nachfrageorientierten, versorgenden zum angebotsorientierten, aktivierenden Sozialstaat, und sein akademisches Projekt einer »neuen Wohlfahrtsarchitektur« bietet in seiner politischen Popularität den idealen Ansatzpunkt, um einen tieferen Einblick zu gewinnen in die Ideenwelt, die Wertvorstellungen und die Machtverhältnisse der gegenwärtigen Politik mit dem Sozialen. Zum Zweck einer solchen Tiefendeutung werde ich mich (ausnahmsweise) an einen Klassiker nicht der Soziologie, sondern der jüngeren Filmgeschichte halten: an Spike Jonzes und Charlie Kaufmans skurrile Kinoproduktion »Being John Malkovich«. »Ever wanted to be someone else? Now you can.« – mit dieser Schlagzeile wurde im Jahr 1999 für einen Film geworben, der die Geschichte eines arbeitslosen New Yorker Puppenspielers erzählt, der in seiner Not einen etwas merkwürdigen Bürojob annimmt und an seinem neuen Arbeitsplatz, hinter einem alten Aktenschrank, die Entdeckung seines Lebens macht: ein Loch in der Wand und einen Tunnel, der direkt in das Hirn von John Malkovich führt. Fasziniert von seinem ersten viertelstündigen Aufenthalt im Kopf des berühmten Schauspielers, verwandelt er seine – offensichtlich süchtig machende – Reiseerfahrung in ein (zumindest zeitweilig) florierendes Privatunternehmen, indem er nach Büroschluss den privilegierten Zugang zum Bewusstsein des Filmstars gegen ein nicht unerhebliches Entgelt auch der interessierten Öffentlichkeit gewährt.

»Ever wanted to be someone else?« – nun ist es nicht mehr nur im Kino möglich: Gøsta Esping-Andersen nämlich ist der »John Malkovich« des europäischen sozialpolitischen Geschäfts. Vermutlich der bedeutsamste Einzelakteur der »kognitiven Harmonisierung« (vgl. Guillén & Palier 2004: 204) der europäischen Arbeitsmarkt- und Sozialpolitik, steht Esping-Andersen der Drehbuchversion von John Malkovich an intellektueller Erotik in nichts nach. Nicht nur alle einschlägig arbeitenden Sozialwissenschaftlerinnen und Sozialwissenschaftler, sondern eben auch alle mit den Alltagsmühen sozialpolitischer Intervention konfrontierten Politikerinnen und Politiker würden gern in seinem Kopf stecken und wissen, welche Parole für die internationale Wohlfahrtsstaatsforschung bzw. für die europäische Sozialpolitik der Meisterdenker als Nächstes ausgibt. Und verfolgt man die jüngeren Debatten um die »Zukunft des Sozialstaats« in Deutschland und Europa, so scheint tatsächlich auch jeder von ihnen schon einmal im Inneren des Meisterhirns gewesen (oder aber zumindest von jemandem, der seinerseits bereits dort gewesen ist, instruiert worden) zu sein: Esping-Andersens Anamnese der Pathologien des überkommenen Nachkriegssozialstaats und seine darauf aufbauenden sozialinvestiven Therapieempfehlungen sind – buchstäblich – in aller Munde. Nachdem sowohl die portugiesische wie die belgische EU-Ratspräsidentschaft mit nicht unerheblicher Resonanz seine Gutachterdienste in Anspruch genommen hatten, haben sich die Politikberatungsaktivitäten des 1947 geborenen Soziologen innerhalb kürzester Zeit multipliziert und europaweit diversifiziert.

Der Plot von »Being Gøsta Esping-Andersen« – sprich: des akademischen Drehbuchs zur europäischen Sozialstaatsreform – ist relativ einfach erzählt: Der demographische und familiale Wandel, der Übergang zu einem wissensbasierten Produktionssystem, schließlich auch die »unsichtbare Klassengesellschaft« der Dienstleistungsökonomie lassen – so heißt es – ein neues, nämlich investives Verständnis von Sozialpolitik nötig werden. Die Interventionen des Sozialstaates sind, im Sinne von Investitionen in die Produktivität seiner Bürgerinnen und Bürger, neu auszurichten – Investitionen, deren Erträge die individuelle *und* gesellschaftliche Wohlfahrt gleichermaßen zu steigern vermögen. Dieses doppelte Ziel ist zu erreichen, wenn insbesondere in Kinder und Frauen investiert wird. Beide Investitionsstrategien erscheinen dabei als unmittelbar miteinander verbunden: Frauen stellen in den allermeisten Marktgesellschaften ein noch zu erheblichen Teilen unausgeschöpftes Produktivitätsreservoir (sprich: Erwerbspersonenpotenzial) dar, dessen Nutzbarmachung eine forcierte Politik der »Vereinbarkeit von Familie und Beruf«, insbesondere einen Ausbau unterschiedlichster Kinderbetreuungsangebote, erforderlich macht. Der verstärkte Rückgriff auf außerfamiliale Formen der Erziehung von

Kindern im Schul- und Vorschulalter wiederum sorgt – indem die entwicklungspsychologisch bedeutsamen Defizite (früh-)kindlicher Qualifikationsvermittlung insbesondere bildungsarmer Haushalte auf breiter Basis kompensiert werden – für eine vergleichbare bzw. vergleichbar hohe Humankapitalausstattung der nachwachsenden Generationen. Auf diese Weise schlägt der Sozialinvestitionsstaat gleich mehrere gesellschaftspolitische Fliegen mit einer Klappe: Der intergenerationalen Vererbung von familialem Bildungskapital wird entgegengesteuert, die sozialen Mobilitätschancen von Kindern aus bildungsfernen Haushalten werden damit durchgreifend verbessert; die umfangreichen bereits getätigten gesellschaftlichen Investitionen in die Humankapitalausstattung von Frauen werden in sinnvoller Weise genutzt, damit zugleich auch der Strukturwandel von der industriellen zur postindustriellen Ökonomie vorangetrieben; nicht zuletzt wird der in vielen Haushalten durchaus vorhandene Kinderwunsch (bzw. die Option auf ein zweites oder gar drittes Kind) politisch ermöglicht – und durch die langfristige Zunahme produktiver Beschäftigung von humankapitalreichen Frauen (und – später – ihren Kindern) nebenbei auch noch das sozialpolitische Megaproblem der zukünftigen Finanzierung der Alterssicherung entschärft.

Esping-Andersens Vorstellung eines solchen sozialinvestiven *virtuous circle* ist hierzulande insbesondere in »reformorientierten« Medien wie der Wochenzeitung *DIE ZEIT* als »Politik vom Wickeltisch« popularisiert worden: »immer geht es bei ihm zuerst um die Familie, um Kinder und Erziehung – und daraus ergeben sich dann Schlussfolgerungen für andere Bereiche« (Niejahr 2003). Über die Frage, ob Esping-Andersens aktueller Entwurf tatsächlich eine – wie in dem Zitat suggeriert – normative Vorrangstellung von Familie, Kindern und Erziehung impliziert, lässt sich nun durchaus streiten – ich komme darauf noch zurück. Womit die *ZEIT*-Autorin allerdings ganz offenkundig, um im Bild zu bleiben, schief gewickelt ist, ist die Aussage, »immer« gehe es bei ihm um »Frauen und Kinder zuerst« (Ostner 2004). Dies mag – jedenfalls an der Oberfläche – mittlerweile so sein; es ist jedoch keineswegs »immer« so gewesen. Lange Zeit nämlich ging es bei Esping-Andersen um ganz andere Dinge: nicht um die Familie, sondern um Klassen; nicht um Kinder, sondern um Männer; nicht um Erziehung, sondern um soziale Rechte. In einem Wort: um die Werkbank statt um den Wickeltisch, um den »alten«, sozialdemokratischen Sozialstaat. Vielleicht ist es sinnvoll, an diese Vorgeschichte kurz zu erinnern.

Gemeinsam mit seinem schwedischen Kollegen Walter Korpi hat

sich Gøsta Esping-Andersen seit den 1980er Jahren in der internationalen Sozialstaatsforschung als Vertreter des – wir erinnern uns – so genannten Machtressourcen-Ansatzes einen Namen gemacht. Seine beiden Hauptwerke »Politics against Markets« (1985) und »The Three Worlds of Welfare Capitalism« (1990) gingen ländervergleichend der Frage nach, welche gesellschaftlichen Akteure, verstanden als Repräsentanten sozialer Klassen bzw. Klassenbewegungen, historisch für welche spezifische Gestalt des modernen Sozialstaates gekämpft haben – und mit welchem Erfolg. Die Geschichte der Sozialstaaten sei eine Geschichte der machtgestützten, in je unterschiedlichen politisch-sozialen Koalitionsbildungen erstrittenen Durchsetzung konkurrierender, klassenpolitisch ausdifferenzierter Vorstellungen von einer »guten Gesellschaft«. Die jeweilige Gestalt real existierender nationaler Sozialstaaten ist für den »frühen« Esping-Andersen im Kern ein Ergebnis der Frage, inwieweit es den »arbeitenden Klassen« historisch gelungen ist, den Staat und dessen Gesetzgebung auf die institutionelle Garantie sozialer Rechte festzulegen – und zwar verstanden als öffentlich gewährter Rechtsanspruch auf marktunabhängige, arbeitsmarktexterne Formen der Existenzsicherung, als individuelles Recht auf *negative* Marktfreiheit bzw., in Esping-Andersens damaliger spätmarxistischer Terminologie, auf »Dekommodifizierung«. Diejenigen Wohlfahrtsstaaten, die auf diesem Weg historisch am weitesten vorangeschritten sind und denen es damit gelungen ist, die kapitalistische Klassenstruktur in hohem Maße sozialpolitisch zu konterkarieren (sprich zu »destratifizieren«), bezeichnete Esping-Andersen in seinem modernen Klassiker zu den »Welten des Wohfahrtskapitalismus« (vgl. auch Esping-Andersen 1998) folgerichtig als »sozialdemokratisch« und grenzte sie in ihrem sozialstrukturellen Egalisierungsimpuls idealtypisch von den Marktungleichheiten akzeptierenden »liberalen« sowie den Statusunterschiede reproduzierenden »konservativen« Wohlfahrtsstaaten ab (s.o.).

Nun, die Hochzeiten der »Dekommodifizierung«, die Zeiten der sozialpolitisch vermittelten Befreiung der Subjekte von Marktzwängen, sie sind offenkundig vorbei – in der realen Welt des neuen, flexiblen Kapitalismus ebenso wie in den Publikationen des Meisterdenkers eines neuen, investiven Sozialstaats. Im Jahr 1990 – der Staatssozialismus war bei Drucklegung seines Buches wohl noch nicht endgültig zusammengebrochen – definierte Esping-Andersen seine Vorstellung von der normativen Substanz moderner Wohlfahrtsstaatlichkeit noch ganz kapitalismusfern: »A minimal [sic!, S.L.] definition must entail that citizens can freely, and without potential loss of job, income, or general welfare, opt out of work when they themselves consider it necessary.« (Esping-Andersen 1990: 23) In seinen jüngsten Veröffentlichungen hingegen nimmt der ideale Sozialstaat eine ganz andere Gestalt an, und das in der Fachliteratur berühmt gewordene, umständlich-ungetümhafte *d-word* ist praktisch vollkommen aus Esping-Andersens wissenschaftlichem Vokabular verschwunden. Gewiss, noch immer favorisiert er den sozialdemokratischen (d.h. skandinavischen) Sozialstaat strukturell gegenüber dessen (angelsächsischen bzw. kontinentaleuropäischen) Konkurrenten – aber nicht mehr als Ausgeburt des starken Arms der Arbeiterbewegung, sondern nun aus ganz anderen Gründen. Noch immer (und ganz ausdrücklich) geht es ihm um die Suche nach der *good society*, aber nunmehr aus der Perspektive – so will es jedenfalls scheinen – nicht der arbeitenden, sondern der »krabbelnden Klassen« (Niejahr 2003). Die postkommunistischen 1990er Jahre haben aus Gøsta Esping-Andersen wenn nicht einen anderen Menschen, so zumindest einen anderen Wohlfahrtsstaatsanalytiker werden lassen: »Ever wanted to be someone else? Now you can.«

Seither ist nicht mehr der würdevolle und öffentlich gesicherte Abgang der Bürgerinnen und Bürger aus der Erwerbsarbeit – »for the duration that the individual deems necessary« (Esping-Andersen 1990: 23) – angesagt, sondern der kraftvolle und politisch beschleunigte Zugang der Individuen zum Arbeitsmarkt gefragt, wobei allerdings »[o]ur existing systems of social protection may hinder rather than promote employment growth« (Esping-Andersen 2002a: 4). Seither geht es bei Esping-Andersen, wie in der öffentlichen sozialpolitischen Debatte, »immer [...] zuerst um die Familie« (Niejahr 2003) oder – genauer – um die *arbeitende* Familie bzw. – noch genauer – um gegenwärtig erwerbstätige *Frauen* und zukünftig erwerbstätige *Kinder*, um Frauen und Kinder als potenziell produktive Mitglieder der arbeitenden Gesellschaft. Esping-Andersens »neuer« Sozialstaat (vgl. kongenial auch Ferrera et al. 2000) hat dementsprechend ein strategisches Doppelziel zu verfolgen: Arbeit und Bildung. Zum einen gilt es – ganz in Übereinstimmung mit den Leitlinien der europäischen Beschäftigungspolitik – die weibliche Erwerbsquote nachhaltig zu erhöhen. Die Förderung der Frauenbeschäftigung aber ist gleichbedeutend mit der »Defamiliarisierung« weiblicher (erzieherischer, pflegerischer, sorgender) Tätigkeiten und ihrer Überführung vom Privathaushalt in die öffentlichen Sphären markt- oder staatsförmiger Organisation (Leitner & Lessenich 2007). Zum anderen müssen die sozialstaatlichen Anstrengungen mit Blick auf das Ziel »lebenslangen Lernens« – im wahrsten Sinne des Wortes: von Kindesbeinen an – massiv gesteigert werden. Auch hier steht »Defamiliarisierung« auf der sozialpolitischen Agenda, wenn die verbreiteten – aber sozial ungleich verteilten – Fälle von »Familienversagen« in Sachen Bildung und Erziehung kompensiert und allen Kindern, über mit ganz unterschiedlichen Ressourcen ausgestattete Familienhaushalte hinweg, vergleichbare Lebenschancen gewährleistet werden sollen (Esping-Andersen 2002b).

Arbeit, Bildung, Chancengleichheit: Kein Wunder, dass diese sozialstaatliche Programmatik das von der Durchführung »unabweisbarer Reformen« geschundene Herz sozialdemokratischer Regierungspolitiker zur Jahrhundertwende quer durch Europa höher schlagen ließ. Das Bild des investiven Sozialstaats ist auf der Suche nach offensiven Begründungsmustern sozialpolitischer Reformmaßnahmen insbesondere von den jungen, aufstrebenden Teilen der »modernen« Sozialdemokratie begierig aufgenommen worden – in deren deutschem Verlautbarungsorgan »Berliner Republik« wurde der intellektuelle Wachwechsel sozialpolitischer Reformpatenschaft von Anthony Giddens zu Esping-Andersen von einem Heft aufs andere vollzogen (Behnisch 2003; Esping-Andersen 2003). Und wie durch einen glücklichen Zufall hatte der geistige Vater der neuen, sozialinvestiven Programmatik auch noch einen Namen, der »in seiner Skandinavität sozialdemokratischer gar nicht klingen kann« (Geyer 2004). Doch Gøsta Esping-Andersens politisch-intellektueller *sex appeal* geht noch deutlich weiter: Er ist weit mehr als nur ein Stichwortgeber der neuen Sozialdemokratie. Der »Kinderdenker« (ebd.) ist nämlich auch ein Frauenversteher. In seinem Plädoyer für Chancengleichheit in Arbeit und Bildung spiegelt sich die werksgeschichtlich zunehmend radikalisierte Kritik am »Familialismus« des »konservativen« – und zumal des deutschen – Sozialstaatsmodells. Mit seinen anachronistischen Anreizmechanismen zugunsten der »Ernährerehe« und zulasten weiblicher Erwerbstätigkeit stelle dieses eine Bremse des wirtschaftlichen Strukturwandels hin zur Dienstleistungsökonomie dar – und zugleich einen Motor der strukturellen Benachteiligung von Frauen (vgl. Esping-Andersen 1996, 1999: 60-67). Insbesondere in den kontinentaleuropäischen Wohlfahrtsstaaten müsse es daher künftig darum gehen, den weiblichen Teil der Bevölkerung von »falscher Arbeit« – also von privater Haus-, Erziehungs- und Pflegearbeit – zu befreien.

Dass diese – in ihrem diskriminierungsfeindlichen Impuls entwaffnende – Kritik am konservativen deutschen Sozialstaat insbesondere zu rot-grünen Regierungszeiten verfing, ist nicht weiter verwunderlich. Erstaunlicher ist schon die Tatsache, dass die erwerbs- und familienpolitische Vereinbarkeitsagenda auch nach dem Regierungswechsel von einer christdemokratischen Fachministerin konsequent fortgeführt wurde. Was bei dem verbreiteten öffentlichen Wohlbehagen über die überfällige Modernisierung eines spätpatriarchalischen Sozialstaatsarrangements allerdings verdrängt wird, ist die – eigentlich unverkennbare – Tatsache, dass der sozialwissenschaftliche Salonfeminismus Esping-Andersens durch und durch produktivistisch motiviert ist. Frauen interessieren den akademischen Vordenker – und zumal dessen politischen Nacharbeiter – nicht eigentlich als der unterprivilegierte Part des modernen Geschlechterverhältnisses, sondern der ökonomischen und sozialen Erträge ihrer potenziellen Erwerbstätigkeit wegen. Diese Erwerbstätigkeit aber wird – so ist gegen Esping-Andersen zu vermuten – in der Regel unter wenig attraktiven Bedingungen stattfinden müssen. Die postindustrielle Beschäftigungsstrategie des »neuen« Wohlfahrtsstaats beruht ja ganz wesentlich auf dem Ausbau eines privaten Dienstleistungssektors, der den Haushaltsführungs- und Kinderversorgungsbedarf erwerbstätiger Eltern befriedigt. Man muss weder bösartig noch Prophet sein, um davon auszugehen, dass diese neuen Dienstleistungen ganz überwiegend von den Frauen selbst erbracht, ganz überwiegend schlecht entlohnt und – Esping-Andersens wohlmeinende Forderung nach »guarantees against entrapment in deprivation« (2002a: 22) in Ehren – auch ganz überwiegend zur Endstation weiblicher Erwerbskarrieren werden dürften.

Wer aus Esping-Andersens frauenfreundlichen Sirenenrufen nicht die Grundmelodie ökonomischer Rationalität heraushören kann, wird das *basso continuo* eines sozialpolitisch instrumentierten Produktivismus stattdessen beizeiten fühlen müssen. Man kann dem Soziologen jedenfalls ausnahmsweise einmal nicht die ansonsten professionstypische Unverständlichkeit seiner Botschaft vorwerfen. Vielmehr wird er hier – wie auch sonst – ganz deutlich. Natürlich sprechen auch Gerechtigkeitserwägungen für gleiche Zugangschancen zum Arbeitsmarkt für Frauen. Aber der springende Punkt diesbezüglich ist doch ein anderer: »Ideological predilections aside, it should be evident to all that we cannot afford *not* to be egalitarians in the advanced economies of the twenty-first century.« (Ebd.: 3; Hervorhebung im Original) *So* also wird – bleiben wir beim weiblichen Element – ein Schuh aus des wissenschaftlichen Politikberaters Parteinahme für die Frauen: »Wir« können uns, die Aktivgesellschaft kann sich Geschlechterungleichheit vor dem Markt schlichtweg *nicht mehr leisten*. Und genau derselbe nüchterne Realismus, genau derselbe ernüchternde Ökonomismus steht hinter Esping-Andersens sympathischer »Kinderdenke«: Sicher, wer würde nicht für Chancengleichheit im Bildungswesen votieren. Aber worum es *wirklich* geht, ist wohl eher die Tatsache, dass für die gealterten Gesellschaften von morgen Schulabbrecher oder gar Analphabeten – weil zwangsläufig minder oder gar nicht produktiv – ökonomisch und sozial nicht mehr tragbar sein werden. Das Motto, welches Esping-Andersens Buch »Why We Need a New Welfare State« vorangestellt ist, ist diesbezüglich schlagend: »For today's children who will provide for our welfare when we are old. It is for you – and hence for ourselves – that we desire the best possible welfare state.« »Für Euch« meint also »für uns« – wenn das keine Kinderliebe ist. Oder anders: Wer es noch nicht gemerkt hat, der und dem sei es, in Paraphrase und Erweiterung des mahnenden Ratschlags an den wahlkämpfenden späteren US-Präsidenten Clinton, gesagt: *It's the society, stupid!*

Die *hidden agenda* der von Esping-Andersen propagierten Sozialstaatsreform ist demnach in Wahrheit ziemlich offensichtlich: Es geht um Frauen und Kinder – als soziale Investitionsgüter. Doch während sich die Kinder von heute gegen ihre sozial interessierte fürsorgliche Belagerung nicht wehren können, muss der Zuspruch, den Esping-Andersens Programmatik selbst von Seiten als kritisch sich verstehender Sozialwissenschaftlerinnen durchgängig erfährt, angesichts der den Frauen zugedachten Rolle »als Objekte der Hoffnung auf steigende Renditen« (Ostner 2004: 215) doch verwundern. Hier zeigt sich die normative Kraft von Esping-Andersens progressiv gewendetem Ökonomismus in ihrem ganzen legitimatorischen Potenzial: Der Visionär des »neuen Wohlfahrtsstaates«, wie vor ihm auch Anthony Giddens mit dem seltenen »Blick für die Lücke auf dem Markt der Ideen« (Behnisch 2003: 78) gesegnet, liefert denen, die »so dringend nach einer Idee, einer Linie, einer Botschaft suchen, die das Reformieren erträglicher macht« (Niejahr 2003), die ersehnte Rechtfertigung einer im Kern unpopulären Politik – einen Produktivismus zum Wohlfühlen, für Frauen und Kinder, für Politiker und andere Männer (von denen bei Esping-Andersen allerdings verdächtig wenig die Rede ist), für »die Gesellschaft«, und damit für »uns alle«.

Vielleicht sollte es das geneigte Publikum stutzig machen, mit welcher Selbstverständlichkeit Esping-Andersen »linke Parteien und Regierungen [...] und nebenher auch noch die Weltbank berät« (ebd.). Womöglich klingt die Diskrepanz aber auch eklatanter als sie tatsächlich ist. Die Weltbank jedenfalls dürfte mit dem sich vollziehenden Umbau des deutschen Sozialstaates, in Angriff genommen von einer (lassen wir dies erst einmal so stehen) linken Partei und rot-grünen Regierung, weitergeführt von einer großen Koalition der Reformstaubrecher, durchaus zufrieden sein – und zugleich lässt er nicht nur dänische, sondern alle germanisch-wahlskandinavischen Wohlfahrtsarchitektenherzen höher schlagen. Der diskrete Charme des neuen – nicht mehr versorgenden, sondern befähigenden, nicht mehr kompensierenden, sondern investierenden, nicht mehr alimentierenden, sondern aktivierenden – Sozialstaats, er scheint öffentlich zu verfangen. Ein Kapitalismus mit nicht nur flexiblem, sondern auch frauen- und kinderfreundlichem (demnächst womöglich demographiebedingt gar noch fremdenfreundlichem?) Antlitz: Wer könnte da nein sagen? Eine makrosoziale *win-win*-Situation, von der wie durch ein sozial-politisches Wunder der Däne und die Deutschen, Frauen und Wirtschaft, Subjekte und Gesellschaft profitieren: Was will man mehr?

Künftige Sozialstaatshistorikerinnen und -historiker werden es bei ihren Tiefenbohrungen in die Geschichte der deutschen Sozialreform an der Wende zum 21. Jahrhundert mit ihrer britischen Fachkollegin Jose Harris halten:

»[A]ll social welfare schemes are part of a specific historical environment: from the historian's point of view they are neither right or wrong, but simply periscopes into the mind, morality and power structures of a given period.« (Harris 1996: 138)

Sie werden ganz in diesem Sinne die aktivierende, sozialinvestive Wende der deutschen (und europäischen) Sozialpolitik rückblickend nicht für »richtig« oder »falsch« befinden, sondern als Spiegelbild der Ideenwelten, Wertvorstellungen und Machtverhältnisse zu Beginn des 21. Jahrhunderts rekonstruieren – als eine Programmatik der Bewegung für alle (Frauen und Kinder, Erwerbsfähige und Erwerbstätige – die Liste wird fortgesetzt), als eine neue Form der »Herrschaft des sozialen Gesichtspunktes« (Simmel), der Regierung des Sozialen. Den zeitgenössischen Beobachterinnen und Beobachtern dieser sozialpolitischen Wendezeiten hingegen sollte es schwerer fallen, den Phänomenen *sine ira et studio* zu begegnen. Sie sollten sich durchaus dazu bewegt fühlen, diese nach historiographiefremden Maßstäben des »right or wrong« zu beurteilen – und damit letztlich nach Esping-Andersens eigenem obersten Wertmaßstab: ob uns die neue Architektur des Sozialstaats tatsächlich vorwärts zur »guten Gesellschaft« führt. (Übrigens: In »Being John Malkovich« endet der bewusstseinserweiternde Aufenthalt im Hirn des Schauspielers für die Reisenden nach einer Viertelstunde mit einem Sturz in den Straßengraben irgendwo am Rande des New Jersey Turnpike, wo sie völlig verdreckt und derangiert landen. Gut möglich – so wie die Dinge stehen –, dass es dort in Zukunft voll werden wird.)

»Junges Alter«: Betriebsamkeit als gesellschaftliches Gut

Der Aktivgesellschaft und ihrem Sozialstaat gelten nicht nur die Frauen (und deren Kinder) als eine bislang un- bzw. unterausgeschöpfte Ressource. Die Mobilisierung schlummernder gesellschaftlicher Produktivitätspotenziale macht im aktivierenden Sozialstaat auch vor dem Alter nicht halt. Auch »die Alten« – und zumal die jüngeren unter ihnen – werden in jüngerer Zeit politisch als gesellschaftliches Kapital geschätzt. In einem Lebensbereich und einer Lebensphase, die sich in der Vergangenheit, jenseits der (renten-)gesetzlich festgelegten »Altersgrenze«, durch eine eher geringe sozialpolitische Überformung und Durchdringung auszeichneten, eröffnet sich damit ein neues Feld höchst ambivalenter politischer Steuerungsversuche. Mit dem Übergriff der Aktivierungspolitik auf das Alter wird eine (wachsende) gesellschaftliche Teilpopulation sozialpolitisch wiederentdeckt und mit dem uns aus der Arbeitsmarktpolitik bekannten Prinzip des »Förderns und Forderns« konfrontiert. Man kümmert sich wieder um die Alten, ihre Lebenslagen und Lebensformen, man wird für sie tätig – und man verlangt von ihnen im Gegenzug Eigentätigkeit, die Sorge um sich selbst. Man ruft die Alten in ihrem Ressourcenreichtum, ihren Entwicklungsmöglichkeiten, ihren Aktivitätspotenzialen an – weil man ihnen einen allzu lässigen und also unzulässigen, einen sorglosen und verschwenderischen Umgang mit ihrem Altersvermögen unterstellt. In gewisser Weise traut der aktivierende Sozialstaat keinem (und keiner) über 60 – und traut ihnen zugleich alles zu, im Guten wie im Schlechten: Er konstatiert eine beinahe grenzenlose Aktivierungsfähigkeit und Aktivierungsbereitschaft, wo er zugleich eine strukturelle Passivitäts-, zumindest jedoch Aktivitätsdefizitdiagnose stellt. Auch den älteren Semestern unter uns wird jedenfalls gegenwärtig zunehmend bewusst (gemacht), was die Armen schon zuvor erfahren mussten: »Es gibt kein Recht auf Faulheit in unserer Gesellschaft.« »Schröder für alle« – warum dann nicht auch für die Alten?

Diese Frage ist zuletzt, im Zeichen der politischen Entdeckung des demographischen Wandels und seiner medial vermittelten katastrophischen Überzeichnung (Schirrmacher 2004, 2006), mit zunehmender Dringlichkeit gestellt worden. Mit atemberaubender Geschwindigkeit ist die bevorstehende »demographische Zeitenwende« (Birg 2001; vgl. Kaufmann 2005b) vom Un- zum Topthema auf der politischen Agenda mutiert. Die strukturelle, ja geradezu fundamentale Herausforderung des Sozialstaats durch die absehbare Alterung der Gesellschaft – also durch das Problemsyndrom niedriger Geburtenraten, steigender Lebenserwartung, schrumpfenden Erwerbspersonenpotenzials und anwachsender Rentenlaufzeiten – ist dabei zu einem festen, unbezweifelbaren Bestandteil des sozialpolitischen Wissenshaushalts geworden. Dass mit Blick auf die Bewältigung dieser Herausforderung die Alten selbst ins Visier des Sozialstaats geraten, ist unmittelbar nahe liegend. Was die Sozialgerontologie und hier insbesondere die Vertreter der Aktivitätstheorie schon lange wussten – dass nämlich der »Strukturwandel des Alters« (Tews 1990) wesentlich auch durch die tendenzielle »Verjüngung« desselben gekennzeichnet ist –, gerät nun zum Leitmotiv sozialpolitischer Intervention (Dyk 2007). Die »jungen Alten« werden zum Objekt gesellschaftlicher Begehrlichkeiten: Warum sollen sie, die zunehmend besser ausgebildet, gesünder und langlebiger sind, nicht selbst zur Begrenzung der finanziellen, wirtschaftlichen und sozialen Belastungen beitragen, die sie der Gesellschaft und (dies vorzugsweise mit von schicksalsgemeinschaftlicher Rührung zeugendem Tremolo ausgesprochen) den »nachwachsenden Generationen« auferlegen? Das »junge Alter« in den spätindustriellen Gesellschaften hat, so die Botschaft, die gesellschaftshistorisch neuartige Chance, sich und das Gemeinwesen am eigenen Schopf aus dem demographischen Sumpf zu ziehen – nicht (mehr) durch generatives Verhalten, aber eben durch aktives Altern. Oder gut sozialwissenschaftlich ausgedrückt: »Von den kompetenter gewordenen Alten kann man ja doch schließlich fordern, daß sie ihre Kompetenzen auch einsetzen.« (Tews 1994: 56)

Auch bei der Aktivierung des Alters kamen – wie in der Arbeitsmarktpolitik – entscheidende Impulse für den sozialpolitischen Richtungswechsel in Deutschland von außen. 1997 stand *active ageing*, vornehmlich dank der Bemühungen der Weltgesundheitsorganisation WHO, auf der Tagesordnung des G8-Treffens in Denver, 1999 riefen die Vereinten Nationen das »Internationale Jahr der älteren Menschen« aus. Im selben Jahr veröffentlichte die Europäische Kommission, das offizielle Motto des UN-Jahres aufnehmend, das Dokument »Towards a Europe for All Ages«, in dem angesichts der demographischen Herausforderungen die vordringliche alterspolitische Aufgabe darin gesehen wird, »to rethink and change outmoded practices and institutions. An active society for all ages requires a strategy which both enables and motivates older people to stay involved in working and in social life.« (Commission of the European Communities 1999: 6) Konkrete Initiativen und Maßnahmen der Europäischen Union konzentrierten sich dabei allerdings zunächst ganz auf den Bereich des Arbeitslebens. Im Kontext der im Jahr 2000 initiierten »Lissabon-Strategie«, mit deren Hilfe Europa offizieller Diktion zufolge zum wettbewerbsfähigsten und dynamischsten Wirtschaftsraum der Welt aufsteigen sollte, verabschiedeten die Regierungschefs der Mitgliedsstaaten auf ihren Treffen in Stockholm 2001 und Barcelona 2002 ambitionierte Ziele im Hinblick auf die Erhöhung der Beschäftigungsquote älterer Arbeitnehmer und die Verzögerung ihres Ausstiegs aus dem Arbeitsmarkt. Die Erwerbszentrierung dieser europapolitischen »Agenda 2010« kontrastiert mit dem über die 1990er Jahre hinweg propagierten, erweiterten aktivitätspolitischen Ansatz der WHO (2001). Nach dem Motto »Years have been added to life; now we must add life to years« zielt dieser nicht allein auf die Verlängerung der Erwerbsphase, sondern plädiert für eine ganzheitliche, insbesondere auch die Nacherwerbsphase mit einbeziehende Aktivierungsstrategie und damit für eine umfassende Vorstellung von *active citizenship* auch im Alter: »a general life-style strategy for the preservation of physical and mental health, [...] independence and productivity of older people« (Walker 2002: 124).

Ihren offiziellen Niederschlag hat die Programmatik der Altersaktivierung hierzulande in Gestalt des Fünften Altenberichts gefunden, für dessen Erstellung die Bundesregierung einer hochkarätig besetzten Expertenkommission die Leitlinie vorgegeben hatte, »Potenziale des Alters in Wirtschaft und Gesellschaft aufzuzeigen und politikrelevante Handlungsempfehlungen im Hinblick auf die bessere Nutzung der Potenziale älterer Menschen zu geben« (BMFSFJ 2005: 27). Angesichts veränderter und sich weiter verschiebender Belastungsbilanzen zwischen den Generationen müsse es (wieder) darum gehen, das Alter gesellschaftlich herauszufordern und als ein sozial produktives zu denken. Dass dies nicht nur möglich, sondern auch nötig ist, wird wissenschaftlich schon seit längerem diskutiert.

> »Mit zunehmendem Alter haben die Alten mehr freie Zeit, zuviel freie Zeit, abnehmende Verpflichtungen [...]. Ist dies so, dann haben sich auch die Potentiale zur Verpflichtung und zu neuen Wiederverpflichtungen erhöht.« (Tews 1994: 55-56)

Dass alte Menschen »völlig unverpflichtet vor sich hinleben« (ebd.: 58) können, erscheint in diesem Licht besehen fast schon als gesellschaftspolitischer Skandal. Die Alten, so heißt es, sind passiv, aber sie müssen, sollen, wollen – und dürfen es nicht sein. Gerade dem »jungen Alter« stehen potenziell noch zahlreiche Türen und Wege zu Aktivität und Produktivität offen, und eine den Alten selbst wie der Wohlfahrt aller verpflichtete Politik tut alles dafür, diese Türen zu öffnen und Wege zu bahnen – und ältere Menschen, in deren eigenem Interesse wie dem der Allgemeinheit, dazu zu bringen, sich durch sie hindurch und auf ihnen entlang zu bewegen. Chance und Notwendigkeit, Angebot und Verantwortlichkeit, Rechte und Pflichten liegen hier nah beieinander, wenn sie nicht gar vollständig ineinander aufgehen: »old age shouldn't be seen as a time of rights without responsibilities [...] and older people should see themselves as in the service of future generations.« (Giddens 1998: 119) Entsprechend sind altenpolitische Aktivierungsangebote von den Älteren auch konsequent zu nutzen. »Die Entwicklung von Altersverpflichtungen ist dann als Teil der Entwicklung des Alters selbst zu sehen.« (Tews 1994: 57)

»Die Herausforderungen des demographischen Wandels zu bewältigen«, so die Sachverständigenkommission der Bundesregierung im genannten, jüngsten Altenbericht, »ist eine Aufgabe, die nur durch ein Umdenken aller gesellschaftlichen Akteure gemeistert werden kann.« (BMFSFJ 2005: 27) Gefragt sind hier selbstverständlich einerseits vor allen Dingen die Alten selbst. Anderseits aber können darüber hinaus als Adressaten jene starken, als »Babyboomer« bezeichneten Geburtskohorten der ausgehenden 1950er und nachfolgenden 1960er Jahre gelten, deren älteste Mitglieder nun bereits ins sechste Lebensjahrzehnt kommen und also biographisch schon den »Ruhestand« – der eben dies dann nicht mehr sein soll – ins Visier nehmen. (Da die »Babyboom«-Phase in den Vereinigten Staaten der europäischen um ein gutes Jahrzehnt vorausging und die entsprechenden Kohorten dort schon heute vor dem Renteneintritt stehen, ist es kein Zufall, dass die amerikanische Diskussion um *active ageing* entsprechend weiter zurückreicht.) Der zuletzt hochgradig politisierte Sachverhalt, dass sich die Größenverhältnisse zwischen älteren und jüngeren Altersgruppen in absehbarer Zukunft zuungunsten letzterer verschieben werden, öffnet in Verbindung mit der Tatsache, dass die zukünftigen, »neuen« Alten »the best-educated and healthiest generation so far« (Walker 2002: 129) darstellen, für die nächsten Jahre ein außergewöhnliches Möglichkeitsfenster für die erfolgreiche sozialpolitische Durchsetzung aktivischer Deutungsmuster und entsprechender Regime des Alters und Alterns. Und dies nicht nur in der nahe liegenden Hinsicht einer verstärkt eigenständigen, privaten Altersvorsorge angesichts (zumal in Deutschland) erwartbar rapide sinkender Lohnersatzraten in der öffentlichen Alterssicherung, sondern im Sinne aktiver Lebensführung und produktiver Leistungsbeiträge auch in der Nacherwerbsphase, im Sinne also eines völlig veränderten Bildes vom eigenen, zukünftigen Alter: »As it happens, the baby boom generation [...] is well positioned to become the pivotal active ageing generation.« (Ebd.)

Wie die Dinge stehen, wird das heutige »Mittelalter«, werden somit – wenn ich die typische Leserschaft dieses Buches richtig einschätze – wir Geburtenwunderkinder zur gesellschaftlichen Avantgarde des aktiven Alterns werden. Und genau besehen werden wir ebenso sehr durch politische Intervention zu aktiven Alten (bzw. einstweilen: Alternden) gemacht wie wir uns durch tätige Mithilfe dazu machen lassen, oder mehr noch: uns selbst dazu machen. So wie in zahlreichen Bereichen des Erwerbsarbeitssystems die Figur des sich selbst – seine körperlichen und geistigen Ressourcen, seine alltägliche Lebensführung, ja seine ganze Person – rationalisierenden, ökonomisierenden und verbetrieblichenden »Arbeitskraftunternehmers« (Voß & Pongratz 1998, Pongratz & Voß 2003) (denk-)stilprägend geworden ist, so scheint im Zeichen der aktivierenden Überformung des Nacherwerbssystems die Sozialfigur des »Alterskraftunternehmers« (Lessenich 2008) politisch-sozial zunehmend handlungsleitend zu werden. Dass das Leben im Alter – wie in der Erwerbsphase, wie letztlich in allen Lebensphasen und -lagen (s.u.) – aktiv sein oder werden muss, dass die Alten ihre produktiven Potenziale nutzen können, dass sie beweglich und betriebsam zu sein haben: All dies wird mit jedem entsprechenden Beitrag aus Wissenschaft und Politik, mit jeder Darbietung von Altersaktivität in Werbung und Medien, mit jeder alltäglichen Kommunikation über aktives und inaktives Alter zum selbstverständlichen Bestandteil der gesellschaftlichen Wissensordnung. Was unter früheren sozialstaatlichen Insignien als der »wohlverdiente Ruhestand« galt, wird nun durch eine Rhetorik der Geschäftigkeit, durch eine »busy ethic« (Ekerdt 1986) regiert, die die Lebensführung im Alter an arbeitsethische, erwerbsgesellschaftliche Sozialnormen rückkoppelt.

Geht man davon aus, dass nicht nur die gegenwärtig, sondern auch und vielleicht mehr noch die zukünftig Alten im Zentrum des altenpolitischen Mobilisierungsdiskurses stehen, dann wird auch deutlich, wie bei dem Prozess der sozialpolitischen Formierung der Aktivgesellschaft nicht nur Aktualitäten, sondern auch Potenzialitäten von Bedeutung sind: Es geht zunächst nicht unbedingt darum, bereits alt und aktiv zu *sein*, sondern vielmehr – dem vorgelagert – darum, das Alter als aktiv zu *denken* und zu *wissen*. Wer an das, oder genauer: an sein Alter denkt, der und die soll nicht Bilder von Lang- und Geruhsamkeit, von Krankheit und Abhängigkeit, Einsamkeit und Unterstützungsbedürftigkeit vor Augen haben. Das »gute« Alter, das Alter der Zukunft, soll als »busy, creative, healthy, and mobile« (Katz 2000: 138) gesehen, als eigeninitiativ und produktiv, gesellschaftszugewandt und sozialverträglich gewusst werden. Aktivität auch im Alter wird den Subjekten als – aktuell oder prospektiv – angemessene, weil von gesellschaftlichem Verantwortungsbewusstsein zeugende Verhaltensweise angetragen. Das gesellschaftlich kompatible Alter(n) wird auf diese Weise zum subjektiven Maßstab einer gelungenen Lebensführung – der Alterskraftunternehmer wird zur Sozialfigur mit »Altersidentität in gesellschaftlichem Selbstverständnis« (Tews 1994: 58).

Die damit wiederum ins Spiel kommenden Synergieeffekte von individuellem Wohlergehen (aktive Alte sind gesünder und zufriedener) und kollektiver Wohlfahrt (gesunde und zufriedene Alte sparen Kosten und schaffen Werte) weiß niemand in der wissenschaftlich-politischen Debatte so beredt darzulegen wie der britische Soziologe Alan Walker. Großforscher und Politikberater in Sachen *active ageing*, ist Walker gewissermaßen der Esping-Andersen der europäischen Altensozialpolitik – nicht umsonst weist beider Argumentation daher erstaunliche Parallelen auf. So wie Esping-Andersen den geschlechteregalitären Zugang zum Arbeitsmarkt nicht vorrangig als Frage sozialer Gerechtigkeit, sondern ökonomischer Notwendigkeit definiert (s.o.), so verweist auch Walker darauf, dass unsere alternden Gesellschaften sich Attitüden des *ageism*, sprich der strukturellen Altersfeindlichkeit, schlichtweg nicht mehr leisten können: »Age discrimination is the antithesis of active ageing. This form of social exclusion is not only unjust but economically wasteful.« (Walker 2002: 128) Eine Strategie der Altersaktivierung hingegen vereint ihm zufolge auf selten glückliche Weise moralische und ökonomische Vorteile: »There is a good economic case for doing the right thing in moral terms.« (Ebd.: 137)

Doch damit nicht genug. Bei genauerer Betrachtung erscheint *active ageing* als geradezu ideale politische Programmformel, deren Umsetzung allen, aber auch wirklich allen Beteiligten zugute kommt und »›win-win-win‹ solutions« (Ney 2004: 3) für die Probleme des Altersstrukturwandels bereithält:

»The beauty of this strategy is that it is good for everyone: from citizens of all ages as ageing individuals, in terms of maximizing their potential and quality of life, through to society as a whole, by getting the best from human capital, extending community participation and solidarity, avoiding intergenerational conflicts and creating a fairer, more inclusive society. [...] Furthermore, it shifts the focus away from older people, as a separate group who have aged, to all of us, who are ageing constantly. We share a collective interest in this process and in extending the quality of our own lives. Therefore, this strategy speaks directly to the ideal of a society for all ages – we are all part of the same project.« (Walker 2002: 137)

Besser kann man den sozial-politischen Fluchtpunkt der Altersaktivierungsstrategie kaum auf den Punkt bringen: Die Aktivierung des Alters dient nicht nur jedem einzelnen Alten, sondern der Gesellschaft im Ganzen. Und sie dient uns allen, denn letztlich gilt: Wir sind alle Alte. Genauer: Wir sind alle potenzielle Alte, wir alle sind Alternde – immer schon, von Anbeginn an. *Active ageing*, so gesehen, ist eine Politik für das unternehmerische Selbst als alterndes Selbst, eine Politik für das um sein unwiderrufliches, aber eben doch zugleich auch plastisches, aktiv gestaltbares Altern wissende und im Sinne dieses individuell-gesellschaftlichen Gestaltungsauftrags tätig werdende Subjekt. »Active ageing is intergenerational: it is about *all* of our futures and not just about older people. We are all stakeholders in this endeavour.« (Ebd.: 125; Hervorhebung im Original.) Das ist es, was die Aktivgesellschaft im Kern ausmacht: »Wir alle« sind ihre Treuhänderinnen und Treuhänder. Wir alle werden für sie – und damit für uns – tätig. Deshalb richtet sich der Aufruf, sich aktiv beschäftigungsfähig zu halten, an Beschäftigte und Nicht-Beschäftigte gleichermaßen – und die Anrufung »to be ›retirement ready‹ and ›retirement fit‹« (Katz 2000: 148) an bereits retirierte ebenso wie an noch weit davon entfernte Personen. »Wir alle« sind potenziell aktive Erwerbstätige wie potenziell aktive Pensionäre, und so oder so haben wir aktiv an der Realisierbarkeit der Potenzialität zu arbeiten.

Dennoch, trotz ihres eingebauten Universalismus, bleibt die Programmatik des *active ageing* selbstverständlich auch auf das real existierende Alter bezogen – und mehr noch: Sie macht selbst vor dem höchsten, gebrechlichen »vierten Alter« nicht Halt.

»In the fourth age, the goals should be maximum participation and autonomy even when frail. Thus, a key role for policy – in health, social care, pensions and housing – is to promote self-reliance and self-determination among those in advanced old age.« (Walker 2002: 136)

Aktivierung, so lernen wir hier eindrücklich, ist grenzenlos und unabschließbar; am oberen Ende des Lebenslaufs trägt sie buchstäblich bis zur Bahre. Gesellschaftliche Teilhabe und persönliche Autonomie, Eigenverantwortung und Selbstbestimmung – die hehren Werte der Aktivgesellschaft werden differenzlos auch für die Höchstaltrigen (und im Gegenzug, wie bei allen anderen: von ihnen) gefordert. Auch sie sind *stakeholder* einer Gesellschaft, der Aktivität als »a universal ›good‹« (Katz 2000: 135-136), als ein universelles Gut und als das universell Gute, gilt. Und die Alten und Ältesten unserer Gesellschaft können dabei auch selbst noch etwas Gutes tun, nämlich den in Schieflage geratenen »Generationenvertrag« wieder in die Balance bringen, die intergenerationale Verteilungssymmetrie wiederherstellen – und der Gesellschaft etwas von dem zurückgeben, was diese ihnen hat zukommen lassen:

> »Es wäre eine Politik des Ausgleichs unter aktiverer Beteiligung der Alten selbst und es wäre die Ablösung der alten Forderungspolitik, der alten Asymmetrie, nach der die Jüngeren oder ›die Gesellschaft‹ für die Alten zu sorgen haben.« (Tews 1994: 58)

Die neue Forderungspolitik, so lässt sich dies verstehen, dreht den Spieß um: Nun sind es die Alten, die – im Interesse aller – aktiv für sich selbst zu sorgen haben.

Zwischenfazit: Was lernen wir aus der Analyse der aktivierenden Altenpolitik? In unserem Argumentationskontext gilt es, vier zentrale Erkenntnisse festzuhalten. Erstens: Wie kaum ein anderer Programmpunkt ist das »aktive Altern« eine politisch hochattraktive »winning formula« (Katz 2000: 138) der Sozialstaatsreform. Während die Aktivierung erwerbsfähiger Erwerbsloser für (im Zweifelsfall) jedwede Form der Erwerbsarbeit gesellschaftlich umstritten ist und eine rekommodifizierende Arbeitsmarktpolitik erhöhten sozialpolitischen Legitimationsbedarf schafft, gibt es im Falle der Aktivierung untätiger Alter für (im Zweifelsfall) jedwede Form der gesellschaftlich nützlichen Betätigung praktisch keinen politischen Widerstand zu überwinden. »Aktives Alter« finden alle gut – was auch sonst: »Wer mag schon auf den Vorzügen eines ›negativen‹, ›inkompetenten‹, ›unproduktiven‹, ›alten‹ Alters bestehen?« (Dyk 2007: 94) Beim *active ageing* gibt es kein Vertun: »it represents the unusual combination of a morally correct policy that also makes sound economic sense« (Walker 2002: 121) – Gründe genug, um alle hinter dieser neuen Forderungspolitik zu versammeln.

Zweitens: Hinter der Programmatik des »aktiven Alter(n)s« steht nicht weniger als eine fundamentale gesellschaftliche Neuverhandlung des Alters (Barkholdt 2004). Mit der demographisch bedingten – und letztlich rhetorischen – Leitfrage, ob es sich eine alternde Gesellschaft überhaupt noch leisten kann, die Ressourcen und Kompetenzen der »jungen« bzw. »verjüngten« Alten ungenutzt zu lassen, »entwickelt nicht nur ›Aktivität‹, sondern zunehmend auch ›Produktivität‹ einen normativen Charakter für die Gestaltung des Alters« (Bröscher et al. 2000: 31). Aktives Alter wird zur sozialen Norm, Aktivität wird für Alte wie insbesondere auch (noch) Nicht-Alte zum normalen, normalisierten Bild der altersadäquaten – genauer: dem hohen Alter wie eben jedem anderen Lebensalter auch angemessenen – Lebensführung. »Aktivierung« wird in diesem Sinne zum universellen Lebensführungskonzept und umfassenden Lebenslaufprogramm: Für all diejenigen, die als Erwerbstätige produktiv sind, ist Aktivität ohnehin keine Frage; »[f]or those outside the labour market, active ageing should mean active citizenship« (Walker 2002: 132).

Drittens: Die Programmatik der Altersaktivierung zeigt die prototypischen Charakteristika der in diesem Buch verhandelten neuen Regierung des Sozialen im aktivierenden Sozialstaat. Als Aktivistin oder Aktivist der Sorge um sich selbst wird das alte – bzw. alternde – Subjekt gleichermaßen zur gesellschaftlichen Produktivkraft erhoben und erniedrigt. Indem der alte Mensch etwas tut, tut er Gutes – sich selbst und der gesellschaftlichen Gemeinschaft. Indem das Subjekt aktivierungspolitisch dazu geführt wird, sich aktiv zu fühlen und aktiv zu führen, konstituiert es sich selbst als Aktivbürgerin und Aktivbürger und wirkt an der Konstruktion der Aktivgesellschaft tätig mit. Wenn Alan Walker von einer im Programm des *active ageing* angelegten »coincidence of interests between citizens, government and all other major institutions« (ebd.: 137) spricht, dann meint er zwar die Regierung im engeren Sinne der nationalen politischen Exekutivgewalt, gibt aber in unserem Kontext einen Hinweis darauf, dass in der Aktivierungspolitik institutionelle Strategien und individuelle Handlungsweisen zu einer neuen Form der Regierung des Sozialen (im weiteren Sinne) verschmelzen. Diese – oben näher beschriebene – neosoziale Gouvernementalität realisiert sich so, wie Walker dies für die Politik des aktiven Alter(n)s postuliert: als eine neuartige »*partnership* between the citizen and society« (ebd.: 125; Hervorhebung im Original), als eine das Soziale individualisierende, gesellschaftliche Motive subjektivierende *public-private partnership* gewissermaßen.

Viertens schließlich: Walkers programmatischer Text wird nicht müde zu wiederholen, dass es zur effektiven Aktivierung der Alten eines grundlegenden kulturellen Wandels, ja geradezu einer Kulturrevolution bedürfe – und er geht Recht in dieser Annahme. Aber: Es wird bereits an dieser Revolution gearbeitet, und ganz im Sinne des eben Gesagten gilt es dringend zu betonen, dass keineswegs nur »sie« – nach herkömmlichem Verständnis: die Regierung, die Politik, die politischen Eliten, das politisch-administrative System, »die da oben«, allenthalben also »dunkle«, jedenfalls »höhere« Mächte – dies tun, sondern dass »wir« alle an unserer (Selbst-)Deutung und (Selbst-)Führung als Aktivsubjekte mitwirken und damit besagte Kulturrevolution mit betreiben. Das neue, aktivische Altersmanagement ist eine gesellschaftliche Koproduktion – die Aktivgesellschaft wird letztlich nicht »von oben« geschaffen, sie erschafft sich, als neosoziale »Ordnung von unten« (Angermüller 2004: 392), selbst. Wenn sie noch aufzuhalten ist, dann folgerichtig nur durch die kulturelle Widerständigkeit der gesellschaftlichen Subjekte, nur durch diese (also uns) selbst, genauer: nur durch eine neue, veränderte Politik des Selbst. Darauf wird im Schlusskapitel zurückzukommen sein.

»Selber schuld«: Früh übt sich, wer aktiv sein soll

Die aktivische Umdeutung auch des (hohen) Alters verweist auf den gegenwärtig sich vollziehenden Prozess einer fortschreitenden Universalisierung der Programmatik gesellschaftlicher Bewegung. Keine Lebenslage, keine Lebensphase bleibt von der aktivierungspolitischen Anrufung verschont: Nicht nur die Erwerbsbevölkerung, nicht nur Personen im erwerbsfähigen Alter, nicht einmal nur alle tatsächlich Erwerbsfähigen, sondern eben auch »all dependent nonlaboring populations [...] have become targets of state policies to ›empower‹ and ›activate‹ them« (Katz 2000: 147). Junge und Alte, Starke und Schwache, Große und Kleine – sie alle, oder genauer *wir* alle sind Teil der Bewegungsbewegung: »we are all part of the same project« (Walker 2002: 137). Und zwar von der Wiege bis zur Bahre. Denn, so lernen wir von den Protagonisten des Altersaktivierungsdiskurses: Erfolgreiches, produktives – »gutes« – Altern beginnt von Kindesbeinen an. »Wie wir uns als Kind, als Jugendlicher, als junger Erwachsener verhalten, das beeinflusst unseren Alternsprozess im Seniorenalter. Jeder Einzelne hat alles zu tun, um möglichst gesund und kompetent alt zu werden.« (Lehr 2003: 5) Und der aktivierende Sozialstaat hat alles zu tun, um die erfolgreiche Verfolgung dieses gesellschaftlich relevanten Individualziels – gewissermaßen *ab ovo* – zu befördern. Deswegen muss Aktivierungspolitik »alterslos«, muss sie Lebenslaufpolitik sein, muss sie auf die Befähigung zu einem Leben in der und für die Aktivität zielen – von Anfang an.

»In the first age, younger people would prepare for longer, more active and better-quality lives. This means raising awareness among young people and their parents about the benefits of healthy lifestyles and lifelong learning, and the importance of age self-management.« (Walker 2002: 135)

So sehen (spätere) Sieger aus: wie frühreife, in eigener und sozialer Verantwortung aktive Jungmanager ihres biographischen Alterungsprozesses. Früh übt sich das unternehmerische Selbst.

Die Aktivgesellschaft fällt in diesem Sinne über ihre Bürgerinnen und Bürger einen doppelten Urteilsspruch: lebenslänglich – und auf Bewährung. Aktivitätsbereitschaft, Mobilitätsfähigkeit, den Willen zur Bewegung hat man ein Leben lang und immer wieder neu unter Beweis zu stellen. Die frühe Bewährung in der (zuletzt zur aktivgesellschaftlichen Wunderwaffe erklärten) Vorschule, die intensive Strebsamkeit im (jüngst aufenthaltsverkürzten) »Turbo-Gymnasium«, die allfällige Flexibilität im (zunehmend zeitentgrenzten) Arbeitsleben, die rasche Übernahme »nachehelicher Eigenverantwortung« im Gefolge einer (im Zweifelsfall an den Anforderungen eines zunehmend zeitentgrenzten Arbeitslebens) gescheiterten Partnerschaft, die gewissenhafte Fortführung oder Neueinübung von (gut »ehrenamtlichen« oder bloß »bürgerschaftlichen«) Tätigkeiten im Alter: Kein Bewegungslorbeer bleibt so lange frisch, dass man sich auf ihm länger ausruhen könnte. Aktivität wird zur Daueraufgabe, ja zum Lebensziel, das man durch individuelle Anstrengung erreichen kann: mit ein wenig gutem Willen, einem Quäntchen Glück und – insbesondere – einer großen Portion vorsorglichen Verhaltens. Die Aktivgesellschaft und ihr Sozialstaat folgen und entsprechen einer individuellen wie kollektiven »Psychologie der (Vor-)Sorge« (Schmidt-Semisch 2000: 185), einem umfassenden Präventionsmodell der Lebensführung. Nicht Aktivität an sich, sondern vorausschauende, vorwegnehmende, vorsorgende Aktivität ist hier gefordert. An der lebenslangen Sorge um die Gesundheit wird dies vielleicht am anschaulichsten sichtbar: Was im Kleinst- und Kleinkindalter zunächst (und demnächst vielleicht verpflichtend) als Elternaufgabe firmiert, geht früh schon, spätestens mit dem allnächtlichen Einsetzen der Zahnspange, in die jugendliche Eigenverantwortung über, um den Erwachsenen nicht mehr loszulassen – als von einem Faltblattmeer der mal kostenbefreiten, mal privat zu finanzierenden, immer aber dringendst empfohlenen Vorsorgeuntersuchungs-

und Präventionsprogrammangebote umgebener Gesundheitsrisikoträger. Immer kann er, der Präventionslogik folgend, etwas – und immer noch etwas mehr – »für sich tun«, immer – und bis zum bitteren Ende – kann er sein Verhalten in krankheitsvermeidender Absicht ändern (Holstein & Minkler 2003).

Das Präventionsmodell operiert nach zwei einfachen, (gewollt) durchsichtigen Prinzipien: Zum einen zählt allein der (gute) Wille, die individuelle Bereitschaft zu einem klein wenig Vorsorge. Wer nur will, kann mit geringem, beizeiten geleistetem Aufwand einen großen Ertrag erzielen: Wer rechtzeitig vorsorgt, schützt sich selbst – »und spart letztendlich der Gesellschaft Kosten« (Lehr 2003: 5). Zum anderen nimmt gerade durch diese offenkundige und öffentlich hervorgehobene soziale Komponente individueller Vorsorgetätigkeit das Präventionsprinzip unvermeidlich normativen Charakter an: Wer nicht oder nicht hinreichend für sich – und damit eben auch für andere, für die anderen – (vor-)sorgt, wird gewissermaßen selbsttätig – nämlich durch aktives Unterlassen – zum Risiko für die Allgemeinheit, zum riskanten Subjekt (Schmidt-Semisch 2000). Wer sich nicht impfen lässt, steckt andere an; wer sich nicht vorsorglich untersuchen lässt, kommt die Kasse teuer zu stehen; wer keine Prävention betreibt, ist nicht nur im engeren Sinne »selber schuld«, sondern wird zum schuldigen Selbst, macht sich auch sozial schuldig.

Damit ist ein (weiteres) Wesensmerkmal des aktivierenden Sozialstaats angesprochen: die durch diesen betriebene Umkehrung der sozialpolitischen »Schuldverhältnisse«, seine neue, neosoziale Moralökonomie (Lessenich 2004, 2007b). Zwar hat der moderne Sozialstaat immer schon eine – mehr oder weniger legitime Formen individueller Bedürftigkeit spiegelnde – soziale Hierarchisierung seiner Klientel vorgenommen:

> »Alle Sozialstaaten, auch die großzügig eingerichteten, behandeln ihre Armen unterschiedlich, in der hochmoralischen (und politischen) Ökonomie des Sozialstaats gelten arbeitende Arme mehr als Arbeitslose, Arbeitslose, die rasch wieder einen Job finden, mehr als dauerhaft Erwerbslose, die unter dem Generalverdacht des Schmarotzertums stehen.« (Krätke 2007: 154)

Neu ist allerdings, dass der moralische Rechtfertigungszwang bzw. die moralisierende Delegitimierungsrhetorik im aktivierenden Sozialstaat eben nicht alleine die »faulen Arbeitslosen« ereilt, sondern zunehmend auch Bevölkerungsgruppen und Sozialkategorien trifft, die dem »versorgenden« Sozialstaat jedenfalls hierzulande bis vor kurzem noch als durchaus rechtschaffene Nutznießer öffentlicher Daseinsvorsorge galten: z.B. nicht erwerbstätige Frauen, noch nicht erwerbstätige Kinder oder nicht mehr erwerbstätige Rentner. Sie alle sind – wie dargelegt – unter den Druck der Aktivierung geraten, »in a society where activity has become a panacea for the political woes of the declining welfare state« (Katz 2000: 147). Sie alle sind aufgefordert, aktiv zu werden – ihre je spezifischen Ressourcen in produktiver Weise zu nutzen, um der Allgemeinheit keine unnötigen Risiken aufzuerlegen. So wie aktivierende Sozialpolitik Arbeitslose beschäftigungsfähig (*employable*) zu machen trachtet, so versucht sie, Hausfrauen erwerbstätig, Alte »retirement fit« (ebd.: 148) und Kleinkinder pisakompatibel werden zu lassen – und konstruiert damit tendenziell jede Einzelne und jeden Einzelnen als ein mobilisierbares Subjekt, das einer abstrakten gesellschaftlichen Allgemeinheit ein aktivisches bzw. proaktivisches und präventives, Eigeninitiative zeigendes und die Inanspruchnahme von Fremdhilfe vermeidendes Verhalten schuldet.

Die mit diesen Vorstellungen von gemeinschaftsentlastender Selbsthilfe verbundene und ansonsten vornehmlich aus den Fürsorgesystemen für Arbeitslose bekannte Rhetorik des »Sozialmissbrauchs« (Oschmiansky 2003) sickert nunmehr nach und nach – auch dies ein Zeichen des sozialstaatlichen Strukturwandels – in die Kernsegmente des Sozialversicherungssystems ein. Mit dem in den vergangenen Jahren eingeleiteten, schrittweisen Umbau etwa der gesetzlichen Rentenversicherung zu einem nicht mehr lebensstandard-, sondern bloß noch grundsichernden (und zu nicht unwesentlichen Teilen steuerfinanzierten) Leistungsprogramm schlägt auch hier die Stunde moralisierender Bezichtigungssemantiken der missbräuchlichen Ausnutzung von Solidarsystemen. Auch hier – im institutionellen Herzen des deutschen Sozialstaates – gehört es nun ganz offiziell zum guten Ton, auf »die zu leistende Eigenvorsorge für die Alterssicherung« und deren nicht nur systemlogischen, sondern auch sozialmoralischen Vorrang vor der »Versorgung durch das Gemeinwesen« zu verweisen, ja das individuelle Vertrauen auf eine solche Versorgung als »zynische Grundeinstellung« zu brandmarken (BMAS 2008). Es ist, so wird nun nicht mehr nur mit Blick auf die üblichen Verdächtigen suggeriert, etwas faul im Sozialstaate Deutschland: nämlich die mangelnde private Vorsorgetätigkeit, die unzureichende Präventionsmentalität seiner (einstweilen noch) versorgungsverwöhnten Bürgerinnen und Bürger.

In diesem Lichte besehen kann es nicht verwundern, dass der aktivierende auch ein zur Prävention mobilisierender Sozialstaat ist, der

Präventivstaat somit als das *alter ego* der Aktivgesellschaft in Erscheinung tritt. Ob nun im Gesundheitswesen oder in der Alterssicherung, in der Arbeitsmarktpolitik oder in der Jugendhilfe, bei der pränatalen Diagnostik oder der präfinalen Patientenverfügung: Überall hat der Vorsorgegedanke Hochkonjunktur, stets sollen die Individuen dazu angehalten werden, den Eintritt sozialschädlicher Ereignisse oder Zustände durch Eigentätigkeit und Selbstsorge vorausschauend zu vermeiden. Dabei teilt die Präventions- mit der Aktivierungssemantik zum einen den Duktus der Unabschließbarkeit (Preuß 1996): Niemals kann ausreichend Vorsorge geleistet werden oder (im Nachhinein betrachtet) geleistet worden sein, immer könnte Vorsorgepolitik »noch früher beginnen bzw. einen noch größeren Personenkreis als Zielgruppe der Prävention erschließen« (May 2007: 97). Zum anderen zeichnet sich die Präventions- wie die Aktivierungsprogrammatik durch ihre systematische Zukunftsorientierung aus. Die soziale »Nachhaltigkeits«-Logik des Präventivgedankens zeigt sich nirgendwo so deutlich wie in der jüngeren Diskussion um die »Generationengerechtigkeit« der Sozialpolitik (Brettschneider 2007): Hier gerät »Vorsorge« zur intertemporalen Umverteilung materialer Rechtsansprüche auf soziale Sicherheit in eine entfernte Zukunft, wird der (vorsorgliche) Schutz des ungeborenen Steuer- bzw. Beitragszahlerlebens zum höchsten politischen Gut.

Man wird allerdings weniger von einer funktionalen Verselbstständigung der Präventionsprogrammatik als »autonomes gesellschaftliches Teilsystem« (May 2007: 103) sprechen können als vielmehr von einem Ausgreifen der Präventionslogik auch über das im engeren Sinne sozialpolitische Feld hinaus bzw. von einem Ineinandergreifen mit ähnlich gearteten und durchaus komplementär angelegten Tendenzen im Bereich etwa der Rechts- und Kriminalpolitik (Schmidt-Semisch 2000; Krasmann 2003; Singelnstein & Stolle 2006). Was sich hier wie dort abzeichnet, ist eine neue Philosophie des Sozialen, eine Politik der Prävention, die einer durch und durch sozialen Teleologie (s.o.) gehorcht, bei der individuelle Freiheit und Sicherheit »unter Gesellschaftsvorbehalt« (May 2007: 102) gestellt werden, sprich nur in sozial abgeleiteter Form, als Reflex gesellschaftlicher Ziele und Bedarfe, ins Spiel kommen. Freiheit und Sicherheit werden in diesem Prozess allerdings nicht, wie man spontan schlussfolgern könnte, »subjektlos« (ebd.) – weil nur noch auf gesellschaftliche Belange bezogen –, sondern »die Gesellschaft« selbst konstituiert sich als Subjekt: als ein Subjekt, das soziales, gemeinwohlkompatibles Handeln der Subjekte einklagt – und das sich gegen jene Individuen schützen und verteidigen muss, die der Gesellschaft durch »asoziales« Verhalten Risiken auferlegen.

Im aktivierenden, präventiven Sozialstaat wird die Gesellschaft zum Bezugspunkt des Sozialen, wird die Subjektivität der Bürgerinnen und Bürger konsequent sozialisiert, für soziale Ziele in Anspruch, von sozialen Zwecken in Beschlag genommen, im Geiste des Sozialen programmiert. In diesem Sozialstaat werden die Subjekte am Grad ihrer Gesellschaftlichkeit, an der Erfüllung ihrer »individuellen Pflicht zum verantwortlichen Umgang mit den gemeinsamen Ressourcen« (Schmidt-Semisch 2000: 171) gemessen. Untersozialisierte, d.h.: nicht nur (und nicht einmal vorrangig) arbeitsunwillige, sondern in einem weiten Sinne präventionsverweigernde, aktivierungsresistente Subjekte werden in diesem Kontext zu einer Bedrohung des Sozialen – ökonomisch, als Produktivitätsbremsen, wie moralisch, als Fremdbewegungsprofiteure. Es gilt daher immer wieder – ohne Unterlass und Endpunkt –, den Einzelnen als aktives, vorsorgendes, selbstverantwortliches Subjekt der Gesellschaft zuzuführen. Der gegenwärtige Umbau des Sozialstaats zum Präventivstaat der Aktivgesellschaft erschöpft sich, aus dieser Perspektive betrachtet, nicht in der Reform seiner Institutionen. Er zielt vielmehr auch – und vor allen Dingen – auf die Transformation seiner Bürgerinnen und Bürger, ihrer Verhaltensmuster und Denkweisen.

»Fit statt fett«: Die Wissensgesellschaft und ihr Sozialprodukt

Nirgendwo äußerten sich Inhalte und Verfahrensweisen der Programmatik aktivgesellschaftlicher Umschulung der Subjekte in der jüngeren Vergangenheit dermaßen zugespitzt und plastisch – und d.h. auch: körperlich – wie im Falle des im Frühjahr 2007 von der Bundesregierung initiierten »Nationalen Aktionsplans Fit statt fett«. »Fit statt fett«: Allein die regierungsoffizielle Programmbenennung muss man sich als Analytiker des Sozialen – selbstverständlich wie ein zuckerfreies Halslutschbonbon – auf der Zunge zergehen lassen. Die Deutschen, so hieß es bei der Pressepräsentation des Programms durch die Große Koalition aus Gesundheitsministerin Schmidt und Verbraucherminister Seehofer, seien zu dick – und dies nicht zu dünn. Nach »Body Mass Index«-Kriterien müssen weite Teile der Bevölkerung als übergewichtig gelten, die neue (zweite) »Nationale Verzehrsstudie« (Mrusek 2008: 9) beziffert den Dickenanteil unter den Männern auf nicht weniger als zwei Drittel (unter den Frauen darf sich derzeit noch die Hälfte für dünn halten, Tendenz allerdings auch hier fallend). Dünn, oder sagen wir vielleicht: unterdurchschnittlich dick sind, so zeigen die Daten der Studie, natürlich die Mobilen – unter den Ledigen reduziert sich die Zahl der Übergewichtigen deutlich (auf nur ein Drittel bei den Frauen), während die Eheschließung eindeutig ein Dickmacher ist (fast vier Fünftel dicke Ehemänner!) und die Verwitwung auch unter gesundheitlich-ästhetischen Gründen tunlichst vermieden werden sollte: Ein Drittel der deutschen Witwen ist nicht nur dick, sondern fettleibig – wir kennen sie, die adipösen Alten, aus Bus und Bahn.

Deutschland schrumpft – und wächst nur noch in die Breite: Das muss die Politik auf den Plan rufen. Der »Nationale Aktionsplan« gegen die Dickleibigkeit – oder, um dem Problem näherzukommen: gegen die Dickleibigen – ist ein beredter Ausdruck neosozialer Lebensführungspolitiken und »Lebensformkontrolle[n]« (May 2007:103). Er bringt die Rationalität der neuen Sozial-Politik der Bewegungsangebote auf den Punkt: Dicksein ist (offenkundig) keine Petitesse, Dicksein ist nicht mehr Privatlast oder -vergnügen, Dicksein ist nicht nur eine »etwas andere physiologische Form, das Leben zu bewältigen« (Geyer 2007: 39) – Dicksein bewegt Politik und Gesellschaft, Dicksein geht uns alle an, dick ist nicht nur doof, sondern auch schlecht. Bis 2020, so liest man es in den Eckpunkten des Aktionsplans, gelte es, das Übergewicht zu stoppen – etwa so wie die industriellen CO2-Emissionen – und das Ernährungs- und Freizeitverhalten der Deutschen zu optimieren – insbesondere, so darf man wohl ergänzen, das von »Problemgruppen«, also von »Unterschichten« und (deren) Kindern. Immerhin, so heißt es in einer feuilletonistischen Kommentierung des ansonsten in seiner sozialpolitischen Repräsentativität unterschätzten Regierungsplans, »sind im Rahmen der Aktion ›Fit statt fett‹ fürs erste keine gesetzlichen Maßnahmen gegen Dicke geplant. Mit ›Fit statt fett‹ soll lediglich ein Bewusstsein dafür geschaffen werden, dass wir uns eine Kultur des Wegschauens nicht länger leisten können.« (Ebd.) Darum geht es in der Tat: Um einen Prozess der sozialen Bewusstseinserweiterung (anders als beim Gewicht darf es diesbezüglich ruhig etwas mehr sein), um die zunächst kollektive Einsicht, dass wir uns das Dicksein, und allgemeiner eben: dass wir uns Trägheit, Passivität und Immobilität, wo und von wem auch immer, einfach nicht mehr leisten können. »Es geht um ›Bewegung, Bewegung, Bewegung‹ (Schmidt). Um nichts anderes.« (Ebd.)

»Fit statt fett« kann mithin stellvertretend stehen für die gegenwärtig sich vollziehende – und zutiefst widersprüchliche – (sozial-)politische Konstitution des flexiblen Kapitalismus als gesellschaftliches Reproduktionssystem der als hypersozialisierte Subjekte gedachten Jungen (bzw. »jungen Alten«), Mobilen (bzw. »flexiblen Beschäftigten«) und Schlanken (bzw. »fitten Fetten«). Aber wie, in welcher Weise, vollzieht sich dieser Prozess? Wie regiert der aktivierende Sozialstaat?

»Wird es Hausbesuche von staatlichen ›Fit statt Fett‹-Inspekteuren geben, die in der Küche nach dem Rechten sehen, im Kühlschrank Palmin, Pommes und Schlag-fit aufstöbern, in den Babyspeck der Kinder kneifen und auf dem Dachboden das Trimmrad checken? Wird nicht auf jeden, der da auf die Unversehrbarkeit seiner Wohnung verweist und etwas von Hausfriedensbruch murmelt, sogleich ein schrecklicher Verdacht fallen: der Verdacht, beim Nationalen Aktionsplan abseits stehen zu wollen und sich hinter verschlossenen Türen lieber weiter den Bauch vollzuschlagen?« (Ebd.)

Nein, so wird es – vermutlich – nicht sein. Der Nationale Aktionsplan gegen die Dicken wird wohl (außer das Kindeswohl sollte dies geboten erscheinen lassen) ohne Hausbesuche auskommen, Wohnungen und Dachböden werden unversehrt bleiben. Auch hier ist »Fit statt fett« lehrreich: Die neosoziale Regierung arbeitet nicht – oder jedenfalls nicht in erster Linie – mit dem klassischen staatlichen Instrumentarium von Zwang, Gesetz und Kontrolle, sondern eben mit den »weicheren« Medien der Freiheit, Überzeugung und Selbststeuerung. Im aktivierenden Sozialstaat herrscht kein obrigkeitliches Regiment der Verordnung. Der aktivierende Sozialstaat ist der Staat der Aktivgesellschaft, und Aktivität kommt hier nicht nur »von oben« zustande, sondern als aktivgesellschaftliche Koproduktion, als – wie gesehen – öffentlich-private Bewegungspartnerschaft. Hier wird niemand wirklich zur Bewegung »gezwungen« – aber wer möchte andererseits schon fett (oder alt, krank, arbeitslos usw.) sein, wenn er oder sie anders (sein) könnte?

»Die Rhetorik, mit der die neue Sozialstaatlichkeit kommuniziert wird, weist darauf hin, dass es der Staat mit seinem Umbau ernst meint und die Gesellschaft hierfür in die Pflicht genommen werden soll.« (Dahme & Wohlfahrt 2003: 97) Das stimmt, ist aber zugleich nur halb richtig: Es geht eben nicht allein um den Umbau des Sozialstaats, sondern um den Umbau des Sozialen, und nicht die Gesellschaft wird unmittelbar für staatliche Zwecke in die Pflicht genommen, sondern die Subjekte selbst werden angerufen, ihr Verhalten, ihre alltägliche Lebensführung an gesellschaftlichen Zwecken – an dem so verstandenen »Sozialen« – auszurichten. Und indem sie sich zur Rhetorik nicht nur der neuen Sozialstaatlichkeit, sondern auch der neuen Gesellschaftlichkeit, zu den programmatischen Anrufungen der Aktivgesellschaft ins Verhältnis setzen – indem und in dem Maße, wie sie sich selbst unter aktivgesellschaftlichen Gesichtspunkten prüfen, sich mit den konkreten oder generalisierten Anderen der Aktivgesellschaft vergleichen, unter aktivgesellschaftlichen Maßgaben an ihrem Leben arbeiten (Siemons 2002) –, konstituieren sich die Subjekte erst *als solche* (Pieper 2003), als Subjekte der (bzw. ihrer eigenen) Aktivierung.

Als ein solches sozialpolitisches Subjektivierungsprogramm ist »Aktivierung« überall – in ganz Europa, bei Freund und Feind – ein gesellschaftlicher Erfolg:

»One of the most striking phenomena of the introduction of the active approach is the widespread rhetorical support for it. Activation policies are among those rare policy issues that receive support from almost the entire political spectrum. It is concurrently being supported and justified by Anglo liberalism, Scandinavian socialism and French republicanism.« (Berkel & Møller 2002: 62)

Und mittlerweile, so darf man ergänzen, ist der Aktivierungsansatz selbst im »konservativen« germanischen Sozialstaatsmodell angekommen (Lessenich 2005). Wie in anderen europäischen Sozialstaaten auch, ist »Aktivierung« hierzulande eine politisch kaum umstrittene Programmatik, weil sie (s.o.) den individuellen Wunsch nach Teilnahme am gesellschaftlichen Leben und die institutionelle Erwünschtheit derselben in scheinbar perfekter Weise zusammenführt. »Aktivierung« scheint der Prototyp einer politischen Wohlfahrtsproduktion zu sein, in welcher »der individuelle Nutzen und der gemeine Nutzen nicht auseinandertreten, sondern im Sinne synergetischer Effekte einander verstärken« (Kaufmann 1994: 220), der ideale Fall also einer Sozialpolitik, die gekennzeichnet ist durch »the coincidence of interests between citizens, government and all other major institutions, which is very rare indeed« (Walker 2002: 137).

Very rare indeed – und, ehrlich gesagt, zu schön, um wahr zu sein. Denn bei näherer Betrachtung, die wir in diesem Buch angestellt haben, will es doch scheinen, dass die aktivierten bzw. zu aktivierenden Individuen nicht ohne Weiteres als unzweifelhafte Nutznießer der neuen Regierung des Sozialen gelten können. Denn zweifelsohne nicht jeder Mann und jede Frau, nicht jedes Kind und jeder Greis können der sozialpolitischen Vorstellung vom (zukünftigen) Aktivbürger in zufriedenstellendem Maße gerecht werden, ihr in einer die eigenen wie fremde Ansprüche gleichermaßen befriedigenden Weise genügen. Selbstverständlich kursieren immer und überall die attraktiven aktivischen Rollenmodelle des flexiblen, mobilen, ungebundenen Hochleistungsangestellten und der die Doppelbelastung von Beruf und Familie in beeindruckender Manier bewältigenden Mutter, finden sich immer wieder leuchtende Vorbilder schulisch wie außerschulisch multipel engagierter Jugendlicher oder ihrem kalendarischen Alter hohnsprechender, aktiver und mobiler Rentner. Allein: Gegenüber diesen Lichtgestalten der Aktivgesellschaft fallen die Passiven, Antriebslosen und Unbeweglichen aller Klassen umso mehr aus dem Rahmen; mit der neuen Aktivitätsnorm konfrontiert, fallen die an den Bewegungsanforderungen des flexiblen Kapitalismus Scheiternden und Verzweifelnden noch mehr auf; an den bürgerlich-mittelschichtszentrierten Vorstellungen des »guten« – will heißen: aktiven, initiativen, produktiven – Lebens (à la Nolte 2004) gemessen fallen die Normabweichungen der *couch potatoes* aus den Unterschichten – um im eingangs dieses Abschnitts entwickelten Kontext zu bleiben – umso mehr ins Gewicht (Lessenich 2006b).

In der Gesellschaft des aktivierenden Sozialstaats wird der Dualismus von Mobilität und Immobilität zur gesellschaftspolitischen Metadifferenz, wird die Unterscheidung zwischen Beweglichen und Unbeweglichen zu einer zentralen Linie der Spaltung des Sozialen (Lessenich 2006a). Die Aktivgesellschaft und ihr Sozialstaat orten das Soziale – die Fähigkeit und Bereitschaft zur Bewegung im Interesse der Allgemeinheit – im Einzelnen selbst bzw. im einzelnen Selbst. Doch nicht jede und jeder findet dieses individuelle Soziale, den Antrieb und die Kraft zum gesellschaftlich gefragten aktiven und proaktiven Verhalten, auch in sich. »Jeder könnte, aber nicht alle können« (Bröckling 2002): Wenn dem so ist, dann wird die aktivierungspolitische Anrufung für die Unvermögenden unversehens zum aktivgesellschaftlichen Anwurf, dann zeigt die freundliche Bewegungsprogrammatik unvermittelt ihr hässliches Gesicht. Es ist die permanente Überhöhung des Aktivischen, die penetrante Feier der Jungen, Mobilen und Schlanken, die gesellschaftlich spaltend wirkt. Es ist die Fetischisierung der Bewegung, die von radikal ungleichen sozialen Chancenstrukturen abstrahierende Herrschaft des Aktivitätsgesichtspunkts, die für sozialen Druck sorgt: »precisely through its failure to take into account the unacknowledged role of broader sociostructural and environmental forces, this viewpoint transforms the particular into the universal« (Holstein & Minkler 2003: 794). Das Besondere, Außergewöhnliche – die grenzenlose Aktivität und ihr Erfolg – wird hier als das Allgemeine, Selbstverständliche ausgegeben, als das Normale: als gesellschaftliche Regel und Regelmäßigkeit, als Norm und Normalität des Sozialen.

Was wir – so gesehen – in jenen sozialstaatlich verfassten, spätindustriellen Kapitalismen der westlichen Welt erleben, die sich seit einiger Zeit auch gerne als »Wissensgesellschaften« beschreiben, ist in der Tat ein neuartiger Prozess gesellschaftlicher Wissensproduktion. Was hier hergestellt wird, ist eine neue Wissensordnung: die Wissensordnung der Aktivgesellschaft. Was sich hier – allmählich, nach und nach, langsam, aber sicher – einstellt, ist die Selbstverständlichkeit einer gesellschaftlichen Ordnung der Bewegung. Eine Ordnung, die nur wirksam und »wahr« wird, wenn und soweit sie *gewusst* wird (Hirseland & Schneider 2001; Keller et al. 2005), wenn und soweit sie – durch beständige Wiederholung, durch Fremdvermittlung und Selbsteinschärfung – als Wissen von der Notwendigkeit, ja Unabdingbarkeit der Bewegung, von dem persönlichen Ertrag und dem gesellschaftlichen Nutzen aktivischer Lebensführung, in den Subjekten verankert wird.

Verankern – das klingt nach klinischer Operation des aktivierenden Sozialstaats an seinen Bürgerinnen und Bürgern: »Verankern ist eine Sache, die nicht ohne Schmerzen abgeht. Verankern tut weh.« (Geyer 2007: 39) Allerdings zielt die Verankerung der Aktivitätsidee nicht nur auf die Körper, sondern vor allem auch auf den Geist der Adressaten, und diese sind an der Operation maßgeblich mitbeteiligt: Sie sind Koproduzenten der aktivgesellschaftlichen Wissensordnung, damit Koproduzentinnen ihrer selbst als die Aktivgesellschaft wissende, denkende, lebende Subjekte. So gesehen, verlieren Kritiken der Art, dass Programme wie der oben kommentierte »Nationale Aktionsplan« bloße politische Rhetorik, realiter aber bedeutungslos seien, an Plausibilität: Die prominente Rede über »Fit statt fett« lässt sich dann vielmehr als ein Strang des aktivgesellschaftlichen Diskurses – unter vielen anderen – verstehen, der dazu beiträgt, die Unzulässigkeit des Dick- und das Erstrebenswerte des Schlankseins, das sozial Abnorme der Unbeweglichkeit und die gesellschaftliche Normalität der Bewegung als gewusstes und akzeptiertes, verfügbares und mobilisierungsfähiges Wissen in den Akteuren der (eben dadurch) entstehenden Aktivgesellschaft zu verankern. *Das* ist der eigentliche Sinn der Rede von der »Wissensgesellschaft« – und die individuelle Bewegung zum Wohle der Allgemeinheit ist ihr spezifisches »Sozialprodukt«.

Dass dieses Sozialprodukt nur sehr bedingt als (intendiertes) Ergebnis einer »neoliberalen« Transformation des Sozialstaates verstanden werden kann, sei hier abschließend – der ungebrochenen Beliebtheit dieser Formel in Wissenschaft und Politik wegen – nochmals betont. Dass es bei der neuen, aktivgesellschaftlichen Regierung des Sozialen nicht um einen bloßen »Rückzug des Staates« geht, sollte an dieser Stelle nicht mehr erläutert werden müssen: Individuelle Freiheit, Selbstbestimmung und Eigenverantwortung markieren im neuen, aktivierenden Sozialstaat keineswegs eine ordnungspolitische Grenze öffentlicher Intervention, sondern werden vielmehr zu konstitutiven Elementen derselben. Die Adressaten der Aktivierungsprogrammatik werden dabei paradoxerweise zu jenen selbsttätig-sozialverantwortlichen Subjekten stilisiert, zu denen sie qua Aktivierung erst werden sollen: Sie werden als (sich selbst) aktiv zu denkende Passive, als »eigentlich« bewegliche Unbewegte angerufen. Zu dieser strukturellen Paradoxie gesellt sich eine zweite, komplementäre: Die aktivierende Anrufung der Subjekte lässt sich durch – und sei es noch so viel – Aktivität nicht zum Verstummen bringen. Aktiv bzw. aktiviert ist man niemals »genug«, deswegen muss die Aktivität immer weiter gehen. »Was sich als logische Unmöglichkeit darstellt, bleibt eine praktische Aufgabe« (Bröckling 2002: 6) – die (individuelle wie politische) Aufgabe der permanenten Bewegung. Es gibt keinen Abschluss der Aktivierungsprogrammatik: Das Subjekt der Aktivgesellschaft ist ein spätmodernes *perpetuum mobile.*

Spätestens an dieser Stelle – womöglich aber auch schon zuvor – werden sich selbst geneigte Leserinnen und Leser fragen (oder gefragt haben), ob die damit beschriebene Mobilisierungsbewegung denn nun wirklich der einseitig sämtliche gesellschaftliche Lebensbereiche durchdringende und alle Gesellschaftsmitglieder umfassende sozialpolitische »Megatrend« ist – und ob dieser Trend wiederum einseitig negativ zu beurteilen ist. Kurz gefragt: Alles Aktivierung, oder was? Und: Wo bleibt das Positive? Auf diese beiden Fragen wird, das bis hierhin Gesagte zusammenfassend und zuspitzend, im abschließenden Kapitel einzugehen sein.

5. »Where should we be going?« Die Zukunft des Sozialstaats

»Die Veränderungen, die unter unseren Augen stattfinden und uns zuweilen auch entgehen, sollten uns nicht nostalgisch werden lassen. Es genügt, wenn wir sie ernst nehmen, das heißt, wenn wir erkennen, wohin wir gehen, und wenn wir deutlich machen, was wir in der Zukunft nicht akzeptieren wollen.«

Michel Foucault, »Die Strategie des Umfelds« *(1979: 992)*

Mobilität und Kontrolle

Gewiss: Der in diesem Buch gewagte Blick auf die aktuelle sozialpolitische Tendenz zur Aktivierung und Mobilisierung der Individuen – und auf den »aktivierenden« Sozialstaat als institutionelle Bewegung zur mal mehr, mal weniger sanften Beförderung dieser individuellen Bewegung – stellt ein Beispiel jener Einseitigkeit dar, die Max Weber als konstitutiv für die denkende Erkenntnis der sozialen Wirklichkeit beschrieben hat.

»Es gibt keine schlechthin ›objektive‹ wissenschaftliche Analyse [...] der ›sozialen Erscheinungen‹ unabhängig von speziellen und ›einseitigen‹ Gesichtspunkten, nach denen sie – ausdrücklich oder stillschweigend, bewusst oder unbewusst – als Forschungsobjekt ausgewählt, analysiert und darstellend gegliedert werden.« (Weber 1904: 170)

Der bewusst einseitig aktivierungssensible Blick auf den sozialpolitisch vermittelten Gestaltwandel der Gegenwartsgesellschaft – dem im Prinzip beliebig viele andere, ebenso einseitige Perspektiven auf den Gegenstand entgegengesetzt werden könnten – darf aber nicht nur im Sinne des Weber'schen Verweises auf die in den Sozialwissenschaften »immer und überall [...] erfolgende *Auswahl* einzelner spezieller ›Seiten‹ des Geschehens« (ebd.: 181; Hervorhebung im Original) als methodologisch angemessen gelten. Er scheint mir zudem auch unter historisch-soziologischen Gesichtspunkten instruktiv zu sein, lässt sich die herrschende sozialpolitische Aktivierungstendenz doch ohne Weiteres als eine Fortsetzung und Weiterung dessen deuten, was als das moderne gesellschaftliche Paradoxon von Mobilität und Kontrolle bezeichnet werden kann.

Mit einigem Recht lässt sich zunächst »Bewegung« als das Konstitutions- und Funktionsprinzip des modernen Kapitalismus deuten (Fulcher 2007). Von Anbeginn an – und gleichursprünglich – ist der moderne Kapitalismus genau besehen jedoch ein politisch-soziales Regime zugleich der Befreiung *und* (Wieder-)Einhegung menschlicher Arbeitskraft, der Mobilisierung *und* Regulierung der »freien« Arbeit bzw. der Subjektivität ihrer Trägerinnen und Träger gewesen (Moulier Boutang 1998). Schon das von Marx so genannte Phänomen der »doppelten Befreiung« der Arbeit im Frühkapitalismus – der Prozess ihrer »Entbettung« aus lokalen Lebensräumen und Herrschaftsstrukturen, ihrer Entkoppelung von traditionalen Rechten und Pflichten, dem ihre Einbindung in und Ankoppelung an das im Entstehen begriffene System kapitalistischer Produktion und Reproduktion auf dem Fuße folgt – vermag die theoretische Rede von der liberal-kapitalistischen »Regierung der Freiheit« (Saar 2007b: 36-40) mit sozialem Leben zu erfüllen; und schon dieser historische Prozess wäre ohne sozialpolitische Grundierung und Flankierung undenkbar gewesen, schon er war (*avant la lettre*) sozialstaatlich vermittelt. »Macht kann nur über ›freie Subjekte‹ ausgeübt werden, soweit sie ›frei‹ sind« (Foucault 1982: 287) – die historisch neuartige betriebliche Direktionsgewalt des Unternehmers gegenüber den von ihm beschäftigten Arbeitskräften beruhte auf der Handlungs- und konkret Vertragsfreiheit *beider* Parteien, auf einem freiwillig eingegangenen Lohn-Arbeits-Verhältnis. Die funktionalen Voraussetzungen dieser kapitalistischen Konstellation aber, die ursprüngliche »Kommodifizierung« der ihrer agrarischen Subsistenzmöglichkeiten verlustig gegangenen bzw. beraubten (zukünftigen) Arbeiter nämlich, wurden erst durch ebenso zahl- wie umfangreiche sozialpolitische Maßnahmen der negativen und positiven, aktiven und passiven »Proletarisierung« – von Bettelverbot und Arbeitshaus bis zu öffentlicher Hygiene und Fabrikinspektion – erfüllt (Lenhardt & Offe 1977). Und die mit der Etablierung und Dauer des Lohnarbeitsverhältnisses verbundene, zumindest vorübergehende Fixierung der Arbeitskraft, ihre produktionsorganisatorische und betriebshierarchische Einbindung, verkörpert in plastischer Weise die kapitalistische Bewegung der Festsetzung des (bzw. der) Freigesetzten: die grundlegend moderne und immer wieder neu sich konstituierende, durch die sozialstaatliche Entwicklung immer weiter vorangetriebene (und in ihr sich spiegelnde) Dialektik von Mobilität und Kontrolle, Mobilisierung und Regulierung, Freiheit und Disziplinierung (Wagner 1994).

Mobilität auszulösen, zu fördern und zu verwerten – sie jedoch zugleich auch zu kanalisieren, überschießende Mobilität zu bremsen und unerwünschte Mobilität zu verhindern: Das ist der »ewige« Gang der Dinge in der kapitalistischen, (zunehmend) sozialpolitisch regulierten Lohnarbeitsgesellschaft, symbolisiert und materialisiert in wechselnden historischen Sozialfiguren: vom unerwünschten und noch ganz der öffentlichen Disziplinarmacht unterworfenen Vagabunden in der Frühmoderne über den arbeits- und sozial-, öffentlich- und privatrechtlich umhegten Arbeitnehmer der lohnarbeitsgesellschaftlichen Blütezeit (Castel 2000) bis zur undokumentierten, ihrer öffentlichkeitsentzogenen Selbstdisziplinierung überantworteten Migrantin unserer Tage (Karakayali & Tsianos 2005). Damals wie heute galt und gilt es, die Menschen zur produktiven Verausgabung ihrer Arbeitskraft anzuhalten (d.h. sie zu mobilisieren), sie so lange wie möglich bzw. nötig am Arbeitsplatz zu halten (in gewisser Weise also zwecks längerfristiger lokaler Aktivität zu immobilisieren), sie bei (Nicht-)Bedarf (sprich: Überflüssigkeit, englisch *redundancy*) wieder vom Arbeitsplatz zu entfernen und womöglich ganz vom Arbeitsmarkt freizusetzen (also in die Inaktivität zu demobilisieren), im Gegenzug ihre allgemeine Beschäftigungsfähigkeit (zwecks Beginn eines neuerlichen Mobilisierungszyklus) zu erhöhen, kontraproduktive Überverausgabungen und übermäßige Inanspruchnahmen von Arbeitskraft (früher z.B. Kinderarbeit, heute z.B. *burn-out*) durch selektive oder zeitweilige Deaktivierung zu vermeiden, unproduktive Fehlnutzungen von Arbeitskraftressourcen (in Form von Bummelei, Streiks, Bummelstreiks u.Ä.) durch motivierende, kontrollierende und disziplinierende Praktiken zu verhindern oder zu sanktionieren – und so weiter und so fort. Die spätmoderne Dialektik von Mobilität und Kontrolle wirkt, zeitgemäß differenziert und flexibilisiert, im Übrigen nach »innen« und nach »außen« gleichermaßen: Auch auf die Außengrenzen des national-territorial definierten gesellschaftlichen Gemeinwesens bezogen lassen sich beständige Parallel- und Gegenbewegungen der Mobilisierung und Demobilisierung von Arbeit beobachten (Lessenich 2006a). »Auswärtige« Arbeitskräfte werden angeworben, ihre Anwerbung wird wieder eingestellt, sie werden zur Rückkehr angehalten oder zwangsrepatriiert, alternativ nur noch selektiv (nach Herkunft, Qualifikation oder sonstigen Kriterien) und befristet zugelassen, bei unerwünschter Anreise räumlich fixiert (in Lagern, Wohnheimen oder Gefängnissen), in der Folge abgeschoben oder geduldet, bei unbemerkter Einreise illegalisiert, dann polizeilich aufgegriffen (und abgeschoben) oder informell vergesellschaftet (und verwertet) – um nur einige Seiten des Phänomens zu nennen.

In der Figur des *illegal alien* wird dieses hochgradig paradoxale Regime kontrollierter Mobilität (und mobilisierter Kontrolle) besonders plastisch; hier tritt die skizzierte sozialstaatliche Funktionslogik in ihrer ganzen Ambivalenz und Widersprüchlichkeit zu Tage, kommt sie gewissermaßen zu sich selbst (Bommes 2006; Karakayali 2008). Einerseits nämlich setzen die nationalen Sozialstaaten Europas – in je nach Wirtschaftsstruktur, Rechtstradition und institutioneller Konstruktion abgestufter Form und nicht zuletzt aus Gründen billiger (im Doppelsinne) Legitimationsbeschaffung auf einem der letzten verbliebenen Felder zumindest symbolischer Souveränitätsausübung – offensiv auf die Kontrollkarte: auf die Abwehr ungewollter Zuwanderung schon an den (»Schengener«) Außengrenzen, auf die Verwehrung sozialer Rechtsansprüche für die *de facto* erfolgreich (*de iure* ›illegal‹) Zugewanderten, schließlich auf die öffentliche Zurschaustellung nationalsolidarischer Wehrhaftigkeit in Form von Arbeitsplatzkontrollen, Mindestlohnregulierungen und Missbrauchsdiskursen (»Schwarzarbeit ist kein Kavaliersdelikt«). Andererseits aber profitieren die europäischen Sozialstaaten in hohem Maße von der Ökonomie der Illegalität und der Mobilität der Illegalen, ist doch hier ein neues agrarisches (in Südeuropa) bzw. Dienstleistungsproletariat (in Nordeuropa) entstanden, das statusbedingt (bzw. genauer: statuslosigkeitsbedingt) alle einheimischen Maßstäbe an Flexibilität (bzw. genauer: Ausbeutbarkeit) in Fragen von Arbeitszeit, Entlohnung und sozialer Sicherung buchstäblich in den Schatten stellt. Drittens aber kann man, ohne sich eines übermäßigen Zynismus verdächtig zu machen, davon sprechen, dass selbst in diesem Extremfall das »aktivgesellschaftliche« Moment nicht schlicht »von oben«, durch die übermächtigen Mobilisierungs- und Kontrollagenturen des Sozialstaats, dekretiert wird. Vielmehr konstituiert sich die Aktivgesellschaft – wie auch in anderen, politisch weniger skandalösen Fällen, und sei es auf ganz andere Weise – als eine gesellschaftliche Koproduktion, sprich unter tätiger (wie auch immer erwirkter) Mitwirkung der Illegalisierten, die die (wie auch immer zu be- und verurteilenden) Restriktionen ihres Aufenthaltsstatus letztlich produktiv und aktivisch zu nutzen wissen.

Was bei *sans papiers* und den Debatten über die »Autonomie der Migration« (Karakayali & Tsianos 2005) noch als – dann letztlich doch zynisches? – Deutungsspiel des Soziologen erscheinen mag, liegt bei den »normalen«, ganz »legalen« Aktivierungskonstellationen hingegen auf der Hand: »Aktivierung« ist kein bloßes Gewaltdispositiv, kein Ausdruck reiner Disziplinarmacht. »Aktivierung« setzt auf die Mitwirkung der Individuen, auf ihren eigenen Willen und ihr eigenes Wissen. Der aktivierende Sozialstaat spielt, ja rechnet mit der Autonomie der Subjekte, er bezieht sie in sein Kalkül mit ein – als eine Subjektivität, die nicht mehr gebändigt, sondern genutzt, eingesetzt, zum Einsatz kontrollierter Mobilisierung (gemacht) werden soll. Mobilisierung und Kontrolle, die widerstreitenden und doch komplementären Funktionszuschreibungen staatlicher Sozialpolitik, werden im Zeichen des flexiblen Kapitalismus subjektiviert, in die Subjekte selbst verlagert. In einer politischen Machtausübung, die »weder offen kampfförmig noch wesentlich negativ« (Saar 2007b: 37) ist – in einer neosozialen Form der Regierung der Freiheit – mutieren sie zum subjektivierten Zusammenspiel von Selbstmobilisierung und Selbstkontrolle, Selbst- und Fremdführung, Eigeninteresse und Gemeinwohl, Eigenaktivität und Sozialverantwortlichkeit.

Doch das Spiel mit der Mobilität – und ihrer Kontrolle – hat in modernen Gesellschaften noch eine weitere, bislang vernachlässigte Dimension, deren Berücksichtigung das Bild in zweierlei, funktionslogischer wie politisch-strategischer, Hinsicht kompliziert – und zugleich aufzuhellen vermag. Beide Seiten seien zum Schluss noch kurz beleuchtet.

Kapitalismus, Sozialstaat und Demokratie

Die Dynamik moderner Vergesellschaftung vollzieht sich nicht nur als ökonomische – kapitalistische –, sondern zugleich immer auch als politische – demokratische – Bewegung. Mobilisierung der Massen ist, so oder so, ob nun in Form der Wahrnehmung des allgemeinen und gleichen Wahlrechts oder in Gestalt aktiver Parteinahme für die Wahrung der partikularen Interessen verschiedenster Bevölkerungsgruppen, das Leitmotiv auch der modernen Demokratie. Die Aktivierung der Bürgerinnen und Bürger zur eigeninitiativen Anteilnahme und Beteiligung an der politischen Gestaltung des – mithin »ihres« – Gemeinwesens ist die sozialphilosophische Essenz der demokratischen Verfasstheit moderner »Zivilgesellschaften« (Adloff 2005). Wie im Falle der kapitalistischen Mobilisierung der Arbeit stellt sich aber auch bei der demokratischen Mobilisierung des Zivilen – also gleichsam »von A bis Z« – zugleich das systemische Funktionsproblem der Kontrolle, eines kontrollierenden Widerhalts entfesselter Mobilität: hier somit das Problem der Kanalisierung und Begrenzung politischer Bewegung in demokratischer Absicht.

Wie weit rhetorische Forderungen und praktische Bestrebungen nach »mehr Demokratie« gehen können, wie gewagt »überschießende« demokratische Handlungsorientierungen für die Reproduktion des Kapitalismus (aber womöglich auch für die Demokratie selbst) sein können, wissen wir nicht erst seit Willy Brandts berühmtem Aufbruchsdiktum. Wirtschaftsdemokratische Anspruchshaltungen – das Ansinnen effektiver Mitspracherechte und Mitwirkungsbefugnisse »der Arbeit« an den Produktions-, Organisations- und Investitionsentscheidungen »des Kapitals« – rufen nicht zufällig seit jeher die entschiedene Abwehr von Unternehmern und Parteigängern des Liberalismus hervor. Direkt- oder basisdemokratische Aufweichungen des repräsentativdemokratischen politischen Meinungsbildungs- und Entscheidungsprozesses gelten nicht nur hartgesottenen Etatisten als potenzielle Einfallstore eines unkalkulierbaren, im Zweifelsfall selbst demokratiegefährdenden politischen Populismus. Wie der freie Lohnarbeiter stellt auch die freie Wahlbürgerin in letzter Instanz, die Dynamik der kapitalistisch-demokratischen Freisetzung zu Ende gedacht (oder gar zu Ende praktiziert), einen nach systematischer Kontrolle rufenden Unsicherheitsfaktor der Reproduktion gesellschaftlicher Verhältnisse dar. Die produktiven Ressourcen der demokratisch-kapitalistischen Gesellschaftsformation sind in diesem Sinne zugleich immer auch Quelle destruktiver Risiken – ein veritables, strukturelles Dilemma, das in der Spätmoderne nicht nur ein Problem für Kapitalismus und Demokratie, sondern insbesondere auch, durch dessen Konstruktion als Vermittlungsinstanz beider gesellschaftlicher Makrostrukturen bedingt, für den Sozialstaat darstellt.

Die Strukturproblematik permanenten sozialstaatlichen Krisenmanagements, die wir in diesem Buch in Anknüpfung an Claus Offes frühe Analysen widerstreitender, staatlich zu vermittelnder Akkumulations- und Legitimationsbedarfe im »Spätkapitalismus« (Offe 1972) theoretisch entfaltet haben, lässt sich im Lichte des nunmehr erörterten modernen Mobilitäts-Kontroll-Paradoxons nochmals spezifizieren und zeitdiagnostisch wenden. Das Strukturproblem des demokratisch-kapitalistischen Sozialstaats liegt demnach – plakativ ausgedrückt – darin begründet, dass »zu viel Kapitalismus« ebenso wie »zu viel Demokratie« systemisch zerstörerisch wirken, und zwar selbst- wie fremdzerstörerisch gleichermaßen. »Zu viel Demokratie« im Sinne der einseitigen Übersteigerung demokratischer Willensbildungsprozesse wirkt ebenso selbstgefährdend wie »zu viel Kapitalismus« im Sinne der ungebremsten Entfesselung des kapitalistischen Verwertungsprozesses: Wo immer alle in gleicher Weise über die politische Gestaltung des Gemeinwesens mitentscheiden wollen oder sollen, kommt es am Ende zu gar keinen Entscheidungen mehr, und wo man ständig sämtliche produktiven Ressourcen der Person ökonomisch nutzen will oder soll, da sind am Ende alle weiteren Nutzungsmöglichkeiten erschöpft. Doch nicht nur in ihren jeweils eigenen Funktionsbereichen, sondern auch in ihren systemischen Wechselwirkungen sind kapitalistische und demokratische Dynamisierungsprozesse problematisch. Die demokratische Mobilisierung der Subjekte, von diesen ernst genommen, gefährdet – prinzipiell wie tendenziell – den kapitalistischen Akkumulationsprozess: Womöglich entscheiden sie sich, einmal gefragt und entscheidungsmächtig, z.B. gegen Kinderarbeit, Niedriglöhne oder Atomkraft. Ihre kapitalistische Mobilisierung wiederum gefährdet, ernsthaft betrieben, den demokratischen Prozess gesellschaftlicher Selbstbestimmung: Dann sind individuelle und kollektive Widerspruchsrechte gegen die Überausbeutung von Arbeitskraft, Lebenszeit oder Naturressourcen letztlich nicht mehr als Schall und Rauch, störendes Hintergrundrauschen beim systemischen Prozessieren der Ökonomie. Und mitten drin steht, zwischen einer den kapitalistischen Verwertungsprozess gefährdenden Mobilisierung demokratischer Handlungsmotive (und ihrer notwendigen Kontrolle) einerseits, einer den demokratischen Gestaltungsprozess gefährdenden Dynamisierung kapitalistischer Handlungsrationalitäten (und ihrer notwendigen Begrenzung) anderseits: der Sozialstaat.

Vor dem, oder besser und korrekter gesagt: gleichfalls mittendrin im letztgenannten gesellschaftlichen »Überschussproblem« – der fortschreitenden und sich beschleunigenden »Ökonomisierung des Sozialen« (Bröckling et al. 2000), dem Umschalten von einer stärker politisch induzierten auf eine eher »ökonomisch programmierte Form der Selbstbeschreibung der Gesellschaft« (Nassehi 2006: 63) – steht der demokratisch-kapitalistische Sozialstaat in der Gegenwart.

»Strömte die klassische politikförmige Dominanz der Selbstbeschreibung der

Gesellschaft noch den Charme der Langsamkeit und bürokratischen Effizienz aus, die vor allem auf Kontrolle und den funktionalen Einsatz hierarchischer Muster setzte, ist es nun eine Semantik der Konkurrenz und Flexibilität, der flachen Hierarchie und der steilen Leistungskurven, die gesellschaftliche Selbstbeschreibungen dominiert.« (Ebd.: 63-64)

Der Sozialstaat ist Teil dieses politisch-ökonomischen Gezeitenwechsels, Teil einer gesellschaftlichen Bewegung der ökonomischen Mobilisierung der Subjekte, der programmatischen Bezugnahme auf ökonomische Semantiken des Wettbewerbs und der Mobilität, der Innovation und Beschleunigung, der Anpassungsfähigkeit und Alternativlosigkeit – zulasten politischer Semantiken der Langsamkeit und der Dauer, der Sicherheit und Stetigkeit, des Mitspracherechts und der Zustimmungsbedürftigkeit. Flexibler Kapitalismus *meets* Post-Demokratie (Crouch 2004), die Radikalisierung des ökonomischen Produktivitätsprinzips (»Alle Macht der Bewegung!«) geht mit der Beschränkung politischer Gestaltungspotenziale (»There is no alternative!«) einher: Und mitten drin der als »aktivierender« sich re-formierende Sozialstaat, der das schwierige Geschäft der sozialverantwortlichen Selbst-Bewegung der Subjekte betreibt und dem die dafür in Anspruch genommenen positiven Wertbezüge sozialen Handelns – Aktivität und Produktivität, Flexibilität und Autonomie – zu politischen Steuerungsformeln des individuellen Selbstzwangs in gesellschaftlicher Absicht geraten.

Aus dieser »neosozialen« Antwort auf die Funktionsprobleme des »alten« Sozialstaats, deren wissenschaftliche Beobachtung und analytische Durchdringung im Mittelpunkt dieses Buches stand, ergeben sich nun zwar vornehmlich und deutlich sichtbar, aber dennoch keineswegs ausschließlich gesellschaftliche Ausgrenzungs- und Ausbeutungserscheinungen. Sicher: Der Rückbau »passiver« Leistungsprogramme, die Rücknahme öffentlicher Sicherungsversprechen stellen einen Akt verteilungspolitischer Entdemokratisierung dar, der uns vielleicht erst in einigen Jahren in seiner ganzen Tragweite bewusst werden wird. Es ist für uns heute kaum mehr nachvollziehbar, welche zivilisatorische Leistung der »Versorgungsstaat« der Nachkriegszeit mit Blick etwa auf die Demokratisierung der Alterswohlfahrt, sprich die gleichberechtigte Teilhabe alter Menschen am gesellschaftlich produzierten Reichtum, vollbracht hat – und Ähnliches ließe sich mit Bezug auf viele andere zuvor gesellschaftlich marginalisierte oder ausgegrenzte Bevölkerungsgruppen sagen, die wie »die Alten« vor der Rückkehr der Unsicherheit in ihre soziale Existenz stehen. Die potenziell ausbeuterischen und de-autonomisierenden Effekte der sozialpolitischen Instrumentalisierung individueller Aktivität und Aktivitätsbereitschaft wiederum – wenn nämlich »aus Mitwirkungsrechten Mitwirkungspflichten bis hin zur ›workfare‹ werden, wenn die permanente Weiterqualifizierung nicht länger Option ist, sondern zur Pflicht und Überlebensnotwendigkeit im Daseinskampf wird oder wenn der Zwang, weitreichende und irreversible Entscheidungen selbst treffen und auch verantworten zu müssen, zum biografischen Dauerstress für die Beteiligten wird« (Ullrich 2004: 156) – sollten im Zuge der bisherigen Ausführungen hinlänglich deutlich geworden sein.

Genauso gut lassen sich aber – auf einer analytischen Ebene – auch Entfremdungs- und Empörungserfahrungen thematisieren, die mit der »aktivierenden« Wende des Sozialstaats verbunden sind (Lessenich 2006a, 2007a) und womöglich – dies wäre dann allerdings eine empirische Frage – der effektiven Politisierung offenstehen könnten. Denn die Rücknahme überkommener Sicherungsgewährleistungen schafft immer *auch* Potenziale der Enttäuschung des in den Institutionen des Sozialstaats materialisierten Versprechens sozialpolitisch gewährleisteter Teilhabechancen, und die parallele gesellschaftliche Mobilisierung der als aktiv gedachten und in die soziale Pflicht genommenen Subjekte birgt, im Sinne des zuvor formulierten Überschusseffektes, immer *auch* Potenziale einer politisch nicht (mehr) zu kontrollierenden Entfesselung autonomer Subjektivität. In diesem Falle würde der aktivierende Sozialstaat die neosozialen Geister, die er rief, nicht mehr – jedenfalls nicht mehr ohne Weiteres – los. Dazu gleich abschließend mehr.

Makrosoziologisch betrachtet lässt sich an dieser Stelle das Fazit ziehen, dass der gewandelte Sozialstaat des flexibel-postdemokratischen Zeitalters – wie sein keynesianisch-versorgungsstaatlicher Vorgänger auch – ein hochgradig paradoxales institutionelles Regime der Regierung des Sozialen ist. »Paradoxa [aber, S.L.] lassen sich nicht auflösen, deshalb prozessieren sie als Probleme« (Bröckling 2002: 6) – als (in diesem Fall) Strukturprobleme des demokratisch-kapitalistischen Sozialstaats (und seiner Subjekte), und dies in je zeitgeistiger, dem »Geist« des demokratischen Kapitalismus der Zeit entsprechender Form. An diese soziologische Erkenntnis gilt es anzuknüpfen, wenn es darum geht, wissenschaftliches Wissen praktisch werden zu lassen und politisch zu wenden – wenn also der Punkt erreicht ist, »wo der *denkende Forscher* aufhört und der *wollende Mensch* anfängt zu sprechen« (Weber 1904: 157; Hervorhebungen im Original). An diesem Punkt sind wir nun angekommen.

Die Neuerfindung der Sozialkritik

Eine soziologische Sozialstaatsanalyse, so hatte ich eingangs dieses Buches den eigenen Maßstab meiner Darlegungen bestimmt, habe die gesellschaftlichen Wertbezüge sozialpolitischen Handelns offenzulegen, ohne einfach die entsprechenden Selbstdeutungen der sozialpolitischen Praxis zu reproduzieren. Es müsse ihr darum gehen, so schon einer der Klassiker der soziologischen Sozialpolitikwissenschaft, »den gemeinten Sinn sozialpolitischer Apparaturen aus der historischen Entwicklung heraus zu rekonstruieren« (Achinger 1958: 9) – und eben dies wurde hier versucht: den sozialen Sinn des neuen, »aktivierenden Sozialstaats« in der politischen Konstruktion von mobilen und flexiblen, im selben Akt selbsttätigen und gesellschaftsfähigen Subjekten zu verorten. Mit Achinger ist nun an diese soziologische Analyse die wertende, gewissermaßen politische Frage zu knüpfen, »ob denn die gewollte« – der Selbstbeschreibung sozialpolitischen Handelns als Zweckbestimmung stets eingeschriebene – »Besserung gesellschaftlicher Verhältnisse auch tatsächlich eingetreten sei« (ebd.). Und diese Frage wiederum ist in einer Weise zu beantworten, die den Standpunkt der »Betroffenen« einnimmt und diese zugleich – als der sozialpolitischen Aktivierungsprogrammatik nicht bloß Unterworfene, sondern an ihrer sozialen Realität Mitwirkende – ernst nimmt.

Solchermaßen gerahmt, muss die Antwort auf die Frage meines Erachtens lauten: Die neue, aktivische Regierung des Sozialen ist ein gesellschaftliches Verlustgeschäft. Was mit der aktivgesellschaftlichen Programmatik verallgemeinerter Mobilität, Flexibilität und Produktivität verloren geht, ist das moderne, in die Institutionen des demokratisch-kapitalistischen Wohlfahrtsstaates – in welch reduzierter, halbierter, verzerrter Form auch immer – eingelassene Ideal der Autonomie: »das Grundversprechen der Moderne, ein selbstbestimmtes Leben führen zu können« (Rosa 2007: 17). Was der sozialpolitisch avisierten Aktivgesellschaft abhanden kommt, ist die je individuelle Garantie der Chance, unsere eigenen Vorstellungen von Mobilität, Flexibilität und Produktivität entwickeln, erproben und entfalten zu können – weil diese immer schon eingebunden sind in eine politisch-soziale Programmatik der Bewegung. Was in diesem programmatischen Rahmen zählt, sind *bestimmte* – gesellschaftlich bestimmte, sozial erwünschte, anerkannte, akzeptierte – Formen von Mobilität, Flexibilität und Produktivität. Wir sind Teil, und zwar aktiver Teil einer gesellschaftlichen Rechtfertigungsordnung – jener des flexiblen Kapitalismus –, in der Bewegung zum Selbstzweck wird, in der die Bewegung der Subjekte zum gesellschaftlichen Fetisch verkommt, in der die Unbeweglichkeit zum sozialen Makel gerät (Boltanski 2007) und die Bewegungsfähigkeit sich zu einer wesentlichen Dimension sozialer Ungleichheit, zur vielleicht zentralen Achse gesellschaftlicher Privilegierung und Benachteiligung entwickelt (Lessenich 2006a).

Damit aber ist zugleich auch angedeutet (und im Verlaufe dieses Buches ist immer wieder darauf verwiesen worden), dass sich die neue, aktivische Ordnung des Sozialen, als eine gesellschaftlich verankerte Wissensordnung des Aktiv-sein-Sollens und -Wollens, nicht einseitig, im bloßen Modus der politischen Beherrschung der »Betroffenen«, durchsetzt, sondern sich nur in einem Akt (bzw. in unzähligen Akten) gesellschaftlicher Kooperation verwirklichen kann. Die soziale Realität der Aktivgesellschaft existiert nur in den gesellschaftlich aktiven Subjekten und durch sie hindurch, die Aktivgesellschaft wird nur in ihrer permanenten subjektiven Aktualisierung wirklich, nur durch die »praktische, praxisstrukturelle Komplizität« (Saar 2007a: 341) der Subjekte. Deren Einfügung in die Wissensordnung der Aktivgesellschaft ist eine – selbst wiederum aktivische – Form der »doxischen Unterwerfung« (Bourdieu 1998: 119), also der stillschweigenden (manchmal aber auch beredten) Akzeptanz des Selbstverständlichen: Man *ist* halt mobil und flexibel, aktiv und produktiv, oder man versucht es wenigstens zu *sein*, jedenfalls arbeitet man daran, an sich – was auch sonst? Was auch sonst: Die Frage (überhaupt) zu stellen, heißt (schon) in Alternativen zu denken – und im Modus der Kritik. Beides sei abschließend erläutert.

Zunächst zur Frage der Alternativen: Das hier hervorgehobene »strukturelle Moment der Beteiligung der Subjekte an der Aufrechterhaltung der Ordnungen, die sie unterwerfen und möglich machen« (Saar 2007a: 341), eröffnet systematisch Möglichkeitsräume gesellschaftlicher Veränderung. Wo die – möglichst fraglose – Identifikation der Subjekte mit einer gegebenen (oder sich wandelnden) Ordnung des Sozialen gefragt ist, da besteht die Möglichkeit – als eben dies: als Potenzial, nicht mehr und nicht weniger – des Misslingens, der »Disidentifikation« (Hirseland & Schneider 2001: 387). Man muss (noch oder auch gar) nicht von der sei es heroischen, sei es verzweifelten »Widerständigkeit« der Subjekte sprechen, um davon ausgehen zu können, dass etwa im gegenwärtig vorherrschenden Aktivierungsdiskurs durchaus gesellschaftliche Erwartungshaltungen kursieren, die von den Subjekten einfach als überzogen bewertet werden, dass soziale Anforderungsprofile gezeichnet werden, die sie für inakzeptabel halten. Es ist keineswegs auszuschließen, dass ein Teil der aktivgesellschaftlichen Anrufungen von den Subjekten *nicht* identisch aufgenommen, *nicht* in die Identität ihrer Subjektposition und in die Realität ihrer Alltagspraxis überführt wird – und dass aus dem nicht Absorbierten gewissermaßen diskursive Deutungsüberschüsse (vgl. ebd.: 391) erwachsen, die ihrerseits eine eigene, politisch nicht kontrollierbare Dynamik entwickeln mögen: »Positiv [und »auf Foucaultsch«, S.L.] formuliert, ereignet sich in der Nische der Diskrepanz zwischen Programm und Praxis die Geschichte, die möglicherweise zu einem Umbau der Gouvernementalität führt.« (Opitz 2004: 54)

Diese Vorstellungen historisch-empirischer Brüche zwischen Programm und Praxis bzw. einer Dialektik des Überschusses führen uns unmittelbar zur Rolle der Kritik in der Aktivgesellschaft, die selbst als eine Aktivität – der Visualisierung, Verunsicherung und Verflüssigung gesellschaftlicher Verhältnisse – verstanden werden kann (Saar 2007a: 293-346). Die Welt kritisch »unter einer bestimmten Beschreibung« (ebd.: 315) – hier unter der Perspektive der »Aktivierung« – in den Blick zu nehmen heißt, den Schleier des Nicht-Wissens – hier: der aktivgesellschaftlichen Wissensordnung – zu lüften: »Diese Sichtbarmachung ist aber schon an sich eine problematisierende Geste, da sie der Machtordnung ihre ›Visibilitätsreserve‹ raubt: zu wirken, ohne gesehen zu werden.« (Ebd.) Kritik in der (und an der) Aktivgesellschaft hieße dann, deren Angewiesenheit auf die Kooperation der Subjekte zu thematisieren, die diskursiven Überschüsse einer die Passivität des Publikums unterstellenden Aktivierungsprogrammatik zu registrieren, aktivgesellschaftliche Zustände als stets prekäre Prozesse zu problematisieren und das aktivierungspolitisch Selbstverständliche als sozial Produziertes zu dechiffrieren – in gesellschaftsverändernder Absicht. So verstanden, löst die Kritik und »die mit ihr verbundene Verunsicherung des Selbstverständlichen [...] einen Prozess aus, an dessen Ende ein Handeln steht, eine Arbeit am Selbstverständnis und ein Haltungswechsel in den Lebensvollzügen« (ebd.: 318). Kritik, so die Vorstellung, visualisiert die Welt, verunsichert die Subjekte und bewegt, in »einer theoretischen Verflüssigungsgeste« (ebd.: 344) und vermittelt über die Transformation subjektiver Weltsichten, die gesellschaftliche Ordnung. Sie stellt, in der beliebten Begriffsdeutung Foucaults als »Gegenstück zu den Regierungskünsten« (Foucault 1992: 12), der je historischen – heute: aktivierenden – »Bewegung der Regierbarmachung der Gesellschaft und der Individuen« (ebd.) eine andere Haltung zur Seite, eine bestimmte Weise eben dieser Bewegung »zu mißtrauen, sie abzulehnen, sie zu begrenzen und sie auf ihr Maß zurückzuführen, sie zu transformieren [...]: die Kunst nicht regiert zu werden bzw. die Kunst nicht auf diese Weise und um diesen Preis regiert zu werden« (ebd.).

Doch dabei, so möchte ich ergänzen, sollte Gesellschaftskritik nicht stehen bleiben: bei einer genealogisch fundierten und gouvernementalitätsanalytisch inspirierten »Politik des Selbst«, sei es als ernsthafte Einladung an die Subjekte, »sich zur Kritik und Veränderung der eigenen Selbstverständnisse und Selbstverhältnisse provozieren zu lassen« (Saar 2007a: 346), oder als deren augenzwinkernde Aufforderung, »anders anders zu sein« (Bröckling 2007: 283-297) und »sich dem Zugriff gleich welcher Programme wenigstens zeitweise zu entziehen« (ebd.: 286). Die Kritik an der Aktivgesellschaft, an der aktivgesellschaftlichen Re-Formierung des Sozialen, an ihren Widersprüchen, Ambivalenzen und Paradoxien (Hartmann 2002), kann nicht bei einer Gegenprogrammatik der Politisierung von Subjektivität stehen bleiben – und noch viel weniger ist der gesellschaftlichen Mobilmachung mit einer Privatpolitik der inneren Emigration beizukommen. Was Not täte, wäre vielmehr eine kollektive, oder anders und wenigstens: eine Kollektivitätspotenziale bergende und auf Kollektivierungsdynamiken zielende Form der kritischen Gesellschaftsanalyse. Eine Sozialkritik also, die nicht nur darauf setzt, dass den Einzelnen – beispielsweise als mithelfenden Familienangehörigen der Aktivgesellschaft – »ihre eigene Gewordenheit, so wie sie ihnen erzählt wird, zum Skandal wird« (Saar 2007a: 335), sondern die es darauf anlegt, die Einzelnen ihrer kollektiven Ressource des aktivgesellschaftlichen Gebraucht-Werdens gewahr werden zu lassen, und die darauf zielt, ihnen das Bewusstsein ihrer funktionalen Bedeutung für die neue, aktivische Regierung des Sozialen als kollektives – und erst damit potenziell subversives – Akteurswissen (Vobruba 1992) zugänglich zu machen. Eben dies nämlich – die sozialkritische Wendung des aktivgesellschaftlichen Selbstführungswissens – macht der gerne als »neoliberal« etikettierte Modus der »Regierung der Freiheit« jedenfalls *auch* denkbar und möglich, auch wenn die akademisch professionalisierte Gesellschaftskritik hier erkennbar nicht selbst und unmittelbar am Hebel der gesellschaftlichen Veränderung sitzt.

Gleichwohl: Die Kunst, nicht aktivierend regiert zu werden bzw. nicht auf die sich in unserer Gesellschaft anbahnende Weise und um den sich dabei abzeichnenden Preis aktivierend regiert zu werden, muss eine Kollektivkunst sein. Die Haltung, Flexibilität nicht zum Fetisch, Mobilität nicht zum Muss und Produktivität nicht zur Pflicht werden zu lassen, muss eine Kollektivpolitik sein. Die »Denkungsart«

(Foucault 1992: 12), das Leben nicht als eine bloße Aneinanderreihung an sich bedeutungsentleerter Akte der Bewegung führen zu wollen, muss eine Kollektivkritik sein – bzw. zu einer solchen werden. Wenn nur noch das betriebsblinde Entwickeln von Aktivität und immer neuen Aktivitäten zählt, wenn »unter allen Umständen [...] zu vermeiden [ist], dass einem die Projekte und Ideen ausgehen, dass man nichts mehr im Blick oder in Vorbereitung hat, dass man zu keiner Gruppe gehört, die der Wille ›etwas zu unternehmen‹ zusammenbringt« (Boltanski 2007: 9), wenn Bewegung alles und Innehalten nichts mehr ist: Dann wird es Zeit innezuhalten, um sich anders, in eine andere Richtung zu bewegen.

Für die Soziologie gilt bis dahin, im Sinne (und in leichter Verfremdung) des diesem Buch vorangestellten Mottos, herauszufinden, warum alles so gekommen ist, wie's gekommen ist. Verstehen ist zwar nicht dasselbe wie widerstehen – aber als kritische Praxis doch auch schön.

Literatur

Achinger, Hans (1958): *Sozialpolitik als Gesellschaftspolitik. Von der Arbeiterfrage zum Wohlfahrtsstaat.* Reinbek b. Hamburg: Rowohlt Taschenbuch Verlag.

Achinger, Hans (1971): *Sozialpolitik als Gesellschaftspolitik. Von der Arbeiterfrage zum Wohlfahrtsstaat.* 2., erweiterte Aufl. Frankfurt a.M.: Deutscher Verein für öffentliche und private Fürsorge.

Adloff, Frank (2005): *Zivilgesellschaft. Theorie und politische Praxis.* Frankfurt/New York: Campus.

Alber, Jens (1982): *Vom Armenhaus zum Wohlfahrtsstaat. Analysen zur Entwicklung der Sozialversicherung in Westeuropa.* Frankfurt/New York: Campus.

Anderson, Benedict (1983): *Imagined Communities. Reflections on the Origins and Spread of Nationalism.* London: Verso.

Angermüller, Johannes (2004): »Michel Foucault – auf dem Weg zum soziologischen Klassiker?«, in: *Soziologische Revue* 27 (4), S. 385-394.

Annen, Hubert (1999): »Fordern und fördern – Der Mensch ist nicht dafür geschaffen, untätig zu sein«, in: *Allgemeine schweizerische Militärzeitschrift* 165, S. 20-22.

Baldwin, Peter (1990): *The Politics of Social Solidarity. Class Bases of the European Welfare State 1875-1975.* Cambridge: Cambridge University Press.

Baldwin, Peter (1996): »Can We Define a European Welfare State Model?«, S. 29-44 in: Bent Greve (Hg.), *Comparative Welfare Systems. The Scandinavian Model in a Period of Change.* Basingstoke: Macmillan.

Bandemer, Stephan von & Josef Hilbert (2001): »Vom expandierenden zum aktivierenden Staat«, S. 17-25 in: Bernhard Blanke et al. (Hg.), *Handbuch zur Verwaltungsreform*. 2., erweiterte und durchgesehene Aufl. Opladen: Leske + Budrich.

Barkholdt, Corinna (2004): »Potenziale des Alters und das Postulat Lebenslangen Lernens – Implikationen für Lebenslage und Lebensführung im Alter«, S. 133-149 in: Gertrud M. Backes et al. (Hg.), *Lebensformen und Lebensführung im Alter*. Wiesbaden: VS Verlag.

Baum, Detlef (1988): *Bürokratie und Sozialpolitik. Zur Geschichte staatlicher Sozialpolitik im Spiegel der älteren deutschen Verwaltungslehre. Ein Beitrag zu einer historisch-soziologischen Begründung der Bürokratisierung der Sozialpolitik*. Berlin: Duncker & Humblot.

Beck, Ulrich (1983): »Jenseits von Stand und Klasse? Soziale Ungleichheiten, gesellschaftliche Individualisierungsprozesse und die Entstehung neuer sozialer Formationen und Identitäten«, S. 35-74 in: Reinhard Kreckel (Hg.), *Soziale Ungleichheiten*. Soziale Welt, Sonderband 2. Göttingen: Otto Schwartz.

Behnisch, Alexej (2003): »Goodbye Giddens? In diesen Tagen geht der Erfinder des Dritten Weges in Rente. Ein Porträt«, in: *Berliner Republik* 5 (5), S. 76-81.

Berkel, Rik van & Iver Hornemann Møller (2002): »The concept of activation«, S. 45-71 in: Rik van Berkel & Iver Hornemann Møller (Hg.), *Active Social Policies in the EU. Inclusion through Participation?* Bristol: Policy Press.

Birg, Herwig (2001): *Die demographische Zeitenwende. Der Bevölkerungsrückgang in Deutschland und Europa*. München: C. H. Beck.

Blair, Tony & Gerhard Schröder (1999): »Der Weg nach vorne für Europas Sozialdemokraten«, in: *Blätter für deutsche und internationale Politik* 44 (7), S. 887-896.

BMAS (Bundesministerium für Arbeit und Soziales) (2008): »Riester-Rente lohnt für alle«. Pressemitteilung vom 11.1.2008. Berlin: BMAS.

BMFSFJ (Bundesministerium für Familie, Senioren, Frauen und Jugend) (2005): *Fünfter Bericht zur Lage der älteren Generation in der Bundesrepublik Deutschland. Potenziale des Alters in Wirtschaft und Gesellschaft. Der Beitrag älterer Menschen zum Zusammenhalt der Generationen*. Bericht der Sachverständigenkommission. Berlin: BMFSFJ.

Boltanski, Luc (2007): »Leben als Projekt. Prekarität in der schönen neuen Netzwerkwelt«, in: *Polar. Politik – Theorie – Alltag* 2, Frühjahr 2007, S. 7-13.

Boltanski, Luc & Ève Chiapello (2001): »Die Rolle der Kritik in der Dynamik des Kapitalismus und der normative Wandel«, in: *Berliner Journal für Soziologie* 11 (4), S. 459-477.

Boltanski, Luc & Ève Chiapello (2003): *Der neue Geist des Kapitalismus.* Konstanz: UVK.

Bommes, Michael (2006): »Illegale Migration in der modernen Gesellschaft – Resultat und Problem der Migrationspolitik europäischer Nationalgesellschaften«, S. 95-116 in: Jörg Alt & Michael Bommes (Hg.), *Illegalität: Grenzen und Möglichkeiten der Migrationspolitik.* Wiesbaden: VS Verlag.

Borchert, Jens (1995): *Die konservative Transformation des Wohlfahrtsstaates. Großbritannien, Kanada, die USA und Deutschland im Vergleich.* Frankfurt/New York: Campus.

Borchert, Jens (1998): »Ausgetretene Pfade? Zur Statik und Dynamik wohlfahrtsstaatlicher Regime«, S. 137-176 in: Stephan Lessenich & Ilona Ostner (Hg.), *Welten des Wohlfahrtskapitalismus. Der Sozialstaat in vergleichender Perspektive.* Frankfurt/New York: Campus.

Borchert, Jens & Stephan Lessenich (2004): »›Spätkapitalismus‹ revisited. Claus Offes Theorie und die adaptive Selbsttransformation der Wohlfahrtsstaatsanalyse«, in: *Zeitschrift für Sozialreform* 50 (6), S. 563-583.

Bourdieu, Pierre (1998): *Praktische Vernunft. Zur Theorie des Handelns.* Frankfurt a.M.: Suhrkamp.

Boyer, Robert (Hg.) (1988): *The Search for Labor Market Flexibility. The European Economies in Transition.* Oxford: Clarendon.

Brettschneider, Antonio (2007): »Jenseits von Leistung und Bedarf. Zur Systematisierung sozialpolitischer Gerechtigkeitsdiskurse«, in: *Zeitschrift für Sozialreform* 53 (4), S. 365-389.

Bröckling, Ulrich (2002): »Jeder könnte, aber nicht alle können. Konturen des unternehmerischen Selbst«, in: *Mittelweg 36* 11 (4), S. 6-26.

Bröckling, Ulrich (2007): *Das unternehmerische Selbst. Soziologie einer Subjektivierungsform.* Frankfurt a.M.: Suhrkamp.

Bröckling, Ulrich, Susanne Krasmann & Thomas Lemke (Hg.) (2000): *Gouvernementalität der Gegenwart. Studien zur Ökonomisierung des Sozialen.* Frankfurt a.M.: Suhrkamp.

Bröscher, Petra, Gerhard Naegele & Christiane Rohleder (2000): »Freie Zeit im Alter als gesellschaftliche Gestaltungsaufgabe?«, in: *Aus Politik und Zeitgeschichte* B 35-36/2000, S. 30-38.

Burchell, Graham, Colin Gordon & Peter Miller (Hg.) (1991): *The Foucault Effect. Studies in Governmentality*. Chicago: The University of Chicago Press.

Butterwegge, Christoph (2005): *Krise und Zukunft des Sozialstaates*. 2., durchgesehene Aufl. Wiesbaden: VS Verlag.

Butterwegge, Christoph, Bettina Lösch & Ralf Ptak (Hg.) (2007): *Neoliberalismus. Analyse und Alternativen*. Wiesbaden: VS Verlag.

Caraley, Demetrios J. (2001): »Ending Welfare As We Know It: A Reform Still in Progress«, in: *Political Science Quarterly* 116 (4), S. 525-560.

Castel, Robert (2000): *Die Metamorphosen der sozialen Frage. Eine Chronik der Lohnarbeit*. Konstanz: UVK.

Castel, Robert (2005): *Die Stärkung des Sozialen. Leben im neuen Wohlfahrtsstaat*. Hamburg: Hamburger Edition.

Castles, Francis G. (1978): *The Social Democratic Image of Society. A Study of the Achievements and Origins of Scandinavian Social Democracy in Comparative Perspective*. London: Routledge & Kegan Paul.

Castles, Francis G. & Deborah Mitchell (1993): »Worlds of Welfare and Families of Nations«, S. 93-128 in: Francis G. Castles (Hg.), *Families of Nations. Patterns of Public Policy in Western Democracies*. Aldershot: Dartmouth.

Commission of the European Communities (1999): *Towards a Europe for All Ages. Promoting Prosperity and Intergenerational Solidarity*. COM (1999) 221 final. Brussels.

Conrad, Christoph (1996): »Wohlfahrtsstaaten im Vergleich: Historische und sozialwissenschaftliche Ansätze«, S. 155-180 in: Hans-Georg Haupt & Jürgen Kocka (Hg.), *Geschichte und Vergleich. Ansätze und Ergebnisse international vergleichender Geschichtsschreibung*. Frankfurt/New York: Campus.

Cox, Robert H. (1998): »The Consequences of Welfare Reform. How conceptions of social rights are changing«, in: *Journal of Social Policy* 27 (1), S. 1-16.

Cox, Robert H. (2001): »The Social Construction of an Imperative. Why welfare reform happened in Denmark and the Netherlands but not in Germany«, in: *World Politics* 53 (3), S. 463-498.

Crouch, Colin (2004): *Post-Democracy*. Cambridge: Polity Press.

Dahme, Heinz-Jürgen & Norbert Wohlfahrt (2003): »Aktivierungspolitik und der Umbau des Sozialstaates. Gesellschaftliche Modernisierung durch angebotsorientierte Sozialpolitik«, S. 75-100 in: Heinz-Jürgen Dahme, Hans-Uwe Otto & Norbert Wohlfahrt (Hg.), *Soziale Arbeit für den aktivierenden Staat*. Opladen: Leske + Budrich.

Dahrendorf, Ralf (1988): *The Modern Social Conflict. An Essay on the Politics of Liberty*. London: Weidenfeld and Nicolson.
Damitz, Ralf M. (2007): »Prekarität. Genealogie einer Problemdiagnose«, in: *Mittelweg 36* 16 (4), S. 67-86.
Dean, Mitchell (1995): »Governing the Unemployed Self in an Active Society«, in: *Economy and Society* 24 (4), S. 559-583.
Dean, Mitchell (1999): *Governmentality. Power and Rule in Modern Society*. London: Sage.
Dietz, Martin & Ulrich Walwei (2007): »Hartz IV: Reform der Reform?«, in: *Aus Politik und Zeitgeschichte* 51-52/2007, S. 31-38.
Donati, Pierpaolo (1991): *Teoria relazionale della società*. Milano: Angeli.
Donzelot, Jacques (1984): *L'invention du social. Essai sur le déclin des passions politiques*. Paris: Fayard.
Donzelot, Jacques (1988): »The Promotion of the Social«, in: *Economy and Society* 17 (3), S. 395-427.
Dörre, Klaus (2005): »Prekarität – eine arbeitspolitische Herausforderung«, in: *WSI-Mitteilungen* 58 (5), S. 250-258.
Dörre, Klaus (2007): »Einführung. Gewerkschaften und die kapitalistische Landnahme: Niedergang oder strategische Wahl?«, S. 53-78 in: Heinrich Geiselberger (Hg.), *Und jetzt? Politik, Protest und Propaganda*. Frankfurt a.M.: Suhrkamp.
Durkheim, Emile (1902): *Über soziale Arbeitsteilung. Studie über die Organisation höherer Gesellschaften*. Frankfurt a.M.: Suhrkamp. 1988.
Dyk, Silke van (2006a): *Die Ordnung des Konsenses. Krisenmanagement durch soziale Pakte am Beispiel Irlands und der Niederlande*. Berlin: edition sigma.
Dyk, Silke van (2006b): »The Poldermodel and its Order of Consensus. A Foucauldian Perspective on Power and Discourse within the Process of Consensus Creation«, in: *Acta Politica* 41 (4), S. 408-429.
Dyk, Silke van (2007): »Kompetent, aktiv, produktiv? Die Entdeckung der Alten in der Aktivgesellschaft«, in: *PROKLA – Zeitschrift für kritische Sozialwissenschaft* 37 (1), Heft 146, S. 93-112.
Dyk, Silke van (2008): »Best practice under construction. Interpretative Perspektiven auf die vergleichende Wohlfahrtsstaatsforschung«. Unveröff. Ms.
Ebbinghaus, Bernhard & Philip Manow (Hg.) (2001): *Comparing Welfare Capitalism. Social policy and political economy in Europe, Japan and the USA*. London/New York: Routledge.
Eichengreen, Barry (2006): *The European Economy since 1945*. Princeton: Princeton University Press.

Ekerdt, David J. (1986): »The Busy Ethic: Moral Continuity Between Work and Retirement«, in: *The Gerontologist* 26 (3), S. 239-244.

Esping-Andersen, Gøsta (1985): *Politics Against Markets. The Social Democratic Road to Power.* Princeton: Princeton University Press.

Esping-Andersen, Gøsta (1990): *The Three Worlds of Welfare Capitalism.* Cambridge: Polity Press.

Esping-Andersen, Gøsta (1994): »Welfare States and the Economy«, S. 711-732 in: Neil J. Smelser & Richard Swedberg (Hg.), *The Handbook of Economic Sociology.* Princeton/New York: Princeton University Press/Russell Sage Foundation.

Esping-Andersen, Gøsta (1996): »Welfare States without Work: the Impasse of Labour Shedding and Familialism in Continental European Social Policy«, S. 66-87 in: Gøsta Esping-Andersen (Hg.), *Welfare States in Transition. National Adaptations in Global Economies.* London: Sage.

Esping-Andersen, Gøsta (1998): »Die drei Welten des Wohlfahrtskapitalismus. Zur Politischen Ökonomie des Wohlfahrtsstaates«, S. 19-56 in: Stephan Lessenich & Ilona Ostner (Hg.), *Welten des Wohlfahrtskapitalismus. Der Sozialstaat in vergleichender Perspektive.* Frankfurt/New York: Campus.

Esping-Andersen, Gøsta (1999): *Social Foundations of Postindustrial Economies.* Oxford/New York: Oxford University Press.

Esping-Andersen, Gøsta (2002a): »Towards the Good Society, Once Again?«, S. 1-25 in: Gøsta Esping-Andersen et al., *Why We Need a New Welfare State.* Oxford: Oxford University Press.

Esping-Andersen, Gøsta (2002b): »A Child-Centred Social Investment Strategy«, S. 26-67 in: Gøsta Esping-Andersen et al., *Why We Need a New Welfare State.* Oxford: Oxford University Press.

Esping-Andersen, Gøsta (2003): »Herkunft und Lebenschancen. Warum wir eine neue Politik gegen soziale Vererbung brauchen«, in: *Berliner Republik* 5 (6), S. 42-57.

Esping-Andersen, Gøsta (2004): »Die gute Gesellschaft und der neue Wohlfahrtsstaat«, in: *Zeitschrift für Sozialreform* 50 (1-2), S. 189-210.

Evans, Peter B., Dietrich Rueschemeyer & Theda Skocpol (Hg.) (1985): *Bringing the State Back In.* Cambridge: Cambridge University Press.

Evers, Adalbert (2000): »Aktivierender Staat – eine Agenda und ihre möglichen Bedeutungen«, S. 13-29 in: Erika Mezger & Klaus-W. West (Hg.), *Aktivierender Sozialstaat und politisches Handeln.* 2., erweiterte Aufl. Marburg: Schüren.

Evers, Adalbert & Helga Nowotny (1987): *Über den Umgang mit Unsicherheit. Die Entdeckung der Gestaltbarkeit von Gesellschaft.* Frankfurt a.M.: Suhrkamp.

Ewald, François (1989): »Die Versicherungs-Gesellschaft«, in: *Kritische Justiz* 22 (4), S. 385-393.

Ewald, François (1991): »Insurance and risk«, S. 197-210 in: Graham Burchell, Colin Gordon & Peter Miller (Hg.), *The Foucault Effect. Studies in Governmentality.* Chicago: The University of Chicago Press.

Ewald, François (1993): *Der Vorsorgestaat.* Frankfurt a.M.: Suhrkamp.

Ferrera, Maurizio (1993): *Modelli di solidarietà. Politica e riforme sociali nelle democrazie.* Bologna: Il Mulino.

Ferrera, Maurizio (1998): »The Four ›Social Europes‹: Between Universalism and Selectivity«, S. 81-96 in: Martin Rhodes & Yves Mény (Hg.), *The Future of European Welfare. A New Social Contract?* Basingstoke/London: Macmillan.

Ferrera, Maurizio, Anton Hemerijck & Martin Rhodes (2000): *The Future of Social Europe: Recasting Work and Welfare in the New Economy.* Report for the Portuguese Presidency of the European Union. Oeiras: Celta Editora.

Flora, Peter, Jens Alber & Jürgen Kohl (1977): »Zur Entwicklung der westeuropäischen Wohlfahrtsstaaten«, in: *Politische Vierteljahresschrift* 18 (4), S. 702-772.

Flora, Peter & Arnold J. Heidenheimer (Hg.) (1981): *The Development of Welfare States in Europe and America.* New Brunswick: Transaction Books.

Foucault, Michel (1979): »Die Strategie des Umfelds«, S. 992-996 in: Michel Foucault, *Schriften in vier Bänden. Dits et Ecrits.* Band III: 1976-1979. Frankfurt a.M.: Suhrkamp. 2003.

Foucault, Michel (1982): »Subjekt und Macht«, S. 269-294 in: Michel Foucault, *Schriften in vier Bänden. Dits et Ecrits.* Band IV: 1980-1988. Frankfurt a.M.: Suhrkamp. 2005.

Foucault, Michel (1984): »Die politische Technologie der Individuen«, S. 999-1015 in: Michel Foucault, *Schriften in vier Bänden. Dits et écrits.* Band IV: 1980-1988. Frankfurt a.M.: Suhrkamp. 2005.

Foucault, Michel (1992): *Was ist Kritik?* Berlin: Merve.

Foucault, Michel (1999): *In Verteidigung der Gesellschaft. Vorlesung am Collège de France (1975-1976).* Herausgegeben von Mauro Bertani und Alessandro Fontana. Frankfurt a.M.: Suhrkamp.

Foucault, Michel (2004): *Geschichte der Gouvernementalität II. Die Geburt der Biopolitik. Vorlesung am Collège de France (1978-1979)*. Herausgegeben von Michel Senellart. Frankfurt a.M.: Suhrkamp.

Friedrichs, Jürgen, M. Rainer Lepsius & Karl Ulrich Mayer (1998): »Diagnose und Prognose in der Soziologie«, S. 9-31 in: Jürgen Friedrichs et al. (Hg.), *Die Diagnosefähigkeit der Soziologie*. Kölner Zeitschrift für Soziologie und Sozialpsychologie, Sonderheft 38/1998. Opladen: Westdeutscher Verlag.

Fulcher, James (2007): *Kapitalismus*. Stuttgart: Reclam.

Gabriel, Karl (Hg.) (2005), *Europäische Wohlfahrtsstaatlichkeit. Soziokulturelle Grundlagen und religiöse Wurzeln*. Jahrbuch für Christliche Sozialwissenschaften, 46. Band/2005. Münster: Aschendorff.

Geiger, Theodor (1950): »Typologie und Mechanik der gesellschaftlichen Fluktuation«, S. 114-167 in: Theodor Geiger, *Arbeiten zur Soziologie. Methode, Moderne Großgesellschaft, Rechtssoziologie, Ideologiekritik*. Neuwied/Berlin: Luchterhand. 1962.

Gertenbach, Lars (2007): *Die Kultivierung des Marktes. Foucault und die Gouvernementalität des Neoliberalismus*. Berlin: Parodos.

Geyer, Christian (2004): »Kinderdenker«, in: *Frankfurter Allgemeine Zeitung* vom 9.1.2004, S. 38.

Geyer, Christian (2007): »Abspecken! Fit statt fett: Ein Nationaler Aktionsplan gegen die Dicken«, in: *Frankfurter Allgemeine Zeitung* vom 10.5.2007, S. 39.

Giddens, Anthony (1983): »Klassenspaltung, Klassenkonflikt und Bürgerrechte. Gesellschaft im Europa der achtziger Jahre«, S. 15-33 in: Reinhard Kreckel (Hg.), *Soziale Ungleichheiten*. Soziale Welt, Sonderband 2. Göttingen: Otto Schwartz.

Giddens, Anthony (1984): *The Constitution of Society. Outline of the Theory of Structuration*. Cambridge: Polity Press.

Giddens, Anthony (1998): *The Third Way. The Renewal of Social Democracy*. Cambridge: Polity Press.

Goldthorpe, John H. (Hg.) (1984): *Order and Conflict in Contemporary Capitalism*. Oxford: Clarendon Press.

Goodin, Robert & Julian LeGrand (1987): *Not Only for the Poor. The Middle Classes and the Welfare State*. London: Allen and Unwin.

Göring-Eckardt, Katrin & Thea Dückert (2003): *Solidarität in Bewegung: Chancen für alle*. Berlin: Bündnis 90/Die Grünen-Bundestagsfraktion.

Gough, Ian (1979): *The Political Economy of the Welfare State*. London: Macmillan.

Guillén, Ana M. & Bruno Palier (2004): »Introduction: Does Europe matter? Accession to EU and social policy developments in recent and new member states«, in: *Journal of European Social Policy* 14 (3), S. 203-209.

Haferkamp, Heinrich (2000): »Kriegsfolgen und gesellschaftliche Wandlungsprozesse«, S. 102-124 in: Wolfgang Knöbl & Gunnar Schmidt (Hg.), *Die Gegenwart des Krieges. Staatliche Gewalt in der Moderne*. Frankfurt a.M.: Fischer Taschenbuch Verlag.

Hall, Peter A. & David Soskice (Hg.) (2001): *Varieties of Capitalism. The Institutional Foundations of Comparative Advantage*. Oxford: Oxford University Press.

Harris, Jose (1996): »›Contract‹ and ›Citizenship‹«, S. 122-138 in: David Marquand & Anthony Seldon (Hg.), *The Ideas that Shaped Post-War Britain*. London: Fontana Press.

Hartmann, Martin (2002): »Widersprüche, Ambivalenzen, Paradoxien – Begriffliche Wandlungen in der neueren Gesellschaftstheorie«, S. 221-251 in: Axel Honneth (Hg.), *Befreiung aus der Mündigkeit. Paradoxien des gegenwärtigen Kapitalismus*. Frankfurt/New York: Campus.

Hartz, Peter et al. (2002): *Moderne Dienstleistungen am Arbeitsmarkt. Vorschläge der Kommission zum Abbau der Arbeitslosigkeit und zur Umstrukturierung der Bundesanstalt für Arbeit*. Berlin: Bundesministerium für Arbeit und Sozialordnung.

Heidenheimer, Arnold J. (1983): »Secularization Patterns and the Westward Spread of the Welfare State, 1883-1983. Two dialogues about how and why Britain, the Netherlands, and the United States have differed«, in: *Comparative Social Research* 6, S. 3-38.

Heimann, Eduard (1929): *Soziale Theorie des Kapitalismus. Theorie der Sozialpolitik*. Frankfurt a.M.: Suhrkamp. 1980.

Heinze, Rolf G. & Christoph Strünck (2001): »Aktivierender Staat (III) – Politik zur Entfaltung des bürgerschaftlichen Engagements«, in: *Theorie und Praxis der sozialen Arbeit* 52 (5), S. 163-166.

Herlth, Alois et al. (Hg.) (1994): *Abschied von der Normalfamilie? Partnerschaft kontra Elternschaft*. Berlin: Springer.

Hielscher, Volker (2007): »Die Arbeitsverwaltung als Versicherungskonzern? Zum betriebswirtschaftlichen Umbau einer Sozialbehörde«, in: *PROKLA – Zeitschrift für kritische Sozialwissenschaft* 37 (3), Heft 148, S. 351-368.

Hirsch, Joachim (1995): *Der nationale Wettbewerbsstaat. Staat, Demokratie und Politik im globalen Kapitalismus*. Berlin/Amsterdam: Edition ID-Archiv.

Hirsch, Joachim & Roland Roth (1986): *Das neue Gesicht des Kapitalismus. Vom Fordismus zum Post-Fordismus.* Hamburg: VSA.

Hirseland, Andreas & Werner Schneider (2001): »Wahrheit, Ideologie und Diskurse. Zum Verhältnis von Diskursanalyse und Ideologiekritik«, S. 373-402 in: Reiner Keller et al. (Hg.), *Handbuch Sozialwissenschaftliche Diskursanalyse.* Band 1: Theorien und Methoden. Opladen: Leske + Budrich.

Hobsbawm, Eric (1994): *Age of Extremes. The short twentieth century, 1914-1991.* London: Joseph.

Hochschild, Arlie Russell (1997): *The Time Bind. When Work Becomes Home and Home Becomes Work.* New York: Metropolitan Books.

Holstein, Martha B. & Meredith Minkler (2003): »Self, Society, and the ›New Gerontology‹«, in: *The Gerontologist* 43 (6), S. 787-796.

Honneth, Axel (1992): *Kampf um Anerkennung. Zur moralischen Grammatik sozialer Konflikte.* Mit einem neuen Nachwort. Frankfurt a.M.: Suhrkamp. 2003.

Honneth, Axel (2002): »Organisierte Selbstverwirklichung. Paradoxien der Individualisierung«, S. 141-158 in: Axel Honneth (Hg.), *Befreiung aus der Mündigkeit. Paradoxien des gegenwärtigen Kapitalismus.* Frankfurt/New York: Campus.

Huber, Evelyne & John D. Stephens (2001): *Development and Crisis of the Welfare State. Parties and Policies in Global Markets.* Chicago: University of Chicago Press.

Huf, Stefan (1998a): *Sozialstaat und Moderne. Modernisierungseffekte staatlicher Sozialpolitik.* Berlin: Duncker & Humblot.

Huf, Stefan (1998b): »Sozialstaat und Marktökonomie – oder: Wie voraussetzungsvoll ist funktionale Differenzierung?«, in: *Soziale Systeme* 4 (2), S. 359-385.

Jann, Werner & Günther Schmid (Hg.) (2004): *Eins zu eins? Eine Zwischenbilanz der Hartz-Reformen am Arbeitsmarkt.* Berlin: edition sigma.

Jessop, Bob (1986): »Der Wohlfahrtsstaat im Übergang vom Fordismus zum Postfordismus«, in: *Prokla* 16 (4), Heft 65, S. 4-33.

Jessop, Bob (2002): *The Future of the Capitalist State.* Cambridge: Polity Press.

Kaelble, Hartmut (1992): *Der Boom 1948 – 1973. Gesellschaftliche und wirtschaftliche Folgen in der Bundesrepublik Deutschland und in Europa.* Opladen: Westdeutscher Verlag.

Karakayali, Serhat (2008): *Gespenster der Migration. Zur Genealogie illegaler Migration in der Bundesrepublik Deutschland.* Bielefeld: transcript.

Karakayali, Serhat & Vassilis Tsianos (2005): »Mapping the Order of New Migration: Undokumentierte Arbeit und die Autonomie der Migration«, in: *Peripherie. Zeitschrift für Politik und Ökonomie in der Dritten Welt* 97/98, S. 35-64.

Katz, Stephen (2000): »Busy Bodies: Activity, Aging, and the Management of Everyday Life«, in: *Journal of Aging Studies* 14 (2), S. 135-152.

Katzenstein, Peter (1985): *Small States in World Markets. Industrial Policy in Europe*. Ithaca: Cornell University Press.

Kaube, Jürgen (2003): »Das Reflexionsdefizit des Wohlfahrtsstaates«, S. 41-54 in: Stephan Lessenich (Hg.), *Wohlfahrtsstaatliche Grundbegriffe. Historische und aktuelle Diskurse*. Frankfurt/New York: Campus.

Kaufmann, Franz-Xaver (1973): *Sicherheit als soziologisches und sozialpolitisches Problem. Untersuchungen zu einer Wertidee hochdifferenzierter Gesellschaften*. 2., umgearb. Aufl. Stuttgart: Enke.

Kaufmann, Franz-Xaver (1977): »Sozialpolitisches Erkenntnisinteresse und Soziologie: Ein Beitrag zur Pragmatik der Sozialwissenschaften«, S. 31-68 in: Franz-Xaver Kaufmann, *Soziologie und Sozialstaat: Soziologische Analysen*. 2., erweiterte Aufl. Wiesbaden: VS Verlag. 2005.

Kaufmann, Franz-Xaver (1989): »Christentum und Wohlfahrtsstaat«, S. 89-119 in: Franz-Xaver Kaufmann, *Religion und Modernität. Sozialwissenschaftliche Perspektiven*. Tübingen: J.C.B. Mohr (Paul Siebeck).

Kaufmann, Franz-Xaver (1994): »Staat und Wohlfahrtsproduktion«, S. 219-242 in: Franz-Xaver Kaufmann, *Soziologie und Sozialstaat: Soziologische Analysen*. 2., erweiterte Aufl. Wiesbaden: VS Verlag. 2005.

Kaufmann, Franz-Xaver (1996): »Diskurse über Staatsaufgaben«, S. 15-41 in: Dieter Grimm (Hg.), *Staatsaufgaben*. Unter Mitarbeit von Evelyn Hagenah. Frankfurt a.M.: Suhrkamp.

Kaufmann, Franz-Xaver (1997): *Herausforderungen des Sozialstaates*. Frankfurt a.M.: Suhrkamp.

Kaufmann, Franz-Xaver (2003a): *Varianten des Wohlfahrtsstaats. Der deutsche Sozialstaat im internationalen Vergleich*. Frankfurt a.M.: Suhrkamp.

Kaufmann, Franz-Xaver (2003b): »Sicherheit: Das Leitbild beherrschbarer Komplexität«, S. 73-104 in: Stephan Lessenich (Hg.), *Wohlfahrtsstaatliche Grundbegriffe. Historische und aktuelle Diskurse*. Frankfurt/New York: Campus.

Kaufmann, Franz-Xaver (2005a): »Zur Einführung«, S. 9-21 in: Franz-Xaver Kaufmann, *Soziologie und Sozialstaat: Soziologische Analysen*. 2., erweiterte Aufl. Wiesbaden: VS Verlag.

Kaufmann, Franz-Xaver (2005b): *Schrumpfende Gesellschaft. Vom Bevölkerungsrückgang und seinen Folgen*. Frankfurt a.M.: Suhrkamp.

Keller, Rainer et al. (Hg.) (2005): *Die diskursive Konstruktion von Wirklichkeit. Zum Verhältnis von Wissenssoziologie und Diskursforschung*. Konstanz: UVK.

Kersbergen, Kees van (1995): *Social Capitalism. A Study of Christian Democracy and the Welfare State*. London: Routledge.

Kohli, Martin (1985): »Die Institutionalisierung des Lebenslaufs. Historische Befunde und theoretische Argumente«, in: *Kölner Zeitschrift für Soziologie und Sozialpsychologie* 37 (1), S. 1-29.

Kohli, Martin (1988): »Normalbiographie und Individualität: Zur institutionellen Dynamik des gegenwärtigen Lebenslaufregimes«, S. 33-53 in: Hanns-Georg Brose & Bruno Hildenbrand (Hg.), *Vom Ende des Individuums zur Individualität ohne Ende*. Opladen: Leske + Budrich.

Korpi, Walter (1983): *The Democratic Class Struggle*. London: Routledge & Kegan Paul.

Korpi, Walter & Joakim Palme (1998): »The Paradox of Redistribution and Strategies of Equality: Welfare State Institutions, Inequality, and Poverty in the Western Countries«, in: *American Sociological Review* 63 (5), S. 661-687.

Krasmann, Susanne (2003): *Die Kriminalität der Gesellschaft. Zur Gouvernementalität der Gegenwart*. Konstanz: UVK.

Krasmann, Susanne & Michael Volkmer (Hg.) (2007): *Michel Foucaults »Geschichte der Gouvernementalität« in den Sozialwissenschaften. Internationale Beiträge*. Bielefeld: transcript.

Krätke, Michael R. (2007): »Leben und Arbeiten, Brot und Spiele. Das Grundeinkommen als Sozialstaatsersatz?«, in: *Widerspruch* 27 (1), Heft 52, S. 149-164.

Kronauer, Martin (2002): *Exklusion. Die Gefährdung des Sozialen im hoch entwickelten Kapitalismus*. Frankfurt/New York: Campus.

Lahusen, Christian & Carsten Stark (2003): »Integration: Vom fördernden und fordernden Wohlfahrtsstaat«, S. 353-371 in: Stephan Lessenich (Hg.), *Wohlfahrtsstaatliche Grundbegriffe. Historische und aktuelle Diskurse*. Frankfurt/New York: Campus.

Lamping, Wolfram et al. (2002): Der *Aktivierende Staat. Positionen, Begriffe, Strategien*. Studie für den Arbeitskreis Bürgergesellschaft und

Aktivierender Staat der Friedrich-Ebert-Stiftung. Bonn: Friedrich-Ebert-Stiftung.

Landwehr, Achim (2001): *Geschichte des Sagbaren. Einführung in die historische Diskursanalyse.* Tübingen: edition diskord.

Lehr, Ursula (2003): »Die Jugend von gestern – die Senioren von morgen«, in: *Aus Politik und Zeitgeschichte* B 20/2003, S. 3-5.

Leisering, Lutz (1997): »Individualisierung und ›sekundäre Institutionen‹. Der Sozialstaat als Voraussetzung des modernen Individuums«, S. 143-159 in: Ulrich Beck & Peter Sopp (Hg.), *Individualisierung und Integration. Neue Konfliktlinien und neuer Integrationsmodus?* Opladen: Leske & Budrich.

Leitner, Sigrid & Stephan Lessenich (2007): »(In)Dependence as dependent variable: conceptualizing and measuring ›de-familialization‹«, S. 244-260 in: Jochen Clasen & Nico Siegel (Hg.), *Investigating Welfare State Change. The ›Dependent Variable Problem‹ in Comparative Analysis.* Cheltenham/Northhampton: Edward Elgar.

Lemke, Thomas (1997): *Eine Kritik der politischen Vernunft. Foucaults Analyse der modernen Gouvernementalität.* Berlin/Hamburg: Argument.

Lemke, Thomas (2000): »Neoliberalismus, Staat und Selbsttechnologien. Ein kritischer Überblick über die ›governmentality studies‹«, in: *Politische Vierteljahresschrift* 41 (1), S. 31-47.

Lemke, Thomas (2001a): »›Die Ungleichheit ist für alle gleich‹ – Michel Foucaults Analyse der neoliberalen Gouvernementalität«, in: *1999. Zeitschrift für Sozialgeschichte des 20. und 21. Jahrhunderts* 16 (2), S. 99-115.

Lemke, Thomas (2001b): »›The birth of bio-politics‹: Michel Foucault's lecture at the Collège de France on neo-liberal governmentality«, in: *Economy and Society* 30 (2), S. 190-207.

Lemke, Thomas, Susanne Krasmann & Ulrich Bröckling (2000): »Gouvernementalität, Neoliberalismus und Selbsttechnologien. Eine Einführung«, S. 7-40 in: Ulrich Bröckling, Susanne Krasmann & Thomas Lemke (Hg.), *Gouvernementalität der Gegenwart. Studien zur Ökonomisierung des Sozialen.* Frankfurt a.M.: Suhrkamp.

Lenhardt, Gero & Claus Offe (1977): »Staatstheorie und Sozialpolitik. Funktionen und Innovationsprozesse der Sozialpolitik«, S. 153-180 in: Claus Offe, *Strukturprobleme des kapitalistischen Staates. Aufsätze zur Politischen Soziologie.* Veränderte Neuausgabe herausgegeben und eingeleitet von Jens Borchert und Stephan Lessenich. Mit einem Vor- und Nachwort von Claus Offe. Frankfurt/New York: Campus. 2006.

Lepsius, M. Rainer (1979): »Soziale Ungleichheit und Klassenstrukturen in der Bundesrepublik Deutschland. Lebenslagen, Interessenvermittlung und Wertorientierungen«, S. 166-209 in: Hans-Ulrich Wehler (Hg.), *Klassen in der europäischen Sozialgeschichte*. Göttingen: Vandenhoeck & Ruprecht.

Lepsius, M. Rainer (1990): *Interessen, Ideen und Institutionen*. Opladen: Westdeutscher Verlag.

Lessenich, Stephan (1996): »Umbau, Abbau, Neubau? Der deutsche Sozialstaat im Wandel. Eine Provokation«, in: *Leviathan* 24 (2), S. 208-221.

Lessenich, Stephan (1998): »›Relations matter‹: De-Kommodifizierung als Verteilungsproblem«, S. 91-108 in: Stephan Lessenich & Ilona Ostner (Hg.), *Welten des Wohlfahrtskapitalismus. Der Sozialstaat in vergleichender Perspektive*. Frankfurt/New York: Campus.

Lessenich, Stephan (1999): »Back to Basics: Vielfalt und Verfall wohlfahrtsstaatlich organisierter Solidarität in Europa«, in: *Zeitschrift für Sozialreform* 45 (1), S. 24-38.

Lessenich, Stephan (2000): »Soziologische Erklärungsansätze zu Entstehung und Funktion des Sozialstaats«, S. 39-78 in: Jutta Allmendinger & Wolfgang Ludwig-Mayerhofer (Hg.), *Soziologie des Sozialstaats. Gesellschaftliche Grundlagen, historische Zusammenhänge und aktuelle Entwicklungstendenzen*. Weinheim/München: Juventa.

Lessenich, Stephan (2003a): *Dynamischer Immobilismus. Kontinuität und Wandel im deutschen Sozialmodell*. Frankfurt/New York: Campus.

Lessenich, Stephan (2003b): »Schluss: Wohlfahrtsstaatliche Semantiken – Politik im Wohlfahrtsstaat«, S. 419-426 in: Stephan Lessenich (Hg.), *Wohlfahrtsstaatliche Grundbegriffe. Historische und aktuelle Diskurse*. Frankfurt/New York: Campus.

Lessenich, Stephan (2003c): »Soziale Subjektivität. Die neue Regierung der Gesellschaft«, in: *Mittelweg 36* 12 (4), S. 80-93.

Lessenich, Stephan (2003d): »Der Arme in der Aktivgesellschaft – zum sozialen Sinn des ›Förderns und Forderns‹«, in: *WSI-Mitteilungen* 56, S. 214-220.

Lessenich, Stephan (2003e): »Im Dienste des großen Ganzen. Die Ich-AG als Chiffre eines Umbruchs«, in: *Freitag* Nr. 7 vom 7.2. 2003, S. 4.

Lessenich, Stephan (2004): »Zur Lage der bürgerlichen Demokratie in Deutschland«, in: *PROKLA – Zeitschrift für kritische Sozialwissenschaft* 34 (1), Heft 134, S. 157-163.

Lessenich, Stephan (2005): »›Activation without Work‹: Das neue Dilemma des ›konservativen‹ Wohlfahrtsstaats«, S. 21-29 in: Heinz-Jürgen Dahme & Norbert Wohlfahrt (Hg.), *Aktivierende Soziale Arbeit. Theorie – Handlungsfelder – Praxis.* Baltmannsweiler: Schneider Verlag Hohengehren.

Lessenich, Stephan (2006a): »Beweglich – Unbeweglich«, S. 336-352 in: Stephan Lessenich & Frank Nullmeier (Hg.), *Deutschland – eine gespaltene Gesellschaft.* Frankfurt/New York: Campus.

Lessenich, Stephan (2006b): »Du bist Unterschicht: Zur Remoralisierung sozialer Ungleichheit«, in: *PROKLA – Zeitschrift für kritische Sozialwissenschaft* 36 (4), Heft 145, S. 611-614.

Lessenich, Stephan (2007a): »Die Grenzen der Anerkennung – Zum Wandel der moralischen Ökonomie des Wohlfahrtsstaates«, S. 151-167 in: Christine Wimbauer, Annette Henninger & Markus Gottwald (Hg.), *Die Gesellschaft als »institutionalisierte Anerkennungsordnung«. Anerkennung und Ungleichheit in Paarbeziehungen, Arbeitsorganisationen und Sozialstaat.* Opladen/Farmington Hills: Barbara Budrich.

Lessenich, Stephan (2007b): »Armut verpflichtet: Die Moralökonomie der Sozialstaatsreform in Deutschland«, S. 39-48 in: Kirsten Scheiwe (Hg.), *Soziale Sicherungsmodelle revisited. Existenzsicherung durch Sozial- und Familienrecht und ihre Geschlechterdimensionen.* Baden-Baden: Nomos.

Lessenich, Stephan (2008): »Produktives Altern. Auf dem Weg zum Alterskraftunternehmer?«, S. 45-64 in: Manfred Füllsack (Hg.), *Verwerfungen moderner Arbeit. Zum Formwandel des Produktiven.* Bielefeld: transcript.

Lessenich, Stephan & Frank Nullmeier (Hg.) (2006): *Deutschland – eine gespaltene Gesellschaft.* Frankfurt/New York: Campus.

Lessenich, Stephan & Ilona Ostner (Hg.) (1998): *Welten des Wohlfahrtskapitalismus. Der Sozialstaat in vergleichender Perspektive.* Frankfurt/New York: Campus.

Lewis, Jane (2006): »Gender and Welfare in Modern Europe«, S. 39-54 in: Ruth Harris & Lyndal Roper (Hg.), *The Art of Survival. Gender and History in Europe, 1450-2000.* Past & Present, Supplement 1. Oxford: Oxford University Press.

Lipietz, Alain (1987): *Mirages and Miracles. The Crises of Global Fordism.* London: Verso.

Lodemel, Ivar & Heather Trickey (Hg.) (2000): *An Offer You Can't Refuse. Workfare in International Perspective.* Bristol: The Policy Press.

Ludwig-Mayerhofer, Wolfgang & Angela Wroblewski (2004): »Eppur si muove? Activation Policies in Austria and Germany«, in: *European Societies* 6 (4), S. 485-509.

Luhmann, Niklas (1981): *Politische Theorie im Wohlfahrtsstaat.* München/Wien: Günter Olzog.

Luhmann, Niklas (2000): *Die Politik der Gesellschaft.* Herausgegeben von André Kieserling. Frankfurt a.M.: Suhrkamp.

Mahoney, James (2000): »Path Dependence in Historical Sociology«, in: *Theory and Society* 29 (4), S. 507-548.

Manow, Philip (1998): »Individuelle Zeit, institutionelle Zeit, soziale Zeit: Das Vertrauen in die Sicherheit der Rente und die Debatte um Kapitaldeckung und Umlage in Deutschland«, in: *Zeitschrift für Soziologie* 27 (3), S. 193-211.

Manow, Philip (2002): »›The Good, the Bad, and the Ugly‹. Esping-Andersens Sozialstaats-Typologie und die konfessionellen Wurzeln des westlichen Wohlfahrtsstaats«, in: *Kölner Zeitschrift für Soziologie und Sozialpsychologie* 54 (2), S. 203-225.

Mares, Isabella (2003): *The Politics of Social Risk. Business and Welfare State Development.* New York: Cambridge University Press.

Marshall, Thomas H. (1949): »Citizenship and Social Class«, S. 67-127 in: Thomas H. Marshall, *Sociology at the crossroads and other essays.* London: Heinemann. 1963.

May, Stefan (2007): »Sicherheit – Prävention – neue Risiken. Zum Wandel moderner Staatlichkeit und ihrer rechtlichen Handlungsformen«, in: *vorgänge* 46 (2), Heft 178, S. 92-109.

Mayntz, Renate (2002): »Zur Theoriefähigkeit makro-sozialer Analysen«, S. 7-43 in: Renate Mayntz (Hg.), *Akteure – Mechanismen – Modelle. Zur Theoriefähigkeit makro-sozialer Analysen.* Frankfurt/New York: Campus.

Merkel, Wolfgang (2001): »Soziale Gerechtigkeit und die drei Welten des Wohlfahrtsstaats«, in: *Berliner Journal für Soziologie* 11 (2), S. 135-157.

Mohr, Katrin (2005): »Stratifizierte Rechte und soziale Exklusion von Migranten im Wohlfahrtsstaat«, in: *Zeitschrift für Soziologie* 34 (5), S. 383-398.

Mohr, Katrin (2007): *Soziale Exklusion im Wohlfahrtsstaat. Arbeitslosensicherung und Sozialhilfe in Großbritannien und Deutschland.* Wiesbaden: VS Verlag.

Möller, Joachim & Ulrich Walwei (2007): »Arbeitslose aktivieren, nicht alimentieren«, in: *Frankfurter Allgemeine Zeitung* vom 9.10.2007, S. 14.

Morris, Lydia (2002): *Managing Migration. Civic Stratification and Migrants' Rights*. London: Routledge.

Moulier Boutang, Yann (1998): *De l'esclavage au salariat. Économie historique du salariat bridé*. Paris: Presses Universitaires de France.

Mrusek, Konrad (2008): »Nur in Hansestädten kommt es nicht so dick«, in: *Frankfurter Allgemeine Zeitung* vom 31.1.2008, S. 9.

Mückenberger, Ulrich (1990): »Normalarbeitsverhältnis: Lohnarbeit als normativer Horizont sozialer Sicherheit?«, S. 158-178 in: Christoph Sachße & H. Tristram Engelhardt (Hg.), *Sicherheit und Freiheit. Zur Ethik des Wohlfahrtsstaates*. Frankfurt a.M.: Suhrkamp.

Nassehi, Armin (2006): »Die paradoxe Einheit von Inklusion und Exklusion. Ein systemtheoretischer Blick auf die ›Phänomene‹«, S. 46-69 in: Heinz Bude & Andreas Willisch (Hg.), *Das Problem der Exklusion. Ausgegrenzte, Entbehrliche, Überflüssige*. Hamburg: Hamburger Edition.

Nell-Breuning, Oswald von (1957): »Solidarität und Subsidiarität im Raume von Sozialpolitik und Sozialreform«, S. 213-226 in: Erik Boettcher (Hg.), *Sozialpolitik und Sozialreform. Ein einführendes Lehr- und Handbuch der Sozialpolitik*. Tübingen: J.C.B. Mohr (Paul Siebeck).

Ney, Steven (2004): *Active Ageing Policies in Europe: Between Institutional Path Dependence and Path Departure*. The ActivAge Project, Deliverable D1: WP 1 – Synthesis Report. Wien: ICCR.

Niejahr, Elisabeth (2003): »Politik vom Wickeltisch«, in: *DIE ZEIT* Nr. 41 vom 1.10.2003, S. 2.

Nolte, Paul (1998): »Georg Simmels Historische Anthropologie der Moderne. Rekonstruktion eines Forschungsprogramms«, in: *Geschichte und Gesellschaft* 28 (2), S. 175-182.

Nolte, Paul (2004): »›Fürsorgliche Vernachlässigung‹? Umrisse einer neuen Politik der Unterschichten«, S. 57-73 in: Paul Nolte, *Generation Reform. Jenseits der blockierten Republik*. München: C. H. Beck.

Obinger, Herbert & Uwe Wagschal (Hg.) (2000): *Der gezügelte Wohlfahrtsstaat. Sozialpolitik in reichen Industrienationen*. Frankfurt/New York: Campus.

O'Connor, James (1973): *The Fiscal Crisis of the State*. New York: St. Martin's Press.

Offe, Claus (1972): *Strukturprobleme des kapitalistischen Staates. Aufsätze zur Politischen Soziologie*. Veränderte Neuausgabe herausgegeben und eingeleitet von Jens Borchert und Stephan Lessenich. Mit einem Vor- und Nachwort von Claus Offe. Frankfurt/New York: Campus. 2006.

Offe, Claus (1973): »Krisen des Krisenmanagements. Elemente einer politischen Krisentheorie«, S. 197-223 in: Martin Jänicke (Hg.), *Herrschaft und Krise. Beiträge zur politikwissenschaftlichen Krisenforschung.* Opladen: Westdeutscher Verlag.

Offe, Claus (1975): »Reformpolitik und das Interesse des Staates an sich selbst«, S. 127-152 in: Claus Offe, *Strukturprobleme des kapitalistischen Staates. Aufsätze zur Politischen Soziologie.* Veränderte Neuausgabe herausgegeben und eingeleitet von Jens Borchert und Stephan Lessenich. Mit einem Vor- und Nachwort von Claus Offe. Frankfurt/New York: Campus. 2006.

Offe, Claus (1984): »Zu einigen Widersprüchen des modernen Sozialstaates«, S. 323-339 in: Claus Offe, *»Arbeitgesellschaft«: Strukturprobleme und Zukunftsperspektiven.* Frankfurt/New York: Campus.

Offe, Claus (1990): »Akzeptanz und Legitimität strategischer Optionen in der Sozialpolitik«, S. 179-202 in: Christoph Sachße & H. Tristram Engelhardt (Hg.), *Sicherheit und Freiheit. Zur Ethik des Wohlfahrtsstaates.* Frankfurt a.M.: Suhrkamp.

Offe, Claus (1996): »Die Aufgabe von staatlichen Aufgaben: ›Thatcherismus‹ und die populistische Kritik der Staatstätigkeit«, S. 317-352 in: Dieter Grimm (Hg.), *Staatsaufgaben.* Unter Mitarbeit von Evelyn Hagenah. Frankfurt a.M.: Suhrkamp.

Offe, Claus (2001): »Wessen Wohl ist das Gemeinwohl?«, S. 459-488 in: Lutz Wingert & Klaus Günther (Hg.), *Die Öffentlichkeit der Vernunft und die Vernunft der Öffentlichkeit.* Festschrift für Jürgen Habermas. Frankfurt a.M.: Suhrkamp.

Opitz, Sven (2004): *Gouvernementalität im Postfordismus. Macht, Wissen und Techniken des Selbst im Feld unternehmerischer Rationalität.* Hamburg: Argument.

Oschmiansky, Frank (2003): *Faule Arbeitslose? Zur Debatte über Arbeitsunwilligkeit und Leistungsmissbrauch,* in: *Aus Politik und Zeitgeschichte* B 6-7/2003, S. 10-16.

Osterland, Martin (1990): »›Normalbiographie‹ und ›Normalarbeitsverhältnis‹«, S. 351-362 in: Peter A. Berger & Stefan Hradil (Hg.), *Lebenslagen, Lebensläufe, Lebensstile.* Soziale Welt, Sonderband 7. Göttingen: Schwartz.

Ostner, Ilona (2004): »Kinder und Frauen zuerst!? Ein Review-Essay«, in: *Zeitschrift für Sozialreform* 50 (1-2), S. 211-217.

Pieper, Marianne (2003): »Regierung der Armen oder Regierung von Armut als Selbstsorge«, S. 136-160 in: Marianne Pieper & Encarnación Gutiérrez Rodríguez (Hg.), *Gouvernementalität. Ein sozialwis-*

senschaftliches Konzept in Anschluss an Michel Foucault. Frankfurt/ New York: Campus.

Pierson, Paul (1993): »When Effect Becomes Cause. Policy Feedback and Political Change«, in: *World Politics* 45 (4), S. 595-628.

Pierson, Paul (2000): »Increasing Returns, Path Dependence, and the Study of Politics«, in: *American Political Science Review* 94 (2), S. 251-268.

Piven, Frances Fox & Richard A. Cloward (1971): *Regulating the Poor. The Functions of Public Welfare.* New York: Vintage Books.

Polanyi, Karl (1944): *The Great Transformation. Politische und ökonomische Ursprünge von Gesellschaften und Wirtschaftssystemen.* 1. Aufl. (Nachdr.). Frankfurt a.M.: Suhrkamp. 2004.

Polanyi, Karl (1957): »Die Wirtschaft als eingerichteter Prozeß«, S. 219-244 in: Karl Polanyi, *Ökonomie und Gesellschaft.* Mit einer Einleitung von S. C. Humphreys. Frankfurt a.M.: Suhrkamp. 1979.

Pongratz, Hans J. & G. Günter Voß (2003): *Arbeitskraftunternehmer. Erwerbsorientierungen in entgrenzten Arbeitsformen.* Berlin: edition sigma.

Popper, Karl R. (1945): *Die offene Gesellschaft und ihre Feinde.* Zwei Bände. 7. Aufl. Tübingen: J.C.B. Mohr (Paul Siebeck). 1992.

Preuß, Ulrich K. (1996): »Risikovorsorge als Staatsaufgabe. Die epistemologischen Voraussetzungen von Sicherheit«, S. 523-551 in: Dieter Grimm (Hg.), *Staatsaufgaben.* Unter Mitarbeit von Evelyn Hagenah. Frankfurt a.M.: Suhrkamp.

Prisching, Manfred (1996): *Bilder des Wohlfahrtsstaates.* Marburg: Metropolis.

Przeworski, Adam & John Sprague (1986): *Paper Stones. A History of Electoral Socialism.* Chicago: University of Chicago Press.

Rehberg, Karl-Siegbert (1998): »Die stabilisierende ›Fiktionalität‹ von Präsenz und Dauer. Institutionelle Analyse und historische Forschung«, S. 381-407 in: Reinhard Blänkner & Bernhard Jussen (Hg.), *Institutionen und Ereignis. Über historische Praktiken und Vorstellungen gesellschaftlichen Ordnens.* Göttingen: Vandenhoeck & Ruprecht.

Reitz, Tilman (2003): *Bürgerlichkeit als Haltung. Zur Politik des privaten Weltverhältnisses.* München: Fink.

Rieger, Elmar (1992): *Die Institutionalisierung des Wohlfahrtsstaates.* Opladen: Westdeutscher Verlag.

Rieger, Elmar & Stephan Leibfried (2001): *Grundlagen der Globalisierung. Perspektiven des Wohlfahrtsstaates.* Frankfurt a.M.: Suhrkamp.

Rimlinger, Gaston (1971): *Welfare Policy and Industrialization in Europe, America, and Russia.* New York: Wiley.

Ritter, Gerhard A. (1998): *Soziale Frage und Sozialpolitik in Deutschland seit Beginn des 19. Jahrhunderts.* Opladen: Leske + Budrich.

Rosa, Hartmut (2005): *Beschleunigung. Die Veränderung der Zeitstrukturen in der Moderne.* Frankfurt a.M.: Suhrkamp.

Rosa, Hartmut (2007): »›Wir wissen nicht mehr, was wir alles haben‹« [Interview], in: *DIE ZEIT* Nr. 52 vom 19.12.2007, S. 17.

Rueschemeyer, Dietrich & Theda Skocpol (Hg.) (1996): *States, Social Knowledge and the Origins of Modern Social Policies.* Princeton/New York: Princeton University Press/Russell Sage Foundation.

Ruggie, John G. (1983): »International regimes, transactions, and change: embedded liberalism in the postwar economic order«, S. 195-231 in: Stephen D. Krasner (Hg.), *International Regimes.* Ithaca/London: Cornell University Press.

Saar, Martin (2007a): *Genealogie als Kritik. Geschichte und Theorie des Subjekts nach Nietzsche und Foucault.* Frankfurt/New York: Campus.

Saar, Martin (2007b): »Macht, Staat, Subjektivität. Foucaults Geschichte der Gouvernementalität im Werkkontext«, S. 23-45 in: Susanne Krasmann & Michael Volkmer (Hg.), *Michel Foucaults »Geschichte der Gouvernementalität« in den Sozialwissenschaften. Internationale Beiträge.* Bielefeld: transcript.

Sainsbury, Diane (1996): *Gender, Equality and Welfare States.* Cambridge: Cambridge University Press.

Scharpf, Fritz W. (1987): *Sozialdemokratische Krisenpolitik in Europa.* Frankfurt/New York: Campus.

Schimank, Uwe (2007): *Theorien gesellschaftlicher Differenzierung.* 3. Aufl. Wiesbaden: VS Verlag.

Schirrmacher, Frank (2004): *Das Methusalem-Komplott.* 36. Aufl. München: Blessing.

Schirrmacher, Frank (2006): *Minimum. Vom Vergehen und Neuentstehen unserer Gemeinschaft.* München: Blessing.

Schmid, Josef (2003): »Wirtschafts- und Sozialpolitik: Lernen und Nicht-Lernen von den Nachbarn«, in: *Aus Politik und Zeitgeschichte* B 18-19/2003, S. 32-38.

Schmidt, Manfred G. (1982): *Wohlfahrtsstaatliche Politik unter bürgerlichen und sozialdemokratischen Regierungen.* Frankfurt/New York: Campus.

Schmidt, Vivien A. (2000): »Values and Discourse in the Politics of Adjustment«, S. 229-309 in: Fritz W. Scharpf & Vivien A. Schmidt (Hg.), *Welfare and Work in the Open Economy. Vol. I: From Vulnera-*

bility to Competitiveness in Comparative Perspective. Oxford: Oxford University Press.

Schmidt-Semisch, Henning (2000): »Selber schuld. Skizzen versicherungsmathematischer Gerechtigkeit«, S. 168-193 in: Ulrich Bröckling, Susanne Krasmann & Thomas Lemke (Hg.), *Gouvernementalität der Gegenwart. Studien zur Ökonomisierung des Sozialen.* Frankfurt a.M.: Suhrkamp.

Schröder, Gerhard (2000): »Die zivile Bürgergesellschaft. Anregungen zu einer Neubestimmung der Aufgaben von Staat und Gesellschaft«, in: *Die Neue Gesellschaft/Frankfurter Hefte* 47 (4), S. 200-207.

Schulze-Böing, Matthias (2000): »Leitbild ›aktivierende Stadt‹ – Konzepte zur aktivierenden Sozialpolitik und Arbeitsförderung auf kommunaler Ebene«, S. 51-62 in: Erika Mezger & Klaus-W. West (Hg.), *Aktivierender Sozialstaat und politisches Handeln.* 2., erweiterte Aufl. Marburg: Schüren.

Schumpeter, Joseph A. (1946): *Kapitalismus, Sozialismus und Demokratie.* 7., erweiterte Aufl. Tübingen/Basel: Francke. 1993.

Sennett, Richard (1998): *Der flexible Mensch. Die Kultur des neuen Kapitalismus.* Berlin: Berlin Verlag.

Sennett, Richard (2005): *Die Kultur des neuen Kapitalismus.* Berlin: Berlin Verlag.

Shalev, Michael (1983): »The Social Democratic Model and Beyond: Two ›generations‹ of comparative research on the welfare state«, in: *Comparative Social Research* 6, S. 315-351.

Shonfield, Andrew (1965): *Modern Capitalism. The Changing Balance of Public and Private.* Theories of the Mixed Economy, Vol. IX. Edited by David Reisman. London: William Pickering. 1994.

Siemons, Mark (2002): »Arbeit am Leben. Nie wieder freie Radikale: Das neue Weltethos des Anti Aging«, in: *Frankfurter Allgemeine Zeitung* vom 20.4.2002, S. 41.

Simmel, Georg (1894): »Das Problem der Soziologie«, S. 52-61 in: Georg Simmel, *Aufsätze und Abhandlungen 1894 bis 1900.* Georg-Simmel-Gesamtausgabe, Band 5. Herausgegeben von Heinz-Jürgen Dahme und David P. Frisby. Frankfurt a.M.: Suhrkamp. 1992.

Simmel, Georg (1906): »Zur Soziologie der Armut«, S. 24-57 in: Georg Simmel, *Aufsätze und Abhandlungen 1901-1908.* Band II. Georg-Simmel-Gesamtausgabe, Band 8. Frankfurt a.M.: Suhrkamp. 1993.

Simmel, Georg (1908): »Der Arme«, S. 512-555 in: Georg Simmel, *Soziologie. Untersuchungen über die Formen der Vergesellschaftung.* Georg-Simmel-Gesamtausgabe, Band 11. Frankfurt a.M.: Suhrkamp. 1992.

Simmel, Georg (1917): »Das Gebiet der Soziologie«, S. 37-50 in: Georg Simmel, *Schriften zur Soziologie. Eine Auswahl.* Herausgegeben und eingeleitet von Heinz-Jürgen Dahme und Otthein Rammstedt. Frankfurt a.M.: Suhrkamp. 1983.

Singelnstein, Tobias & Peer Stolle (2006): *Die Sicherheitsgesellschaft. Soziale Kontrolle im 21. Jahrhundert.* Wiesbaden: VS Verlag.

Skocpol, Theda (1992): *Protecting Soldiers and Mothers. The Political Origins of Social Policy in the United States.* Cambridge: The Belknap Press of Harvard University Press.

Skowronek, Stephen (1982): *Building a New American State. The Expansion of National Administrative Capacities, 1877-1920.* Cambridge: Cambridge University Press.

Sombart, Werner (1927): *Der moderne Kapitalismus. Historisch-systematische Darstellung des gesamteuropäischen Wirtschaftslebens von seinen Anfängen bis zur Gegenwart.* Band III: Das Wirtschaftsleben im Zeitalter des Hochkapitalismus. Zweiter Halbband. Unveränderter Nachdruck der 1. Aufl. München: dtv. 1987.

Streeck, Wolfgang (1998): »Einleitung: Internationale Wirtschaft, nationale Demokratie?«, S. 11-58 in: Wolfgang Streeck (Hg.), *Internationale Wirtschaft, nationale Demokratie. Herausforderungen für die Demokratietheorie.* Frankfurt/New York: Campus.

Streeck, Wolfgang (2000): »Competitive Solidarity: Rethinking the ›European Social Model‹«, S. 245-261 in: Karl Hinrichs et al. (Hg.), *Kontingenz und Krise. Institutionenpolitik in kapitalistischen und postsozialistischen Gesellschaften.* Frankfurt/New York: Campus.

Streeck, Wolfgang & Rolf G. Heinze (1999): »Runderneuerung des deutschen Modells. Aufbruch für mehr Jobs«, S. 147-166 in: Hans-Jürgen Arlt & Sabine Nehls (Hg.), *Bündnis für Arbeit. Konstruktion – Kritik – Karriere.* Opladen: Westdeutscher Verlag.

Swaan, Abram de (1988): *In Care of the state. Health care, Education, and welfare in Europe and the USA in the Modern Era.* Oxford/New York: University Press.

Tennstedt, Florian (1997): »Peitsche und Zuckerbrot oder ein Reich mit Zuckerbrot? Der Deutsche Weg zum Wohlfahrtsstaat 1871-1881«, in: *Zeitschrift für Sozialreform* 43 (1), S. 88-101.

Tews, Hans Peter (1990): »Neue und alte Aspekte des Strukturwandels des Alters«, in: *WSI-Mitteilungen* 43 (8), S. 478-491.

Tews, Hans Peter (1994): »Alter zwischen Entpflichtung, Belastung und Verpflichtung«, S. 51-60 in: Günter Verheugen (Hg.), *60 plus. Die wachsende Macht der Älteren*. Köln: Bund.

Tilly, Charles (Hg.) (1975): *The Formation of National States in Western Europe*. Princeton: Princeton University Press.

Titmuss, Richard M. (1955): »War and Social Policy«, S. 102-112 in: Brian Abel-Smith & Kay Titmuss (Hg.), *The Philosophy of Welfare. Selected Writings of Richard M. Titmuss*, London: Allen & Unwin. 1987.

Titmuss, Richard M. (1974): *Social Policy. An Introduction*. Edited by Brian Abel-Smith and Kay Titmuss. London: Allen & Unwin.

Trampusch, Christine (2000): »Grenzen der Diffusion. Die formative Phase der Arbeitsmarktpolitik in den Niederlanden«, S. 153-177 in: Zentrum für Europa- und Nordamerika-Studien (ZENS) (Hg.), *Sozialmodell Europa. Konturen eines Phänomens*. Jahrbuch für Europa- und Nordamerika-Studien 4/2000. Opladen: Leske + Budrich.

Trube, Achim & Norbert Wohlfahrt (2001): »›Der aktivierende Sozialstaat‹ – Sozialpolitik zwischen Individualisierung und einer neuen politischen Ökonomie der inneren Sicherheit«, in: *WSI-Mitteilungen* 54 (1), S. 27-35.

Tufte, Edward R. (1978): *Political Control of the Economy*. Princeton: Princeton University Press.

Ullrich, Carsten G. (2000): *Solidarität im Sozialversicherungsstaat. Die Akzeptanz des Solidarprinzips in der gesetzlichen Krankenkasse*. Frankfurt/New York: Campus.

Ullrich, Carsten G. (2004): »Aktivierende Sozialpolitik und individuelle Autonomie«, in: *Soziale Welt* 55 (2), S. 145-158.

Vobruba, Georg (1983): *Politik mit dem Wohlfahrtsstaat*. Frankfurt a.M.: Suhrkamp.

Vobruba, Georg (1991a): *Jenseits der sozialen Fragen. Modernisierung und Transformation von Gesellschaftssystemen*. Frankfurt a.M.: Suhrkamp.

Vobruba, Georg (1991b): *Moderne, Modernisierung, Sozialpolitik*. Diskussionspapier 4-91. Hamburg: Hamburger Institut für Sozialforschung.

Vobruba, Georg (1992): »Funktionalismus als Akteurswissen«, S. 215-232 in: Heidrun Abromeit & Ulrich Jürgens (Hg.), *Die politische Logik wirtschaftlichen Handelns*. Berlin: edition sigma.

Vobruba, Georg (2003): »Freiheit: Autonomiegewinne der Leute im Wohlfahrtsstaat«, S. 1137-155 in: Stephan Lessenich (Hg.), *Wohlfahrtsstaatliche Grundbegriffe. Historische und aktuelle Diskurse*. Frankfurt/New York: Campus.

Vogel, Berthold (2007): *Die Staatsbedürftigkeit der Gesellschaft*. Hamburg: Hamburger Edition.

Voß, G. Günter & Hans J. Pongratz (1998): »Der Arbeitskraftunternehmer. Eine neue Grundform der Ware Arbeitskraft?«, in: *Kölner Zeitschrift für Soziologie und Sozialpsychologie* 50 (1), S. 131-158.

Wagner, Adolph (1876): *Allgemeine oder theoretische Volkswirthschaftslehre*. Erster Theil: Grundlegung. Leipzig/Heidelberg: C. F. Winter'sche Verlagshandlung.

Wagner, Peter (1994): *A Sociology of Modernity. Liberty and Discipline*. London/New York: Routledge.

Walker, Alan (2002): »A strategy for active ageing«, in: *International Social Security Review* 55 (1), S. 121-139.

Walters, William (1997): »The ›Active Society‹: New Designs for Social Policy«, in: *Policy and Politics* 25 (3), S. 221-234.

Weber, Max (1904): »Die ›Objektivität‹ sozialwissenschaftlicher und sozialpolitischer Erkenntnis«, S. 146-214 in: Max Weber, *Gesammelte Aufsätze zur Wissenschaftslehre*. Herausgegeben von Johannes Winckelmann. 7. Aufl. Tübingen: J.C.B. Mohr (Paul Siebeck). 1988.

Weber, Max (1915): »Die Wirtschaftsethik der Weltreligionen. Vergleichende religionssoziologische Versuche. Einleitung«, S. 237-275 in: Max Weber, *Gesammelte Aufsätze zur Religionssoziologie. Band 1*. 9. Aufl. Tübingen: J.C.B. Mohr (Paul Siebeck). 1988.

Wilensky, Harold L. (1981): »Leftism, Catholicism and democratic corporatism: The role of political parties in recent welfare state development«, S. 345-382 in: Peter Flora & Arnold J. Heidenheimer (Hg.), *The Development of Welfare States in Europe and America*. New Brunswick: Transaction Books.

Wilensky, Harold L. & Charles N. Lebeaux (1958): *Industrial Society and Social Welfare. The impact of industrialization on the supply and organization of social welfare services in the United States*. New York: Russell Sage Foundation.

Windolf, Paul (2005): *Finanzmarkt-Kapitalismus. Analysen zum Wandel von Produktionsregimen*. Kölner Zeitschrift für Soziologie und Sozialpsychologie, Sonderheft 45. Wiesbaden: VS Verlag.

Zapf, Wolfgang (1991): »Modernisierung und Modernisierungstheorien«, S. 23-29 in: Wolfgang Zapf (Hg.), *Die Modernisierung moderner Gesellschaften*. Verhandlungen des 25. Deutschen Soziologentages in Frankfurt a.M. 1990. Frankfurt/New York: Campus.

Editorische Notiz

»Das Ende der wechselvollen wohlfahrtsstaatlichen Geschichte demokratischer Zähmung des Kapitalismus und kapitalistischer Konditionierung der Demokratie ist keineswegs erreicht. Gegenwärtige Entwicklungstendenzen der ›Krise‹ und ›Modernisierung‹ des Wohlfahrtsstaates sind dementsprechend nicht Ausdruck finaler Entscheidungskämpfe, sondern verweisen auf (neuerliche) Verschiebungen *innerhalb* der wohlfahrtsstaatlichen Formation – auch zwischen politischen Kräften, primär jedoch zwischen alternativen Deutungen des politisch Wünschenswerten und vor allem des politisch Möglichen. Es wäre die Aufgabe einer ›realistischen‹ politischen Soziologie des Wohlfahrtsstaates, die aus der kontradiktorischen Konstruktion dieser politisch-ökonomischen Formation geborene gesellschaftshistorische Dynamik zu analysieren.« (Jens Borchert & Stephan Lessenich, »›Spätkapitalismus‹ revisited. Claus Offes Theorie und die adaptive Selbsttransformation der Wohlfahrtsstaatsanalyse«, in: *Zeitschrift für Sozialreform* 50 (6) 2004, S. 563-583. – Hervorhebung im Original)

Das vorliegende Buch stellt einen ersten Versuch dar, die vor einigen Jahren gemeinsam mit einem Freund und Kollegen konstatierte Aufgabe einer »realistischen«, theoretisch fundierten und empirisch grundierten politischen Soziologie des Sozialstaats anzugehen; weitere Schritte werden folgen müssen. Für diesen ersten (Ent-)Wurf habe ich mir einige Vorarbeiten zunutze gemacht, auf deren Weiterverarbeitung an dieser Stelle hingewiesen sei.

Der erste (»Warum ›Sozialstaat‹?«) und insbesondere der dritte Abschnitt (»Wie kam es zum Sozialstaat?«) des zweiten Kapitels nehmen Passagen der Einleitung und des ersten Abschnittes meines Beitrages

»Soziologische Erklärungsansätze zu Entstehung und Funktion des Sozialstaats« wieder auf, der im Jahr 2000 in Jutta Allmendinger & Wolfgang Ludwig-Mayerhofer (Hg.), *Soziologie des Sozialstaats. Gesellschaftliche Grundlagen, historische Zusammenhänge und aktuelle Entwicklungstendenzen.* Weinheim/München: Juventa (S. 39-78) veröffentlicht wurde. Der zweite Abschnitt von Kapitel 3 (»Modelle der Solidarität«) greift teilweise auf Ausführungen in Kapitel 3.3. meiner Habilitationsschrift zurück, die unter dem Titel *Dynamischer Immobilismus. Kontinuität und Wandel im deutschen Sozialmodell* im Jahr 2003 beim Campus-Verlag (Frankfurt/New York) erschienen ist.

Die politisch-soziologische Ausdeutung des Wandels zum »aktivierenden Sozialstaat« beschäftigt mich seit mehreren Jahren und hat in dieser Zeit Eingang in diverse kleinere Publikationen gefunden, an die im Hauptteil (Kapitel 4) dieses Buches teilweise angeschlossen wird. Ausgangspunkt dieser Deutungsarbeit war mein Göttinger Habilitationsvortrag »Der Arme in der Aktivgesellschaft – Zum sozialen Sinn des ›Förderns und Forderns‹«, der weitgehend unverändert in den *WSI-Mitteilungen* (56 (4) 2003, S. 214-220) veröffentlicht worden ist und dem dritten Abschnitt (»›Fördern und fordern‹: Die Arbeit an der Aktivgesellschaft«) dieses Kapitels zugrunde liegt. Eine weiterführende historisch-theoretische Durchdringung der sozialpolitischen Aktivierungsprogrammatik habe ich in dem Beitrag »Soziale Subjektivität. Die neue Regierung der Gesellschaft« unternommen, der in der Zeitschrift des Hamburger Instituts für Sozialforschung (*Mittelweg 36* 12 (4) 2003, S. 80-93) erschienen ist; zentrale Argumentationsfiguren dieses Textes sind in den zweiten Abschnitt des Hauptteils (»Gesellschaft in Bewegung: Die neue Regierung des Sozialen«) eingegangen. Der vierte Abschnitt desselben (»›Frauen und Kinder zuerst‹: Produktivismus zum Wohlfühlen«) beruht in den Grundzügen auf einem Essay, der – noch vor meinem Einstieg in die Redaktion der Zeitschrift – unter ähnlichem Titel (»Ökonomismus zum Wohlfühlen: Gøsta Esping-Andersen und die neue Architektur des Sozialstaats«) in Heft 136 der *PROKLA – Zeitschrift für kritische Sozialwissenschaft* (34 (3) 2004, S. 469-476) veröffentlicht wurde; den ersten Teil des neuen Titels verdanke ich einer Anregung Ilona Ostners. Die Argumentation des nachfolgenden fünften Abschnitts (»›Junges Alter‹: Betriebsamkeit als gesellschaftliches Gut«) schließlich verdankt viele Anregungen meiner Jenaer Zusammenarbeit mit Silke van Dyk; das »aktive Alter(n)« ist uns dort zum gemeinsamen – wissenschaftlichen – Steckenpferd geworden.

Ich danke dem transcript Verlag und namentlich Michael Volkmer für die Initiative zur vorliegenden Veröffentlichung, für die freundliche Unterstützung während des etwas verzögerten Entstehungsprozesses sowie für den großen Vertrauensvorschuss bei der Erstellung der Programmvorschau. Für das gründliche Lektorat und Korrektorat von Seiten des Verlages bin ich zudem Jennifer Niediek und Gero Wierichs zu Dank verpflichtet. Der vorletzte Absatz des letzten Kapitels ist in (lebendigem) Gedenken an meine lieben Jenaer Kollegen Klaus Dörre und Hartmut Rosa geschrieben; sie werden wissen warum. Das Gesamtwerk aber widme ich – aus guten Gründen – meiner Frau, Ute Kalbitzer.

Jena/Göttingen, im Mai 2008

X-Texte zu Kultur und Gesellschaft

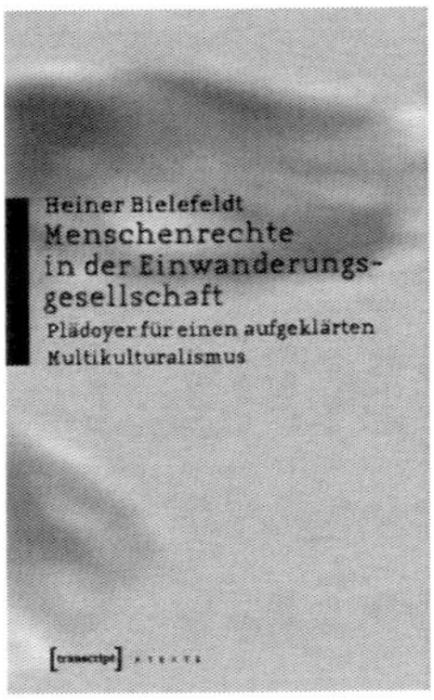

HEINER BIELEFELDT
Menschenrechte in der Einwanderungsgesellschaft
Plädoyer für einen aufgeklärten Multikulturalismus

2007, 216 Seiten, kart., 22,80 €,
ISBN 978-3-89942-720-2

PETER GROSS
Jenseits der Erlösung
Die Wiederkehr der Religion und die Zukunft des Christentums
(2. Auflage)

2008, 198 Seiten, kart., 20,80 €,
ISBN 978-3-89942-902-2

KAI HAFEZ
Heiliger Krieg und Demokratie
Radikalität und politischer Wandel im islamisch-westlichen Vergleich

September 2009, 282 Seiten, kart., 25,80 €,
ISBN 978-3-8376-1256-1

Leseproben, weitere Informationen und Bestellmöglichkeiten finden Sie unter www.transcript-verlag.de